日本プロ野球歌謡史

野球ソングスの時代

菊池清麿

彩流社

目次　日本プロ野球歌謡史

序章　日本プロ野球の黎明――全日本チームの健闘

歌う日本プロ野球の歴史への追想は日米野球応援歌に始まる。昭和九年、世紀のホームラン王ベーブ・ルース一行らの全米オールスター軍団が来日した。それを迎え撃つ日本選手を激励し声援を送るための応援歌が作られたのである。

狂瀾天噛む太平洋を
隔て丶対峙する男と男
強猛相搏つ豪華の絵巻
神州男兒の闘志は躍る
頑張れ！　頑張れ！　日本選手！
木っ葉微塵に打ち破れ！

昭和九年の日米野球の応援歌、《日米野球戦　日本選手応援歌》の作詞・西條八十、作曲・堀内敬三、

歌手にはクラシックとポピュラー(流行歌)の二刀流・ビクター専属アーティスト・流行歌手テナー藤山一郎(声楽家増永丈夫)が独唱した。藤山一郎は東京音楽学校(現・東京芸術大学)在学中にすでにコロムビアから流行歌手としてデビューし古賀メロディーを一世を風靡させていた。

この応援歌の声援を受けて全日本チームは各地で戦った。大敗する試合が多かったが、全米オールスターチームを迎えての全日本の健闘は沢村栄治(京都商業―東京巨人軍)の好投ばかりではなかった。エース伊達正男(市岡中―早大)が好投した五対六の試合(一一月二二日・第一一戦・名古屋鳴海球場)もあり、あわや日本チームが大リーグのオールスターチームに勝利するのではないかという大健闘した試合も見られた。沢村の快投(一対〇の惜敗)ばかりが球史として語られているが、実を言うとこの試合が日本チームの全米オールスターチームに対して最も善戦した試合である。

全日本は八回まで五対三とリードした。勝利を目前にしたこの試合、やはり全日本のエース伊達正男の剛腕がすべてだった。

伊達の力投が全米チームの強打者たちのバットを止めた。凡打を繰り返す全米チームの中でゲーリック(ヤンキース)、助監督のオドゥール(ジャイアンツ)らは三年前の屈辱(早稲田戦)が蘇ったのである。昭和六年、あの時も全米オールスターチームは早稲田のエース伊達を打てずあわや日本の大学チームの前に土がつくところだった。あの大リーグのスター軍団がプライドを捨てて円陣を組んだ試合でもある。

伊達の好投は三年後の第二回日米野球(昭和九年)でも再び見られた。大リーガーたちは伊達の縦に鋭く曲がるカーブ、低目に集める速球にやはりこの日も手こずった。時折、伊達が投げるチェンジアップは打者にとってシンカーのように見えた。そのため、ストレートと縦に曲がるカーブとの差が見分けにくく、打ちあぐんだ。監督のコニー・マック（アスレチックス）は伊達のピッチングは想像以上だったと述懐している。

全日本チームは打線が奮起しキャスカレラ投手（アスレチックス）に一五安打を浴びせた。一回、全日本は矢島粂安（松本商業―早大―東京倶楽部―東京巨人軍）の一塁戦を破った当たりが三塁打となり、苅田久徳（本牧中―法大―東京倶楽部―巨人―セネタース）、井野川利春（関西中―明大―門司鉄道局―阪急）のヒットで二点を先取した。すぐに大リーグチームは、その裏、二番ゲリンジャー（タイガース）のセンター方向のフライをライトの矢島が落球。ベーブ・ルース（ヤンキース）がルース・シフトの逆をついて左中間にシングルヒット。ゲーリック、フォックス（アスレチックス）の連打で逆転した。五回、全日本は山下実（第一神港商業―満洲倶楽部―慶大―阪急―名古屋軍）が和製ベーブ・ルースの片鱗を見せた。山下が二塁打を放ち、球場が湧いた。山下の当たりは痛烈だった。夫馬勇（愛知一中―早大）のセンター越えのヒットで同点に追いついた。夫馬は前回の昭和六年の日米野球でも走者一掃のセンターオーバーの二塁打を放っている。

七回、井野川、山下、夫馬の三連打で逆転した。夫馬はこの試合四安打の三打点を記録した。八回に矢島、苅田の連続二塁打で、八回表終了時、五対三で全日本がリードしていた。勝つかもしれないと観衆は誰もがそう思った。だが、その裏、大リーグチームはこの回のトップのエビレル（アスレチックス）、ミラー（アスレチックス）に与えた四球二個とヘイズ（アスレチックス）の三遊間ヒット、ウォスラー（アスレチックス＊キャスカレラの代打）の送りバントで緻密な作戦を取り、マクネアー（アスレチックス）の犠牲フライ、ゲリンジャーのライト前で逆転した。スコアーは六対五。

彼らも本気である。ヘイズに代走を送り、ウォスラーの送りバントをさせるなど必勝の気構えがその証拠である。世界の無敵の全米オールスター軍団が勝つために正攻法に出たのだから。もし、日本ベンチが好投する伊達に代えて、ここで沢村をマウンドに送っていれば、全米軍は逆転できたかどうかはわからなかった。

九回、夫馬が三塁打を放ち逆転のチャンスを作った。この前回の日米野球でも打棒を揮ったこの男がもし、プロ野球に身を投じていればと思うと残念でならない。一死三塁。リリーフにホワイトヒル（セネタース）がマウンドに登った。完全に押さえられた。全日本は逆転できず、惜敗した。惜しい一戦であった。これは大リーグのスター軍団があわや敗れるというところまで、追い込んだ本当に惜しい試合であった。

『読売新聞』はこの全日本と全米軍との白熱した試合をつぎのように報じた。

「景勝蒲郡に静かな休憩をとった全米軍は、二十二日名古屋鳴海球場における日米野球第十一戦に全日本と対戦、東海ファン三万の待望裡に火蓋を切り、キャスカレラ、伊達の一騎打ちが演ぜられた。この日の日本軍は、劈頭矢島の三塁打を皮切りに苅田、井野川と安打を連発して、まづ二点を獲得し、その裏米軍に三点を得られたものの五回さらに一点を加えて同点となるに及んで、試合は空前の白熱戦と化し、名投手伊達の快投は、さすがの米軍強打者たちをひるませたのみか、七、八回に得点を重ねて二点をリードし、あっぱれ無敵軍を撃破せんとする勢いを示したが、米軍必死の攻撃は、ついに八回三点を獲得するに至り、ここに全日本軍は惜しくも長蛇を逸し、六A対五で敗る、に至った」(『読売新聞』昭和九年十一月二十三日)

このように昭和九年の日米野球を機に結成され、大リーガーのスター軍団に善戦した全日本チームは日本の職業野球、いわゆるプロ野球の誕生をもたらすことになったのである。そして、その発展の歴史は歌と共にあった。

確かに野球応援歌は、野球シーン、躍動感をあたえるプレー中のみならず、攻守の交代、得点、また、開会式・閉会式の入場行進などいろいろな場面で歌われる。歓喜溢れる旋律と躍動のリズムなのだ。《全国中等学校優勝野球大会の歌》《若き血》《紺碧の空》《日米野球行進曲》《都市対抗野球行進歌》《全国中等学校優勝野球大会行進歌》などがそうだ。しかも、それらの楽曲は野球史の歴史の一ページでもある。日本のプロ野球の歴史は歌によってつづれ織りのように記されているのである。

職業野球と言われたプロ野球が発足し発展すると、野球ソングスの時代が歌謡史と野球史に刻まれるようになった。歌は人々の記憶に野球の感動の歴史を刻んでいる。野球をテーマにしているなら野球の思い出も歌に回想のパノラマとして刻印されているのだ。歌は選手が織りなすプレーの記憶と時代相を象徴し人びとに感動を記憶として刻まれているのである。その嚆矢が大阪タイガースの球団歌《大阪タイガースの歌》(佐藤惣之助・作詞／古関裕而・作曲)である。詩句には〈オウ　オウ　オウ　オウ　大阪タイガース　フレフレ〉と勇猛な応援歌的な面もあるが　私家盤の球団歌である。レコードは日本コロムビアから中野忠晴の歌唱で発売された。この球団歌と共に大阪タイガースの歴史が存在する。球史を彩る名選手のプレー、感動のシーンは歌と共にある。その大阪タイガースと覇権を争ったのが巨人軍である。

昭和一四年、巨人軍は第一期黄金時代を迎えた。それを象徴する初代球団歌《野球の王者》（西條八十・作詞／古関裕而・作曲）が同じ日本コロムビアから伊藤久男の歌唱で発売された。そして、翌一五年、野球映画『秀子の応援団長』の主題歌、《燦めく星座》（佐伯孝夫・作詞／佐々木俊一・作曲》が大ヒットした。昭和一五年は映画主題歌隆盛の頂点であり、巨人軍の絶頂期でもある。

そして、戦後、〈赤いリンゴに唇よせて／だまって見ている青い空〉と歌う《リンゴの唄》（サトウ・ハチロー・作詞／万城目正・作曲）が大下弘の青バットをもたらし、「赤バットの川上と青バットの大下」の時代を演出した。さらに歌は選手のプレーも刺激しそのスタイルすらも変えてしまう。《東京ブギウギ》（鈴木勝・作詞／服部良一・作曲）の躍動をグラウンドに持ち込みショーマンぶりを発揮し物干しざおバットでホームランを量産したミスター・タイガース藤村富美男（呉港中―大阪タイガース・阪神軍）の登場がそれである。藤村はこの笠置シズ（ヅ）子が歌う《東京ブギウギ》の躍動に溢れるポップスのリズムによって変身を遂げたのだ。

一方、歌謡界においても歌と野球を象徴する人気歌手がいた。灰田勝彦である。灰田は歌謡界の野球人、ミスターベースボールシンガーの称号を得て、戦前・戦後を通じて真髄を見せた。灰田が歌う《燦めく星座》（佐伯孝夫・作詞／佐々木俊一・作曲）は巨人の第一期黄金時代、《野球小僧》（佐伯孝夫・作詞／佐々木俊一・作曲）は巨人軍第二期黄金時代の象徴的な歌である。このように敗戦後の日本は歌と野球で復興し・繁栄へと向かったといっても過言ではない。その歴史に刻まれた記憶は歌と野球が演じる投打の対決、攻守の名場面の感動の記憶として永遠なのである。

第一章　大阪タイガースの歌

東京モダンと大阪モダンの東西対決

昭和九年一二月二六日、全日本チームは「大日本東京野球倶楽部」となり、翌昭和一〇年のアメリカ遠征で成果を挙げ帰国した（遠征中「東京ジャイアンツ」、正式に「東京巨人軍」となる）。この第一回アメリカ遠征における成績は七五勝三三敗一分け。大リーグチームとの試合が組まれなかったことは悔やまれるが、３Ａレベルのチームとはほぼ互角の戦いぶりだった。これで、東京巨人軍は国内の強豪の社会人チーム、東京六大学の大学生たちとほぼ互角の力になった。チームの田部武雄（広陵中―大連実業団―明大―東京倶楽部―巨人）をはじめ、水原茂（高松商業―慶大―巨人）、苅田久徳らは、学生時代からアメリカ遠征を経験しており、昭和六、九年の二度に渡る大リーグ選抜チームと試合をしているので、３Ａクラスのチームにはもはや負ける気はしなかった。また、沢村も大リーグ選抜チーム相手に一対〇という好投した経験もあり、３Ａレベルのチームを相手に投げることは非常に楽だった。沢村は、３Ａレベルのチームなら、三振を一試合一〇個はとれる自信をもっていたのである。そして、昭和一〇年一〇月一七日、その巨人軍は全大阪と対戦した。この試合が職業野球の展望を開いた歴史的なゲームだった。

試合は巨人軍が二対一の辛勝。だが、沢村の三振九個の好投とリードオフマン田部武雄の好走が無ければ敗戦は必定だった。とはいえ、この試合が大阪タイガースの結成のきっかけになった。職業野球の興行の舞台となる甲子園球場を経営していたのは、阪神電鉄である。阪神側は、昭和六、九年の二度にわたる日米野球開催が職業野球のビジネスとして成り立つことをすでに読んでいた。そして、全大阪と巨人軍の試合がビジネスチャンスの興行的な成功の見込みを決定づけた。当時、中等野球の甲子園、神宮を揺るがす東京六大学野球を中心にした大学野球と並んで、当時の日本の人気三大野球の一つに都市対抗野球があった。モダニズムの都市空間において展開する都市文化と野球が結合する時代がやってきていた。それが昭和二年、橋戸信の発案で始まった都市対抗野球である。

この三つの野球空間が大阪タイガースの設立に大きな影響を与えている。都市対抗野球は各都市を代表するクラブチームが競う大会として開催してはどうかという発案から始まった。橋戸は、早稲田時代にアメリカ大リーグチームが地元においてフランチャイズ制を採用していたことにそのヒントを得たと云われている。

第一回大会（昭和二年）から東京（東京倶楽部）と大阪（全大阪）の東西対決が見られた（三対一全大阪〇）。それとパラレルに東西モダン対決は昭和初期のレコード歌謡の行進曲ブームの現象にも見られていた。昭和流行歌という新時代を迎え企画・製作・誇大宣伝によって東西のモダン空間において大衆に選択させるヒット競争の展開だった。昭和三年、青い灯、赤い灯が揺らめく赤玉、美人座などの大阪カフェーを歌い上げた《道頓堀行進曲》（日比繁治〔次〕郎・作詞／塩尻精鉢八・作曲）、昭和四年にはモダン都市東京の戯画《カリカチャー》といわれた《東京行進曲》（西條八十・作詞／中山晋平・作曲）が佐藤千夜子の歌唱で発売され、東西モダン合戦が展開した。それに続いて《大阪行進曲》（松本英一・作詞／近藤十九二・作曲）、佐々紅華と二村定一のコンビによるジャズと日本調が癒合した《浪花小唄》（時雨音羽・作詞／佐々紅華・作曲）が発売され、大阪のモダンの隆盛が象徴されていた。

レコード合戦（日本ビクターと日本コロムビアのヒット競争）のさなか、野球の東西対決は白熱した。昭和五年の第四回都市対抗野球大会は東京倶楽部が全大阪を一〇対二で降し大勝した（準決勝）。同年、東京倶楽部は決勝で名古屋鉄道局を一〇対五で降し初制覇。翌昭和六年の第五回大会で全横浜を一二対六で降し、東京倶楽部は二連覇を達成している。だが、昭和七年、東京倶楽部は全神戸に思わぬ敗北を喫し一回戦で姿を消した。全大阪は満洲倶楽部に三対九の大敗を喫して同じく一回戦で敗退した。

昭和九年、全大阪は戦力が充実していた。全大阪は大学球界のスターを集め、戦力を充実させ優勝候補に挙げられていた。前年優勝チームの常勝東京倶楽部との東西対決が話題になっていたのだ。大会を盛り上げるために、強力な社会人チームを持つ日本コロムビアは都市対抗野球大会の歌を企画した。歌詞は「東京日日新聞」の懸賞募集で小島茂蔵の作品が当選し、古関裕而が作曲を引き受けた。そして、レコードは《都市対抗野球行進歌》（小島茂蔵・作詞／古関裕而・作曲）として、日本コロムビアから発売されたのである。ジャズ・ソングで売り出し中の中野忠晴が歌った。後に中野は《大阪タイガースの歌》も吹込みすることになる。古関は旋律を明るい前奏で始まる雄大な楽想に仕上げている。編曲は奥山貞吉が担当し吹奏楽風にアレンジした。中野の歌にコロムビア合唱団の「ガンバレ、ガンバレ、ガンバレ通せ」と「フレーフレー」という合いの手が力強く挿入されている。
昭和九年第八回都市対抗野球大会、全大阪と東京倶楽部が本大会の優勝最有力チームだった。両チームは二回戦で対決し八対七で全大阪が勝利した。全大阪は早稲田の三原脩（高松中―早大―巨人）、伊達正男らの活躍で勝ち進み、決勝で八幡製鉄を七対六で降し念願の優勝を果たしたのである。

もし、全大阪を主体に関西に職業野球チームが誕生すれば、あきらかに東京に東京巨人軍、関西に新球団の設立と、両チームの存在が今後の職業野球を大きく発展させることになるであろう。そうなると、大阪の阪神電鉄も職業野球のチーム結成の動きを見せはじめることになったのである。

さらに、二度の日米野球の成功、全大阪の活躍に加え、もう一つ阪神電鉄は興行の成功の見込みを持っていた。それは甲子園で行われている東京六大学と関西六大学の対抗戦である。関西のチームの中でも関西大学野球部は昭和七年、エース西村幸生（宇治山田中―関大―大阪タイガース）の力投で東京六大学の強豪を総なめにし、関西の野球ファンを喜ばせた。当時、東西の対抗戦は甲子園球場で行われていた。同野球部は昭和八年、一一年のハワイ遠征でも好成績を収めており、もし、関西大学チームのＯＢを全大阪に加え、職業野球チームを結成し甲子園を本拠地にすれば、興行的な成功を見込めることは確実である。

大阪タイガースの設立

レコード歌謡において、東京モダンと大阪モダンが高らかに都市空間において歌われ、二度の日米野球の成功、全大阪の都市対抗野球の優勝、東京六大学を圧倒した関西大学の活躍と、このような東西のモダン対決に加え、巨人の相手チームを求めている正力松太郎からの要請などのさまざまな思惑と動きが大阪タイガースの設立の原動力となった。そして、関西大学野球倶楽部理事長の田中義一（宝塚と清荒神を結ぶ清宝バス専務）の熱意に関西大学野球部マネージャーの中川政人の協力もあり、それが新球団結成の後押しとなった。

新球団設立の計画の陣頭指揮を執ったのは細野躋《のぼる》である。細野は昭和九年のベーブ・ルース、ゲーリックら全米オールスター軍団が日本チームと甲子園で試合をしたとき、大観衆であの立錐の余地さえもないほどに甲子園球場が埋め尽くされたことをまじかで観た体験がある。その観衆の動員数に驚いたのだ。東京の神宮球場に対して、阪神電鉄は甲子園球場を持っている。観客動員に成功すれば、新球団の設立による興行の成功確実である。しかも、細野は国鉄時代から大の野球ファンであり、当時国鉄の東京鉄道局、熊本鉄道局などの各鉄道局の活躍を熟知しており、その理解と趣味も手伝って熱心に新球団設立の計画を練ったのである。

細野の尽力で球団設立の承認を重役会議で決定させた。一〇月一日、創立準備事務所が中之島の堂島河畔の江商ビル四階に設置された。東京巨人軍に対抗すべく阪神電鉄の球団設立は秘密裡の内に進められた。殊にライバルの阪急電鉄にだけは絶対には知られたくない大阪初の職業野球団設立計画だった。

極秘で進められていた大阪タイガースの設立計画中に最初に交渉を受けたのが松木謙治郎である。松木は早速、大連実業団の内地遠征の折、球団設立の計画中の阪神電鉄から交渉を受けている。甲子園球場を持つ阪神電鉄が親会社としてバックアップするから安心して入団して欲しいという勧誘を受けたのだ。松木は沢村のいる東京巨人軍に対抗する球団という言葉に魅かれた。一〇月三日の巨人戦で沢村にキリキリまいさせられていただけにその屈辱を晴らす機会を望んでいたので、入団の決意を固めた。

阪神電鉄の新球団設立への歴史は動いた。阪神電鉄事業課の球団設立の稟議書（田坂岩男・作成）はつぎのとおりである。

「スポーツの王座に傲倨（居）する野球は、大衆的興味から見ても、特殊な世界を作りあげ、我が国における職業野球団要望の声は、既に久しかりしも、東京、名古屋、福岡の各市に新たに職業野球団設立の計画があり、漸くその機運も熟せるを以て世界屈指の近代的設備を誇る甲子園球場を盛大にならしむる意味において、別紙目論見書及起業予算書に基き、十月上旬より準備中の処、選手の精選を期したるが為発表を遅延せるも、既に野球団として最も枢要なる選手の監督者決定し、選手の大半も契約完了に付、茲に株式会社大阪野球倶楽部を設立し、左記の吉日（十二月十日）を創立総会開催日として、別紙の通り登記申請相成可然哉」（松木謙治郎『大阪タイガース球団史』）

この稟議書によって、甲子園球場を持つ阪神電鉄は球団設立に動き出した。昭和一〇年一二月六日、野球会社設立の決裁が下された。同年一二月一〇日、「大阪タイガース」が設立され、現在の「阪神タイガース」が誕生したのである。正式には「株式会社大阪野球倶楽部」。専務取締・富樫興一（慶應義塾大学野球部ＯＢ阪神電鉄本社事業課係長）常務取締役・田中義一、取締役支配人・中川政人らが就任。会長には明治の元勲松方正義の三男の松方正雄（ＪＯＢＫ・現ＮＨＫ大阪放送局）が就任した。これは東京巨人軍の会長に大隈信常侯爵が就任していたこともあり、これに対抗するためという意味もあった。

産声を上げた大阪タイガースだが、この一二月一〇日の時点において同球団との契約選手は九名。しかし、選手獲得では苦戦した。滝野通則二塁手、伊藤茂外野手の契約破棄、関大の西村正夫、北井正雄らが契約破棄したうえにライバル会社の阪急電鉄と契約するなど、選手獲得に難航した。

当時田中、中川には、関大ＯＢの本田竹蔵を迎え大阪タイガースは関大中心の球団を作る構想があり、関大出身が主力となるという条件で契約していた。ところが、阪神電鉄の構想は東京六大学の各校と甲子園で活躍する中等野球界から選手を獲得するということであり、創立直後、関大ＯＢ側から、話が違うという理由で契約破棄が続出したのである。

監督には松山商業出身、早稲田でも俊足好打の内野手（監督代行も兼ねる）として活躍した森茂雄（松山商業―早大―東京倶楽部）が就任した。殊に昭和一〇年の松山商業の全国制覇の時、森は同校野球部の監督であり、その手腕を買われてのことだった。実は当初監督には明大ＯＢの大阪出身の谷沢梅雄（明星商業―明大）が九分通り決まっていた。ところが、谷沢は急遽明大の監督に就任し、大阪タイガースの監督には縁がなかった。そこでタイガースは新たな人選を迫られ、森を招聘することになったのである。

猛虎軍団―選手の獲得

監督も予定と違ってしまうと、選手獲得も異なってくる。全大阪の三原脩は巨人へ入団し、伊達は朝日新聞に入社してプロの世界には進まなかった。そうなると、大阪タイガースは森茂雄の体制の下で選手の獲得に乗り出した。そして、森の松山商業の後輩で立教のスラッガー景浦将（將）を中退させ入団させた。

大阪タイガースに集まった主力選手は景浦将（松山商業―立大中退―大阪タイガース・阪神軍）をはじめプロ入りにあたってはそれなりの理由があった。それはあの大リーグのスター軍団、ベーブ・ルース、ルー・ゲーリック、ジミー・フォックスから三振を奪った快刀乱麻を演じた沢村栄治の存在である。これから入団するタイガースの各選手には景浦をはじめ、沢村を意識し、それにまつわる因縁によるそれなりの入団理由があった。

景浦は大正四年七月二〇日、愛媛県松山市の材木屋に生まれた。昭和七年、松山商業では主軸の中心を打ち春の選抜優勝、夏の準優勝に大きく貢献した。立教大学に進学し早くも一年生から主力バッターとして神宮のスラッガーとして注目された。投手としてもマウンドに登った。

だが、昭和八年、景浦は立教入学後、沢村栄治の存在を知った。剛腕の楠本保（明石中―慶大）と沢村が昭和八年春の甲子園で投げ合ったニュースが耳目に届いたのだ。景浦ら松山商業はかつて春の選抜（昭和七年）の決勝で楠本から一七個の三振を喫したことがある。その剛腕・楠本保と投げ合った沢村栄治の怪腕は景浦を惹きつけたのだ。

昭和九年に入ると、沢村栄治の名声は全国に轟いていた。当時、京都商業には慶應の腰本がコーチに招かれており、沢村の慶應進学の線は強かった。沢村の腰本への心酔ぶりもあり、慶應義塾大学への進学を夢見ながら日々の精進に励んでいた。立教にいる景浦にも沢村の慶應入りの情報は届いており、神宮での対決を楽しみにしていた。ところが、沢村の人生の道筋が急展開し、そのコースが転換したのだ。昭和九年、ベーブ・ルース一行を迎えての全日本チームに参加するために沢村は京都商業を中退したのである。職業野球への発展に人生を賭けその世界へ飛び込んだのである。

景浦はこのまま立教にいても沢村とは対決できない。しかも、松山商業時代の宿敵の明石中学の剛球投手、楠本保は慶應に進学したが、投手から外野手に転向し、すでに「世紀の剛球投手」の面影が消えていた。昭和一一年春のリーグ戦を前に景浦は立教を中退して職業野球に身を投じたのである。これも巨人のエース、アメリカ遠征でも全米の人気を博し評判となった沢村を打つためである。

景浦はプロ野球界に身を投じ伝説の強打者として君臨した。その後、大阪タイガースの四番打者として豪打を揮い、剛球投手としてマウンドに登り、三塁手、外野手と「海内無双」・タイガースの要であった。伝統の対巨人戦の第一号本塁打は、全盛期の沢村栄治から打ったものであり、日本野球史に燦然と輝く一打でもあった。

タイガースは中等野球界のスター藤村富美男（呉港中学―大阪タイガース・阪神軍）の獲得にも成功した。藤村富美男は大正五年八月一四日の生まれ、広島県呉市山手町出身。戦前・戦後を通じてのタイガースの象徴的なスタープレイヤーであり、初代ミスター・タイガースでもある。戦後の昭和二〇年代のプロ野球界では東の川上、西の藤村と巨人、タイガースのスター選手として並び称された。

昭和六年、藤村は高等小学校を経て大正中学に入学し翌二年生でエースとなった。以後、四年連続夏の甲子園出場。昭和八年春の選抜野球大会で、藤村は京都商業の沢村栄治と対決した。大正中学は沢村の快速球の前に一五個の三振を喫した。藤村も良く投げ、試合は二対三の惜敗だった。

昭和九年、大正中学は呉港中学に校名が変更し、この年夏の甲子園で全国制覇を達成した。呉港中学は、田川豊（呉港中—法大—川崎重工業—グレートリング・南海—大陽—近鉄—大映）、塚本博睦（呉港中—大阪タイガース・阪神軍・大阪タイガース—阪急—東急—西日本—西鉄—広島）、原一朗（呉港中—大阪タイガース—大東京—ライオン軍）らを揃えていた。高度な技術を持ち、非常にレベルの高い総合力をいかんなく発揮し、強豪を圧倒して決勝へと進んできた。

この大会で後のライバルとなる巨人の打撃の神様・川上哲治と対戦している。川上は九州大会の予戦では控えだったが、甲子園大会からは打力を買われて試合に出場するようになった。一回戦・小倉工業、八対四、二回戦・鳥取一中八対一、準々決勝・高松中学五対一、決勝では藤村富美男を擁する優勝候補の呉港中学と対戦した。熊本工業ナインはこの洗練されたチームに圧倒されたのである。

昭和九年の夏の甲子園といえば、沢村栄治を擁する京都商業も優勝候補の一つだった。だが、大会二日目、二三個の三振を奪いながら鳥取一中に一対三で敗れ姿を消した。藤村は沢村と対決したかった。昭和八年の春の選抜で京都商業と対戦し、一五個の三振を喫したことは忘れていなかった。この借りはきっちりと返したかった。藤村は栄光の甲子園優勝投手となったが、沢村に投げ勝って手にした全国制覇ではなかった。

藤村も沢村が慶應に進学する予定であることは知っていた。彼も法政へ進学することになっていたのだ。そうなれば、神宮で対決できる。だが、沢村は京都商業を中退して全日本チームに入り、巨人軍のエースになった。

昭和一一年、藤村は法政大学進学予定から設立まもない大阪タイガースに入団した経緯は逸話として伝えられている。すでにのべたように当初、藤村の法政進学の線は強く、名古屋の金鯱軍のスカウトも最初からシャットアウトし、他球団の誘いもすべて断った。だが、大阪タイガースのスカウトは巧みだった。藤村家の次男を球団マネージャーにすることを条件に交渉してきた。しかも、翌日には札束攻勢をかけてきた。持参してきた七〇〇円の支度金を藤村家の前で積み上げた。藤村はそのような事は知る由もなかった。

藤村は呉港中学の校長室で職業野球団である大阪タイガースの契約書と知らずにサインした。これも運命である。もし、藤村が法政大学に進学していれば、東京六大学野球の歴史も大きく変わっていたであろうし、当然、日本プロ野球の歴史も違っていたであろう。

タイガースは実業団の強豪チームの主力もスカウトした。明大―大連実業団で猛打を誇る松木謙治郎(敦賀商業―明大―名古屋鉄道局―大連実業団―大阪タイガース・阪神軍)、ハワイ出身で法政のエースとして神宮で活躍し、都市対抗野球では東京倶楽部の宮武と投げ合った川崎コロムビアの若林忠志(マッキンレー高―本牧中学―法大―川崎コロムビア―大阪タイガース―毎日)、慶應の名捕手で広陵中学時代から名声が鳴り響いていた慶應の強打者小川年安(広陵中―慶大―大阪タイガース)、関西大学のエース、御園生崇男(山口中―関大―大阪タイガース・阪神軍・大阪タイガース)などが続々と入団した。

松木謙治郎は〈白雲なびく駿河台〉明大の主軸を打ち神宮で打棒を揮った。昭和一〇年、大連実業団に入り、中距離ヒッターから長打力を増し、満洲倶楽部の山下実とホームランを競った。昭和一〇年、一〇月三日、巨人と大連実業団の第一戦が行われた。巨人先発は沢村。沢村はこの試合、制球に苦しんだが、目にも止まらぬ快速球に大連実業団は三振の山を築いた。高めにホップするつり球を悉く振らされてしまった。巨人軍は初回に一点を先取した。二回大連実業団は同点にしたが、後は沢村の快投に沈黙した。七回に永沢のスリーランホームランが飛び出し試合は決まった。スコアが六対一で巨人の完勝だった。

この試合、松木は大連実業団の三番で登場したが、沢村のスピードボールをまったく打てなかった。明大時代は、小川正太郎（和歌山中―早大）の快速球、宮武、伊達の剛球を打ち、昭和六年の日米野球で大リーグのエース級の球を打ってきた松木だが、沢村の快速球にバットが空をきるだけだった。とにかく、速い。しかも、カーブがまるで二階から落ちてくるようなドロップだった。しかも、縦に曲がるだけではなくすべるように外角にも決まる。鋭いスライダーである。

松木は元来、速球には強いバッターである。その松木がまったく手が出なかったのだ。それほど沢村の球は速かった。カーブも鋭く縦横に落ちる。松木は試合前に、明大時代の盟友田部武雄から「沢村の球はかなり速いぞ」と聞いていたが、まさか、これほどとは思わなかった。あのベーブ・ルースやルー・ゲーリックら大リーグの連中が打てないはずだ。松木は昭和九年の日米野球のメンバーを断ったことを悔やんだ。松木はこの日の屈辱を晴らすために、大阪タイガースの結成に参加し、沢村を打つために「打倒沢村」に燃えがるような闘志を湧かすことになる。これが伝統の巨人阪神戦の礎となったのである。

若林はタイガースが巨人の沢村と対抗できる投手ということで獲得した。若林はハワイ・オアフ島生まれの二世。法政大学のエースとして昭和五年秋の初優勝の原動力になった。都市対抗野球の強豪チーム川崎コロムビアのエースとして東京倶楽部の宮武三郎と都市対抗野球で投げ合い、野球ファンを熱狂させた。昭和一〇年九月一五日、アメリカ遠征帰りの巨人軍とその都市対抗野球の強豪チーム川崎コロムビアが対決。この時、若林は沢村と対決した。巨人軍のエースの沢村の快速球が唸り、五本のヒットに押さえ一三個の三振を奪って完封した。〇対六の完敗だった。巨人が投手力、攻撃力、田部武雄の美技などの守備力で圧倒したのである。この試合で敗戦投手の若林は大阪タイガースへの入団を決意した。再び沢村と投げ合うためである。

また、他には中等野球界からは、広陵中学の門前真佐人（広陵中―大阪タイガース）、同じく俊足好打の平桝敏男（広陵中―慶大―大阪タイガース）、日新商業の山口政信（日新商業―大阪タイガース）、甲子園で沢村の速球を打ちこんだ鳥取一中の藤井勇（鳥取一中―大阪タイガース―パシフィック―太陽・大陽―大洋―大洋松竹―洋松―大洋）など続々と入団した。

球団歌の誕生

大阪タイガースの陣容は固まった。昭和一一年二月一一日、タイガースの選手は雪の甲子園球場に集まり、廣田神社に参拝。そして、監督・森茂雄以下一八名の選手は合宿所に向かった。合宿先は山陽電鉄の明石と姫路の間にある海辺の旅館の「浜の宮」。「浜の宮球場」での合宿練習に入ったのである。

一方、大阪タイガースの創立に合わせて、早速、球団歌が作られた。蒼天の陽射しを浴びながら颯爽とグランド狭し暴れ回る闘志溌溂の猛虎軍団の気魄が湧き立つような歌を作ることになったのだ。それが輝く無敵の我の《大阪タ－ガ－スの歌》となるのである。球団歌としては一二球団最初の楽曲である。

作詞はすでに東海林太郎時代の到来を告げた《赤城の子守唄》（佐藤惣之助・作詞／竹岡信幸・作曲）で名を成していた佐藤惣之助。佐藤惣之助は純粋詩壇でもその名が知られていた。大正末期から昭和にかけて、ヒューマニズムに溢れた詩風から、新感覚派運動を華やかに展開させていた。昭和五年頃からレコード歌謡の作詞を手掛ける。その本格派詩人が《赤城の子守唄》というやくざをテーマにした流行歌を作詞するのだから、詩壇においては驚きのニュースだった。

その後、佐藤惣之助は黄金時代のテイチクの古賀政男とコンビを組み、昭和一〇年《緑の地平線》（佐藤惣之助・作詞／古賀政男・作曲）、昭和一一年《東京娘》（佐藤惣之助・作詞／古賀政男・作曲）《男の純情》（佐藤惣之助・作詞／古賀政男・作曲）《愛の小窓》（佐藤惣之助・作詞／古賀政男・作曲）昭和一二年《人生の並木路》（佐藤惣之助・作詞／古賀政男・作曲）《青い背広で》（佐藤惣之助・古賀政男・作曲）《青春日記》（佐藤惣之助・作詞／古賀政男・作曲）などのヒット作品を創作し、それと並行してポリドールでは日本調の名作歌謡・文芸歌謡において《すみだ川》（佐藤惣之助・作詞／山田栄一・作曲）上海歌謡の傑作《上海の街角で》（佐藤惣之助・作詞／山田栄一・作曲）《上海だより》（佐藤惣之助・作詞／三界稔・作曲）などのヒットを次々とはなった。佐藤惣之助はコロムビアでもブルース調の叙情歌謡の傑作《湖畔の宿》（佐藤惣之助・作詞／服部良一・作曲）、古賀メロディーの《新妻鏡》（佐藤惣之助・作詞／古賀政男・作曲）、山田耕筰作品の《燃ゆる大空》（佐藤惣之助・作詞／山田耕筰・

作曲）などのヒットを放つなどその詩想は多くのレコード歌謡の傑作を生み出した。その佐藤惣之助が大阪タイガースの球団歌の作詞を手掛けたのである。

詩人佐藤惣之助は大阪タイガースに集った景浦将、若林忠志、松木謙治郎、藤村富美男、山口政信、小川年安、藤井勇、平桝敏男らのメンバーの特徴を捉え詩想を練り上げた。

蒼天に輝く日輪を背にグランドに飛び出してゆくタイガースナインの雄姿を見て〈六甲颪に颯爽と〉の詩句が浮かんだ。〈青春の覇気　美《うるわ》しく〉の詩句は彼らの力感・豪快さと共存するスピード・華麗・繊細・緻密なプレーをよく捉えている。そして、詩句に登場する「闘志」「熱血」「獣王」は海内無双の無敵の鉄腕強打のチームを象徴する詩想が練られており、まさしく猛虎軍団に相応しい詩句がちりばめられたのである。殊に「鉄腕強打」の詩句は景浦、松木、藤村、山口、小川らで形成する猛虎打線を象徴していた。

さらに佐藤は〈オウオウ　オウオウ／大阪タイガース／フレ　フレ　フレ　フレ〉という応援効果を狙う詩句を並べた。球団歌に大阪タイガースのファンの声援を結集させる応援歌の要素を加味したのだ。作曲者の古関裕而はその効果を考え楽想を練っている。球団歌のみならず、声援を浴びてプレーに弾みをつける応援歌の要素も入れ、見事な球団歌・応援歌の詩想に旋律をつけ楽曲を作り上げたのである。

このような一流の歌謡作家の詩想に野球応援歌に定評のある古関裕而は昭和六年の第一回日米野球の応援歌《日米野球行進曲》や早稲田の応援歌《紺碧の空》、音丸が歌う日本調の民謡歌謡（流行歌）の《船頭可愛や》（高橋掬太郎・作詞／古関裕而・作曲）でその名が知られ始めていた。殊に早慶戦で熱唱される《紺碧の空》は学生応援歌として定評があった。その実績を買われて古関に白羽の矢が立った。猛虎タイガースに相応しい躍動感溢れるスポーツ歌が誕生した

歌が出来上がると、早速、昭和一一年三月二五日、「甲子園ホテル」で開かれたチーム激励会で初披露された。

六甲颪に颯爽と
蒼天翔ける日輪の
青春の覇気美わしく
輝く我が名ぞ　大阪タイガース
オウ　オウ　オウ　オウ
大阪タイガース
フレ　フレ　フレ　フレ

日本野球連盟結成披露大会（四月一九日）も間近である。球団歌もできた。そして、日本コロムビアからジャズシンガーで売り出していた中野忠晴の歌によってレコードが吹込まれた。当初、コロムビアの人気歌手松平晃が予定されていたが、甘い音色は応援歌の効果が出ないと判断され、すでに野球ソングスにおいて《都市対抗野球行進歌》を吹込んだ実績のあった中野忠晴が歌うことになった。

歌唱のバックには男声合唱が加わった。闘志溌溂、海内無双の強さを誇る猛虎タイガースに相応し

い力強い球団歌としてレコード化されたのだ。虎という「獣王」の意気が高らかに歌われたのである。また、裏面には旋律は同じで歌詞を変えた《大阪タイガース行進曲》がカップリングされた。

中野忠晴は明治四二年五月二七日、愛媛県喜多郡大洲町（大洲市中村）の生まれ。武蔵野音楽学校に進学し、在校中にトンボレコードで吹込みをする。武蔵野音楽学校の卒業演奏会でクルト・ワイルの《三文オペラ》に出演し好評を得、山田耕筰に認められた。当時、ビクターの人気歌手徳山璉の対抗馬として入社した。昭和七年六月新譜の《夜霧の港》（時雨音羽・作詞／古賀政男・作曲）でコロムビアからデビュー。中野が《大阪タイガースの歌》を吹込んだ頃は、ジャズ・ソングを中心に活躍し始めた頃である。

フロントも球団歌の制作には力を入れた。社をあげての力の入れようだった。ところが、作詞、作曲は一流どころで、歌手もコロムビアの一線級にもかかわらず、なぜか意外にもレコードは関係者に配布されただけの私家盤だった。一般にレコード歌謡（流行歌）として発売されたものではなかった。球団創立記念盤的な要素が強かった。そのため当時はあまり歌そのものが普及しなかった。この歌が全国の阪神ファンの間で知られるようになったのは意外にも戦後も戦後、昭和六〇年の優勝以後のことである。

昭和三六年に「阪神タイガースの歌」と名称が変わり、コロムビアから若山彰の歌で再吹込みされ、翌年戦後のセリーグ初優勝にもかかわらず、あまり、現在のように一般には歌われなかった。その後、昭和五五年ビクターから声楽家のバリトン歌手立川清登（澄人）の独唱で《六甲おろし》として発売され球団歌として公認された。そして、昭和六〇年の優勝において大ブレークした時には「六甲おろし」という名称が阪神ファンにおいて定着しており、全国の阪神ファンにとっては欠かすことのできない阪神タイガースの象徴歌になったのである。

職業野球公式戦開幕

日本に職業野球の公式戦がスタートした昭和一一年の世相は、皇道派の青年将校が軍部内閣樹立を目指して昭和維新を断行し内外の危機打開する目的でクーデターを敢行した二・二六事件に象徴されていた。この年、皇道派青年将校らが「君側の奸」を殲滅し軍部内閣樹立を目指した二・二六事件が起き、大蔵大臣高橋是清、内大臣斎藤実、陸軍教育総監渡辺錠太郎が殺害された。しかし、クーデターは失敗し、それ以後、統制派が粛軍を行い陸軍の実権を握りながら、このような事件がおこったのは、従来の政治に対する軍部の不信にあるとして、陸軍は遠慮することなく政治的な発言をおこなうようになったのだ。その後、戒厳令のもとで岡田啓介内閣に代わって広田弘毅内閣は、陸軍の要求によって軍部大臣現役武官制を復活させ、また、軍の国防方針にもとづき大陸と南方を合わせ日本を中心にしたブロック化することを国策とし、外交刷新・庶政一新を意図した「国策の基準」を決定した。外交においては、ドイツとの提携を強化し防共を旗印にした日独防共協定を締結した

この年のレコード歌謡の話題は二・二六事件という世相のなかで煽情的な官能歌謡・《忘れちゃいやヨ》（最上洋・作詞／細田義勝・作曲）だった。これは治安警察法が適用され発売禁止となった。昭和一一年、春、東海林太郎が歌う演歌系の日本調歌謡で全盛期を迎えたポリドール旋風のさなか、テイチクでは古賀政男と藤山一郎のコンビが復活した。二人の合作芸術による《東京ラプソディー》（門

田ゆたか・作詞／古賀政男・作曲）はモダン都市東京を高らかに歌い平和の讃歌でもあった。藤山一郎の声量も豊かで正確無比な歌唱は、「銀座」「ニコライ堂」「浅草」「新宿」を歌い、都市空間に花開くスポーツの王者・野球と昭和モダンの音楽風景を結び付けるのに十分だった。

このような世相のさなか、東京巨人軍、大阪タイガースの結成に続き各地で職業野球と言われたプロ野球球団が誕生した。昭和一一年一月一五日、名古屋軍、一月一七日、東京セネタース、一月二三日、阪急、二月一五日、大東京軍、二八日、名古屋金鯱軍。東京巨人軍、大阪タイガースにこの六チームが加わり、日本職業野球連盟が組織化され、昭和一一年四月二九日、甲子園球場で日本初の職業野球団の公式リーグ戦がスタートすることになった。

大阪タイガースは球団歌もでき、三月下旬からの甲子園球場で本格的な練習に入った。四月二九日から開幕する公式戦（「春」「夏」「秋」の三シーズン）に備えて本格的な練習に入ったのである。

一方、国内で圧倒的な強さを誇った東京巨人軍は二月一二日午後三時、秩父丸に乗船し横浜港を船出した。一路サンフランシスコを目指し第二回アメリカ遠征の旅に向かった。職業野球界の誕生の気運のさなか、その宗家として最高の野球技術・精神を修得することを課題とし、日本野球界の発展に寄与することが目的だった。

昭和一一年四月一九日、大阪タイガースは結成披露試合でセネタースを四対一、名古屋金鯱軍を五対三で破った。第一戦は若林が投げ、第二戦も藤村の好投が光り、この記念試合に勝利し幸先の良いスタートとなった。

大阪タイガースのオーダーはつぎのとおり。

1（中）平桝　2（左）藤井　3（右）御園生　4（一）松木　5（三）景浦　6（二）藤村　7（捕）小川　8（投）若林　9（遊）岡田

さて、昭和一一年四月二九日から始まる公式戦（春・夏・秋）の日程はつぎのとおり。昭和一一年の公式戦は「春」「夏」「秋」の三シーズンに分かれ、それぞれ名古屋大会、宝塚大会、東京大会、大阪大会と都市開催に細分化され、リーグ戦とトーナメント戦が組まれていた。

〈春〉
四月二九日―五月五日、第一回日本職業野球リーグ戦（リーグ戦形式／甲子園）
五月一六日―一七日、名古屋大会（各チーム二～三試合／鳴海）
五月二二日―二四日、宝塚大会（各チーム二試合／宝塚）

〈夏・「日本職業野球連盟結成記念全日本野球選手権試合」〉
七月一日―七日、東京大会（戸塚）
七月一一日―一三日、大阪大会（甲子園）
七月一五日―一九日、名古屋大会（山本）

〈秋・第二回全日本野球選手権・ペナントレースの開幕〉

九月一八日―二九日、第一次大阪リーグ戦（甲子園）
一〇月四日―六日、名古屋優勝大会（トーナメント大会／鳴海）
一〇月二三日―二七日、大阪優勝大会（トーナメント大会／宝塚）
一一月三日―一二日、第一次東京リーグ戦（上井草）
一一月一四日―二三日、第二次大阪リーグ戦（甲子園）
一一月二九日―一二月七日、第二次東京リーグ戦（洲崎）
＊一二月九日―一一日、同勝ち点のタイガースと巨人の年度優勝決定戦（洲崎）

四月二九日からの公式戦、春の三つの大会（甲子園・鳴海・宝塚）は東京巨人軍が米国遠征のために不参加であり、名古屋金鯱軍も鮮満遠征のためリーグ戦の甲子園大会のみ参加ということもあり、選手権ではなく公式上の優勝を争う争覇戦ではなかった。選手権の各大会の優勝を決める争奪戦は七月一日の「日本職業野球連盟結成記念全日本野球選手権試合」からである。東京巨人軍が米国遠征から帰国し参加することになり、職業野球チームが全部揃ったこともあり、その記念大会となった。そのため、三大会のそれぞれの優勝チームの決定戦は行われなかった。したがって、覇権を決定するペナントレースの実施は秋季リーグ戦（九月一八日～一二月七日）からである。

初のペナントレースが展開する職業野球秋季公式戦（九月一八日～一二月七日）は四リーグ戦と二トーナメント戦で構成されている。優勝チームに勝ち点（一点＊同率首位の場合・各チーム〇・五点）が与えられ、合計六回の大会（リーグ戦とトーナメント戦）の通算の勝ち点によってペナントの覇権

（優勝）が決定する。また、同点の場合、優勝決定戦が行われ年度の王者が決まるのである。勝ち点二・五点で並んだ大阪タイガースと巨人の王座決定戦（一二月九日〜一一日）がそれである。これがいわゆる日本シリーズの原点となったのである。

昭和一一年四月二九日、日本職業野球連盟が主宰する公式戦が始まった。アメリカ遠征で日本を離れていた巨人以外の大阪タイガース、東京セネタース、名古屋軍、名古屋金鯱軍、阪急、大東京の六チームによって、その熱戦の火ぶたが切って落とされた。四月二九日、開幕した春のリーグ戦、大阪タイガースは名古屋金鯱軍を三対〇と緒戦を飾った。一一奪三振を奪った藤村の好投が光った。藤村は打棒も発揮し打っては三安打の猛打賞。まさに投打にわたる海内無双の活躍だった。

第二戦（名古屋軍）はタイガースが初回に一二点の猛攻で大勢を決めた。名古屋軍を一七対三の大差で圧勝したのだ。五月一日、第三戦の阪急戦は大阪の電鉄同士のライバル対決で、本社からは阪急だけには絶対負けるなという厳格な指令ともいえる至上命令がだされた。

タイガース・藤村、阪急・北井正雄（大社中―米子鉄道管理局―関大―阪急）の投手戦が展開。藤村の落差のあるドロップ（縦のカーブ）と北井の鋭く滑るようなスライダーの投手戦は見ごたえがあった。タイガースは九回に二対二の同点に追いつき延長に入った。一〇回の裏、阪急の先頭の西村正夫（高松商業―関大―阪急）がヒットで出塁。この日の西村は三安打の活躍である。中村一雄（中外商業―阪急）がバントで送り二進する。日高得之（平安中―阪急）が三振のあと強打の山下を敬遠し歩かせた。タイガースは宇野錦次（平安中―阪急―大洋軍―西鉄軍）と勝負にでて、打った打球はセンターフライ、ところが、平桝敏男（広陵中―慶大―大阪タイガース）が一度グラブに入れながら落球した。

三塁から西村が生還してこれが決勝点となり阪急の勝利となった。

甲子園で開催された春のリーグ戦（第一回日本職業野球リーグ戦・四月二九日～五月五日）の初優勝は苅田を中心に堅実な守備力を誇る東京セネタースだった。大阪タイガースは阪急に敗れた後、大東京を九対四で降し三勝一敗となり、同じ三勝一敗のセネタースと優勝をかけて戦うことになった。

昭和一一年五月四日、大阪タイガースはセネタースと優勝をかけて激突した。タイガースが藤村、セネタースは野口明（中京商業―明大中退―セネタース―大洋軍・西鉄軍―阪急―中日）と、両投者が投げ合い白熱した投手戦が展開した。だが、六回、リーグ戦五試合中三試合に登板した藤村に疲れが見え、苅田に三塁打を痛打されそれをあしがかりに二点リードされた。タイガースも一点を返し追撃したが、結局、セネタースに三対五で敗れ、三勝二敗となり三位に終わった。タイガースは戦力的に抜きんでていたチームだけに、セネタース戦の敗戦はファンの期待を裏切った結果となった。しかも、ライバル阪急に本拠地甲子園の試合で敗れたことが球団内部では大きな問題となった。阪急に二敗した時点で監督の更迭は固まっており、森茂雄に代わって猛虎軍団の基礎を構築した石本秀一（広島商業―大連実業団）が就任する運びとなった（監督就任は七月一四日）。

昭和一一年五月一六日、一七日、名古屋の鳴海球場で「連盟結成披露試合」が開催された。ここでタイガースは阪急に一矢を報い甲子園での雪辱を果たした。五月一七日、タイガースは御園生、阪急は北井の先発。試合は阪急が有利に進めていたが、タイガースは七回、山口の代打景浦が左中間に豪快に三塁打を放ち二対二の同点にした。そして、再び延長戦に入った。一二回裏、小川の犠牲フライでタイガースは三対二としサヨナラ勝ちを収め、熱火の激闘を制したのである。

だが、五月二四日、阪急の本拠地・宝塚球場で、タイガースは一〇対二の屈辱的な大敗を喫した。鳴海球場（五月一七日）で好投した御園生に期待し先発させたが、初回、阪急猛打線に早くも四点を献上し、若林、景浦とつないだが、猛打・阪急打線の勢いは止まらなかった。打線も北井のスライダーを全く打てず、完全に押さえられた。

本拠地の甲子園（五月一日／二対三・大阪タイガース●）でも負け、しかも、阪急のお膝元の宝塚（五月二四日／二対一〇・大阪タイガース●）でライバル電鉄会社の球団に負け、監督森と主将の松木は本社に呼ばれ雷を落とされた。このあと球団は選手の補強の方針を具体化し、森監督の更迭に動き出したのである。

伝統の一戦の始まり

昭和一一年六月五日、東京巨人軍、巨人がアメリカ遠征から凱旋帰国した。横浜港に日本郵船の平安丸が入港したのが朝八時五〇分。四二勝三三敗一引き分けの好成績をのこしての帰国だった。一方、タイガースは六月一一日、朝鮮遠征にセネタースと共に旅立った。国内で帯同のセネタース戦も含めて三試合消化した。一三日、タイガースは巨人に勝ったこともある熊本鉄道局を一〇対二で一蹴したが、このとき景浦の放ったホームランは場外を遥かに越えて行き職業野球の凄さを観衆に印象付けた。六月一七日、タイガースは下関から釜山に上陸した。二三日、最終戦の全京城を一二対三の大差で破り、大阪タイガースは朝鮮遠征は四勝二敗の成績で終えた。

巨人内部には帰国と同時に大きな変動が起きた。浅沼監督が退陣、内野の要の水原、田部が退団した。六月一六日、藤本定義が監督に就任した。藤本は助監督に三原脩を要請（九月復帰）、東鉄から伊藤健太郎（千葉中―東京鉄道局―巨人）、前川八郎（神港中―国学院大―東京鉄道局―巨人―阪急）を巨人に移籍させ戦力強化を図った。

昭和一一年六月二七日、東京巨人軍帰朝歓迎試合で、巨人はタイガースに七対八、五対六と連敗した。この大阪タイガースと巨人の帰国歓迎試合が伝統の巨人・阪神戦の歴史の開幕だった。これは東西野球界の覇者の対決のスタートであり、ここから、沢村―景浦、川上―藤村、長嶋・王―村山・江夏、と昭和のエールが奏でる幾多の名勝負が生まれることになる。

第一戦では、先発の沢村がストライクが定まらず乱調で降板した。この日の沢村は松木が大連実業団時代に対戦したときとは思えなかった乱調ぶりだった。リリーフの青柴憲一（大谷中―立命大―巨人）が四回、主砲の景浦にホームランを浴びて五対〇と大阪タイガースがリード。この景浦の当たりに巨人ナインは度肝を抜かれた。だが、巨人は四回、中島が若林から三塁打を放ち二点を返し六回に五対五の同点に追いついた。中島は先のアメリカ遠征で3Aクラスの投手を打ち、打棒を開花させた一人である。八回、大阪タイガースは筒井修（松山商業―巨人）のタイムリーで逆転を許す。だが、タイガースは九回に必死の攻撃を浴びせ一死満塁とし三点を加点し八対六と逆転。九回、一点を取られたが辛くも八対七で大阪タイガースの勝利となった。

両軍のオーダーはつぎのとおり。

大阪タイガース・1（中）平桝　2（左）藤井　3（一）松木　4（三）景浦　5（右）山口　6（捕）小川7（二）岡田　8（投）若林　9（遊）伊賀上

巨人・1（中）林　2（二）津田　3（右）中島　4（一）永沢　5（捕）中山　6（左）伊藤　7（遊）筒井　8（三）白石　9（投）沢村

翌日の第二戦（六月二九日）ではタイガースが三対〇と主導権を握った。だが、六回、四対三と逆転され、七回にはさらに五対三と引き離された。七回裏、タイガースは一点差に詰め寄る。そして、九回、松木と小川が闘志をみせ、二人はダブルスチールを決め、土壇場で五対五の同点に追いついた。九回二死一塁、三塁、松木と小川は果敢に重盗を試み最後の望みをかけたのだ。この松木の走塁は積極的攻撃精神がもたらしたものだった。そして、藤井の適打で伊賀上良平（松山商業―大阪タイガース・阪神軍―大映ユニオンズ）がホームを踏み延長一〇回、大阪タイガースがサヨナラ勝ちの勝利を収めたのである。

日本職業野球連盟結成記念全日本野球選手権試合

昭和一一年七月一日、巨人軍を加えた七チームによる日本のプロ野球の公式戦が幕を明けた。七月一日から、「日本職業野球連盟結成記念全日本野球選手権試合」が開催されたのだ。東京大会（戸塚球場）、大阪大会（甲子園球場）、名古屋大会（山本球場）とトーナメント方式（敗者復活戦有）による試合が組まれていた。この連盟結成記念大会は選手権争奪戦の起点となるが、三大会（東京・大阪・名古屋）の個別優勝が争われるとはいえ、記念大会という性格もあり、三大会の綜合優勝の決定戦は予定されていなかった。すでにのべたようにペナントレースは昭和一一年九月からの秋季リーグ戦からである。
このように人気球団の東京巨人軍が公式戦に初登場し、モダン都市の野球空間の象徴となったプロ野球が本格的に開幕した七月は、すでにのべたようにクラシックの正統派・藤山一郎が歌う《東京ラプソディー》が発売された時でもある。都市空間を構成するモダン華やかな銀座、異国情調豊かなニコライ堂、ジャズで踊る浅草、艶美な新宿がふんだんに登場し、都市空間に花咲くプロ野球の誕生を祝福しているかのようだった。

花咲き花散る宵も
銀座の柳の下で
待つは君ひとり、君ひとり
逢えば行く　喫茶店《ティールーム》
楽し都　恋の都
夢の楽園よ　花の東京

藤山一郎の軽快な歌声によってモダン都市のスピード感も増し、モダンなレコード歌謡と共に野球都市文化の到来だった。この公式戦は均整のとれたスマート球団「セネタース」、猛虎軍団「タイガース」、ダークホース「金鯱軍」、大型打線「阪急」、外国選手で異彩を放つ「名古屋軍」などが鎬を削った。藤山の歌唱はこのような花咲くパラダイスのモダン都市東京のスピディーな野球空間に相応しかった。

七月一日から早稲田の戸塚球場で帰国した巨人を加えた職業野球七チームによる最初の公式トーナメント戦（東京大会）が開催された。アメリカから凱旋した巨人が初めて顔を出すこともあり、野球ファンの注目が集まる大会だった。タイガースは七月三日の第一戦で若林が好投し、六対三で金鯱軍を破った。タイガースは五日、準決勝でセネタースと対戦しこれが事実上の決勝戦となった。両チームとも打線が爆発したが、タイガースは拙攻が目立ち、八対九でセネタースに屈したのである。試合はタイガースが二塁打六本を含む二桁の安打を放ち試合を有利に運び押していただけに覇者打倒の壮図を挫いた逸勝だった。この東京大会（「日本職業野球連盟結成記念全日本野球選手権試合」・戸塚球場）の優勝はハーバード・ノース（マッキンリー高―名古屋軍）とバッキー・ハリス（南カリフォルニア大―AAサクラメント・セネターズ―LA・NIPPON―名古屋軍―イーグルス）の外国人バッテリーを看板にした名古屋軍である。セネタースを一対〇で破っての優勝だった。昭和一一年七月八日、の『読売新聞』は「強豪セ軍を降し　名古屋輝く覇業」と報じている。

七月一一日（実際は九日が開催日、雨でノーゲーム、翌一〇日、雨で開催が順延）から甲子園で大阪大会（「日本職業野球連盟結成記念全日本野球選手権試合」・甲子園）が開かれた。七月九日、タイガースはセネタースと激突。二対二のまま三回降雨でノーゲームとなった。翌一〇日は雨で順延。一一日、いよいよ、前大会の雪辱を期しての本拠地におけるセネタース戦（再試合）を迎えた。しかし、初回から先発御園生が打たれ、ワンサイドゲームとなり一対八の大敗だった。

一方、タイガースのライバル・阪急は巨人を一方的に八対一と大差で破り、圧勝した。七月一一日、第三戦、巨人は、その慶應出身の大スター宮武三郎、山下実を揃えた大型チーム阪急に惨敗したのである。巨人の先発の畑福俊英（横手中—専大—巨人—イーグルス・黒鷲軍・大和軍）は二回でKO、阪急の北井は巨人打線を沈黙させ、三安打の好投を見せ、すでにのべたように終わってみれば八対一の大差だった。エースの北井が巨人打線を完璧に押さえ、宮武、山下の打棒がさく裂した阪急の圧勝だった。

決勝は阪急（名古屋軍戦・七対五）とセネタース（金鯱軍戦・九対一）の一騎討ちとなった。阪急は九回、山下の決勝ホームランが飛び出してセネタースを二対一と破った。宮武、山下が放つ痛烈な打球をショート苅田が華麗に、セカンドの中村信一（北予中—法大—セネタース・翼軍・西鉄軍—ゴールドスター・金星）が堅実に捌く場面は東京六大学の慶應—法政戦の再現だった。

この大会では、初日で早くもタイガースと巨人は姿を消したわけである。巨人はアメリカ遠征の成果を見せるどころかファンの期待を裏切る結果となった。

大阪タイガースはこの大会（大阪大会・甲子園）でも阪急だけには絶対に負けるなという本社から至上命令が出ていた。だが、ライバル阪急はこの甲子園球場における第二大会（七月一一日・開催日）で優勝をはたした。大阪大会は阪急がセネタースを二対一で降し優勝の覇権を勝ち取った。七月一四日の『読売新聞』は山下実の決勝点となるホームランを「覇握の本塁打」の見出しを付けて報道している。このライバルチーム阪急の優勝はタイガースにとっては最悪の事態となった。

宿敵阪急

七月一五日からは五日にわたって名古屋大会（「日本職業野球連盟結成記念全日本野球選手権試合」・山本球場）が行われた。この名古屋優勝大会では大阪タイガースが優勝した。この大会、背水の陣で臨んだ大阪タイガースは一五日の第一戦、大東京を六対五、巨人を三対六から八対七への逆転勝ちで波にのり、一八日の準決勝のセネタース戦を九対七で降した。若林、藤村のリレーで何とかセネタースの後半からの猛攻をかわした。そして、七月一九日の阪急と社の威信をかけて激突することになった。

大阪タイガースは阪急の北井を打ち込み、一一対七の両軍二八安打の乱打戦を制した。これによって、大阪タイガースが球団初の優勝となったのである。

1（中）平桝　2（一）松木　3（右）山口　4（三）景浦　5（左）藤井　6（捕）門前　7（投）若林　8（二）岡田　9（遊）伊賀上

大阪タイガースはこの大会、松木謙治郎、景浦将、平桝敏男、山口政信、小川年安らの各試合一四安打以上放った気魄の猛打線で勝ち抜いたのだ。投げては、若林忠志、藤村富美男、御園生崇男らが好投した。ところが、優勝したにもかかわらず、結局親会社の阪神電鉄と稲門倶楽部の交渉が決裂し監督の森が正式に退陣することになった。

巨人は東京（七月一日～七日・戸塚球場）、大阪（七月一一日～一三日・甲子園）、名古屋（七月

一五日～一九日・山本球場）の三大会（トーナメント形式）で一度も優勝できなかった。優勝は東京・名古屋軍。大阪・阪急、名古屋・大阪タイガース。殊にタイガースは三大会の綜合チーム打率が三七六と驚異の破壊力の重量猛虎打線だった。その猛打線に早稲田のスラッガー小島利男（愛知商業―早大―三菱鉱業―大阪タイガース―イーグルス・黒鷲軍・大和軍―パシフィック―西日本パイレッツ）が加入した。八月一一日、石本新監督の下での強化合宿（明石公園球場）から小島は戦列に加わったのである。

昭和一一年八月、東京セネタースの本拠地として上井草球場が開場した。八月二九日、三〇日の両日に球場開設記念試合が挙行された。これが石本秀一新監督の初試合となった。初戦は藤村の好投によって八対五で大東京を降し、二日目は、野口明、若林の投げ合いで三対二でタイガースがセネタースも破り連勝の勢いだった。九月、大阪タイガースは森茂雄（阪急連敗の責任をとって辞任）から代わった石本秀一の猛特訓の功を奏し、九月一日、二日、名古屋軍を六対三、一三対九と撃破し快進撃を開始した。

新監督の石本は広島商業、関西学院、大連実業団で活躍し、満洲から広島に帰り、母校広島商業の監督をしていた。厳しい指導で灰山元治（広島商業―慶大―ライオン軍・朝日軍）、鶴岡一人（広島商業―法大―南海軍・グレートリング・南海）らを率いて、昭和四，五年夏の甲子園連続優勝、昭和六年、春の甲子園優勝と、四度の全国制覇を成し遂げた。その手腕を買われて石本は二代目大阪タイガースの監督に就任したのである。そして、石本は牙を剥き出しに敵に襲いかかる猛虎のイメージを大阪タイガースに植え付けた。巨人・阪神の伝統の一戦のスタートであり、戦後の「ダイナマイト打線」の礎を築ずいた。その猛虎軍団の闘志むき出しのタイガースのプレーにファンは熱狂した。

昭和一一年九月一二日、阪急との定期戦を甲子園において迎えた。阪神電鉄と阪急電鉄の熾烈な競争もあり、絶対に阪急には負けるなとの社命がここでも厳しく伝えられていた。大阪には大阪タイガースと阪急の二つの球団しかなかった。勝てば、どちらかの親会社の膨大な利益につながるのだ。また、阪神電鉄の細野躋専務と阪急電鉄の岩倉具光常務が話し合い、この定期戦を職業野球の早慶戦にしようではないかという構想が練られていた。

タイガースと阪急は球団設立以来、二勝二敗の成績。この定期戦はまさに決戦の様相を呈していた。だが、第一戦（九月一二日・甲子園）は、若林、藤村が打たれ、タイガース打線も北井のスライダーを打てず八対一で阪急の勝利。タイガースは主戦投手がこう打たれるとなるとなす術がなかった。第二戦は山口、平桝のホームランが飛び出し、初回に六点をもぎ取り一六対三でタイガースの圧勝、決勝の第三戦は乱打戦となり、一一対一二でタイガースは一点差に詰めよったところで惜しくも敗れた。こうして、決戦というべき第一回阪急との定期戦はタイガースが敗れることになったのである。

一方、ライバルの巨人は九月五日から一三日まで、群馬県館林茂林寺の分福球場（通称・茂林寺球場）でキャンプを張り猛特訓が行われた。藤本定義（松山商業―早大）がアメリカ遠征で浮かれた選手を鍛えなおした。その「千本ノックの猛練習」は巨人軍の歴史で語り伝えられている。このキャンプで早稲田の後輩、三原が巨人軍に復帰した。ここに水原（一一月復帰）との一、二番コンビが誕生した。

この血反吐を吐きながらの猛特訓の成果が表れ、「東京巨人軍」は蘇生した。特にエース沢村の復調が大きかった。

日本職業野球・第二回全日本野球選手権（ペナントレースの開始）

昭和一一年九月一八日、第二回全日本野球選手権（大阪第一次リーグ戦・甲子園）八日間の日程で始まった。そして、一〇月四日―六日、名古屋優勝大会（トーナメント大会／鳴海球場）一〇月二三日―二七日、大阪優勝大会（トーナメント大会／宝塚球場）一一月三日―一二日、第一次東京リーグ戦（上井草球場）一一月一四日―二三日、第二次大阪リーグ戦（甲子園球場）一一月二九日―一二月七日、第二次東京リーグ戦（洲崎球場）と続くこの秋季リーグ戦からペナントレースの開始である。

開催期間は九月一八日から一二月七日までの八〇日間。この期間中には大阪タイガースと阪急の定期戦など非公式戦も日程に含まれていた。

このように日本の野球史において初のペナントレースが展開する。この職業野球秋季公式戦（第二回全日本野球選手権）は四リーグ戦と二トーナメント戦の六大会で構成されていた。優勝チームは勝ち点制によって決定した。優勝チームに勝ち点（一点＊同率首位の場合・各チーム〇・五点）が与えられ、合計六回の大会（リーグ戦とトーナメント戦）の通算の勝ち点によってペナントの覇権（優勝）が決定する。また、同点の場合、優勝決定戦が行われその年度の王者が決まるのである。日本野球史上初のペナントレースは勝ち点二・五点で大阪タイガースと巨人が並び王座決定戦が行われた。大阪タイガースと巨人の王座決定戦（一二月九日～一一日）が激突し、これが日本シリーズの原型となったのである。

まずは、九月一八日、七球団一回当たりリーグ戦が始まった（二一試合）。優勝候補の筆頭は大阪タイガースが挙げられていた。タイガースは打棒がさく裂し大東京を一七対三で降しまず圧巻の強さを見せつけ好スタートを切った。二二日、二日間の雨で順延していた金鯱軍戦も九対一でこれも猛打線の威力を発揮し大差で破った。だが、翌二三日、セネタース戦は八回まで六対三とリードしながら、九回、四点を奪われ逆転負けを喫した。

巨人はこの秋季リーグ戦から茂林寺の特訓の成果が選手に顕れその力が蘇った。その巨人は金鯱軍を沢村が九個の三振を奪い四対〇の完封勝利。九月二三日、沢村栄治の怪腕が唸った。阪急戦で宮武、山下（実）、山下（好一）らを押さえ、三振一〇個を奪うという本来の力を発揮した。試合は四対二で巨人の勝利。しかし、二四日、名古屋軍に一対二と手痛い星を落とし、タイガースとならぶ二勝一敗となった。

九月二五日、秋の第一次大阪リーグ戦（秋季リーグ戦・第二回全日本野球選手権）で優勝をかけて、タイガースは巨人と対戦した。巨人先発は予想通り沢村、タイガースは若林と両チームともエースを立ててきた。両軍とも優勝がかかった一戦である。

この一戦において沢村が藤井、松木、小川、景浦、山口と並ぶ強打のタイガースを相手にノーヒットノーランを記録した。スコアは一対〇。カーブが冴える沢村と抜群の制球力を誇る若林の投手戦によって、八回まで両軍無得点。しかも、タイガースは沢村の前に無安打だった。試合はベテラン山本栄一郎（島根商業―関大中退―巨人）の一打（センター前のテキサスヒット）が決勝点となり、巨人が勝利した。タイガースの最終回は一番からの好打順だったが、それを見事に抑えた沢村のピッチングだった。落差のあるカーブでタイガース打線を封じ込めた。沢村もさることながら、敗戦投手とはいえ巨人打線を要所を締め六安打に抑えた若林の好投も光る試合だった。

九月二八日、タイガースは宿敵阪急を二対〇と若林が完封勝利し、最終日（二九日）の名古屋戦を七対一と連勝した。四勝二敗で大阪第一次リーグ戦を二位で終わった。一方、巨人はエース沢村が好調で、二八日、大東京を三対〇と完封し、最終日の二九日、五対一でセネタースを破り五勝一敗で初優勝（巨人）の美を勝ち取った。

ライバルのタイガースは優勝こそ逃したが、〈輝く我が名ぞ　大阪タイガース〉と《大阪タイガースの歌》の応援歌を背に打倒沢村を課題としながら、一〇月からの快進撃が始まった。

大阪タイガースは一〇月二日からの名古屋優勝大会を制覇した。第一回戦、名古屋軍を一〇対五、大東京も一一対二と猛打線で圧勝し決勝戦でセネタース戦を迎えた。タイガースはエース若林、セネタースは野口明と両エースの対決となった。若林の好投に応え、打線も苦手の野口攻略に成功し五対一で優勝を遂げた。勝ち点一を獲得したのだ。この優勝がまさに球団歌が歌う〈青春の覇気美わしく輝く我が名ぞ　大阪タイガース〉の歴史の開幕だったといえよう。

大阪タイガース―阪急定期戦

秋も深まる一〇月一七日（宝塚球場）から第二回阪急との定期戦が始まった。ここまでのタイガースの宿敵阪急との公式戦も含めた対戦成績はつぎのとおりである。

五月一日　・三対二　阪急〇（甲子園球場）
五月一七日・三対二　タイガース〇（鳴海球場）

五月二四日・一〇対二阪急〇（宝塚球場）
七月一九日・一一対七　タイガース〇（山本球場）
九月二八日・二対〇　タイガース〇（甲子園球場）

〈第一回定期戦〉
九月一二日・八対一　阪急〇（甲子園球場）
九月一三日・一六対三　タイガース〇（甲子園球場）
九月一四日・一二対一一　阪急〇（甲子園球場）

昭和一一年一〇月一七日（宝塚球場）、タイガースは阪急との第二回定期戦を迎えた。颯爽と両チームのスタープレイヤーたちの熱戦譜が開幕したのだ。今回の本社の石井、細野の両重役の言葉は厳しかった。もしこの二回目の定期戦もタイガースが阪急に敗れることになれば、チーム解散もありうるという厳しいものだった。

第一戦、タイガースの先発はエースの若林、阪急は石田光彦（豊浦中―東京リーガル倶楽部―阪急―南海軍―大和軍―ゴールドスター）。石田の速球が冴え、逆に若林は一回から乱打され、四対一三でタイガースの大敗だった。山下が豪快にホームランをスタンドに放り込んだ。第二戦はタイガースが御園生、阪急がタイガースが苦手とするエースの北井。タイガースは絶壁に立たされていた。両者の好投が続き、先取点は六回に阪急が取った。暗いムードがタイガース内に漂った。しかし、七回、起死回生のセンターの頭上を越える景浦のホームランでタイガースは追いついた。八回、タイガースは救援の石田を攻略し三対一で連敗を免れた。

第三戦、いよいよ一勝一敗のタイで迎えた決勝戦。一九日は雨で順延し翌二〇日に阪急、阪神の両電鉄の社命をかけて再試合を迎えた。阪急は先発石田。タイガースは必勝を期して景浦をマウンドに送った。一回、タイガースは初回から石田を捕えた。藤井、山口の連打で一挙四点を挙げた。先発の景浦は安定した投球内容でリリーフの御園生につなぎ、四対一と二勝一敗と勝ち越し、第一回定期戦の敗北を雪辱したのである。

〈第二回定期戦〉

一〇月一七日・一三対四　阪急◯（宝塚球場）

一〇月一八日・三対一　タイガース◯（宝塚球場）

一〇月二〇日・四対一　タイガース◯（宝塚球場）

この定期戦の前に本社重役陣から「どんなことをしても必ず勝利を収めろ」の終始一の如く至上命令がだされていたことはすでにのべた。敗戦を喫すれば解散もあり得るという社命を受けたタイガースは背水の陣で臨んだ結果の勝利だった。この定期戦では第一戦に和製ベーブルース山下実、第二戦では景浦将のそれぞれ豪快なホームランが飛び出し、宝塚球場に詰めかけたファンを魅了した。景浦はマウンドでも剛球を披露し投打に活躍した。

タイガースは第一回定期戦の雪辱をはたした。第三戦の勝利の夜、鳴尾の「みやこ」で祝勝会が催された。球団創立以来、酒もふるまわれ、球団首脳陣がこの定期戦の勝利を選手と一緒になって喜びを嚙み締めたのである。

帝都初のリーグ戦

昭和一一年一〇月二三日から始まった大阪優勝大会（宝塚）はトーナメント方式で準決勝で宿敵阪急に〇対三で敗れ三位（三位決定戦で金鯱軍を四対二で破る）。阪急の北井の前にタイガース打線は鋭く抉るように変化するスライダーを打てず僅か二安打に抑えられ完敗を喫した。優勝は巨人が手にした。沢村の好投でタイガースのライバル阪急を三対一で降し巨人の優勝で終わった。巨人は勝ち点計二点。

その巨人には朗報が届いた。水原の復帰である。一一月一日、水原が試合に復帰しナインと合流したのだ。五日の名古屋戦から二番サードで出場し、セカンド三原、ショート白石、サード水原の黄金内野陣が復活したのである。

秋も深まる一一月三日、絶好の快晴の野球日和、東京第一次リーグ戦（上井草球場）が開幕した。モダン都市東京のモダン空間において帝都初のリーグ戦の火蓋が切って落とされ、一〇日間の熱戦が始まったのだ。

「帝都に於て、初めての職業野球リーグ戦東京第一次大会は熱烈なるファンの待望裡に、秋深き十一月三日の佳節とトして城北、西武沿線上井草球場に於て華々しく開始された」(「日本野球連盟ニュース」)

この日は祭日の好条件に恵まれ、紅葉の晩秋には珍しい絶好の快晴だった。詰めかける観衆は午前六時の開門が迫る頃、その時点で二〇〇〇人。午前八時の開門と同時に内野席は売り切れの完売だった。緑の芝生の外野席まで埋まる観衆は二万人を超えていた。

一一月三日、第三試合、タイガースは初戦、巨人の沢村を打ち崩し四対一と好調なスタートを切った。タイガースは小島、景浦、松木らの猛虎打線が一二安打を沢村に浴びせ快勝だった。だが、第二戦、タイガースは森井茂(宇治山田商業―大津晴嵐クラブ―名古屋軍・産業軍・中部日本―広島)の緩急自在のピッチングに翻弄され名古屋軍に不覚の一敗を喫した(一対三)。第三戦は名古屋戦でホームランを放った藤村が菊矢の後を受けマウンドに登り二人の好投によって大東京を五対〇完封で降した。第四戦は景浦が宿敵阪急を五対〇で完封した。ホームランは松木に出ている。この勝利によって優勝に一歩前進したタイガースは第五戦、金鯱軍と対戦。先発藤村が打たれ、七回まで二対八とリードを許す。しかし、タイガースナインの闘志は旺盛で、それが猛攻を生み出し、七回、八回で一〇点を挙げ、藤村の後継を御園生、若林とつなぎ、一二対八の逆転勝利を導いた。まさに海内無双の力による勝利だった。

昭和一一年一一月一二日、帝都初のリーグ戦は最終日を迎えた。巨人、名古屋軍、タイガースが四勝一敗で優勝争いに並んでいた。まず、名古屋軍が大東京を降し五勝一敗と躍り出た。

巨人は金鯱軍に二対四で敗れ優勝戦線から脱落した。タイガースは景浦が投打に活躍し四対一でセネタースに勝利し、名古屋軍と同率の一位で帝都初のリーグ戦において優勝となった。タイガースと名古屋軍は勝ち点〇・五点。タイガースは計一・五点。打撃面では、この第一次東京リーグ戦六試合を戦い、チーム打率・二六三、ホームラン・三本、打点・二六、盗塁・一三と各部門トップの成績だった。この上井草の大会ではホームランが四本だったが、そのうちの三本はタイガース、藤村、松木、景浦が放っている。殊に景浦は第一次甲子園リーグと第一次東京リーグ（上井草）の二つのリーグ戦一二試合で四四打数一七安打、打率・三八六と豪打を見せつけた。また、藤井も一二試合で五三打数二〇安打と打ち好打を発揮した。ちなみに二つのリーグ戦のみの首位打者は宮武三郎、二四打数一一安打、打率・四五六と怪童ぶりを発揮した。

タイガースはチーム力も充実し、二リーグ（甲子園・上井草）の総合成績が九勝三敗と巨人と並んだ。勝ち点はタイガース、一・五点、巨人が二点。タイガースの投手陣は若林、藤村、景浦、御園生と安定していた。殊に景浦―御園生の継投策はタイガースの必勝パターンとなっていた。打線も好調で、景浦、松木、山口、藤村、藤井、小川と猛打線を形成し、機動力も誇る安定した強力チームになっていた。

上井草の東京大会が終わると、すぐに大阪第二次リーグ戦（甲子園）が一一月一四日から二三日までの日程でスタートした。熱戦の舞台は再び甲子園に移った。タイガースは創立以来苦手にしていたセネタースを相手に上井草大会に続いて御園生の好投が光り、六対〇と完封勝利。この試合のマスクは門前がかぶっている。正捕手の小川が応召されたためである。第二戦の名古屋戦では、またしても軟投の森井のピッチングに苦しめられたが景浦が好投し二対一の逆転勝利だった。第三戦も苦戦したが五対三で大東京を降した。第四戦は前大会（上井草大会）につづいてセネタースの野口攻略に成功し藤村が六対〇の完封勝利。第五戦、ライバルの阪急には景浦が力投し二対一と幸勝し、五戦全勝で巨人（四勝一敗）と最終日の一一月二三日、優勝戦に臨んだ。結果は先発藤村が打ち込まれ、二対七の敗戦に終わった。これで巨人とは同じ五勝一敗の同率首位に並んだ。巨人とタイガースがそれぞれ勝ち点〇・五点が入り、巨人計二・五点。タイガースは計二点となった。

日本野球初のペナントレース終了

昭和一一年一一月二九日、洲崎球場で第二次東京リーグ戦（第二回全日本野球選手権・最後の秋季リーグ戦）が開幕した。いよいよ、昭和一一年度秋季リーグ戦・ペナントレースも佳境に入った。四回のリーグ戦と二回のトーナメント戦の合計勝ち点によって総合優勝（ペナント）が決まるのだ。勝ち点同点の場合は王座決定戦が開催される予定である。

ペナントレースの覇権はタイガースと巨人に絞られてきていた。タイガースは《大阪タイガースの歌》で高らかに歌われている〈勝利に燃ゆる　栄冠〉を手にするためにはこの最後のリーグ戦で優勝し勝ち点を三にしなければならなかった。

大阪タイガースは二七日夜一〇時、夜行三等寝台で東上した。猛虎の雄叫びをあげる鉄腕強打のタイガースがモダン都市東京に姿を現したのだ。この最後のリーグ戦で秋季リーグ戦の覇者が決定する。勝ち点二・五点の巨人を勝ち点二点のタイガースが追っていた。

〈タイガース〉
一〇月四日〜六日　名古屋優勝大会（勝ち点一）
一一月三日〜一二日　第一次東京リーグ戦（勝ち点〇・五）
一一月一四日〜二三日　第二次大阪リーグ戦（勝ち点・〇・五）

〈巨人〉
九月一八日〜二九日　第一次大阪リーグ戦（勝ち点一）
一〇月二三日〜二七日　大阪優勝大会（勝点一）
一一月一四日〜二三日　第二次大阪リーグ戦（勝ち点・〇・五）

昭和一一年一一月二九日、第二次東京リーグ戦（洲崎球場）が開始された。タイガースはこのペナント制覇をかけたリーグ戦の緒戦、宿敵阪急と対戦した。タイガースは若林、阪急は石田が先発。タイガースが初回に一点を先取したが、追加点を取れず、その後凡打をくり返し大事な緒戦を一対三で敗れた。敗戦を喫したタイガースナインは球団首脳の逆鱗に触れてしまった。

だが、タイガースは奮起した。その後、三〇日の大東京戦を菊矢吉男（八尾中―関大―大阪タイガース―大東京軍・ライオン軍・朝日軍―ゴールドスター）の好投によって七対〇とシャットアウトし、第三戦（一二月一日）巨人に二対一で、景浦が沢村に投げ勝った。この景浦の好投は優勝への一歩となった。第四戦の金鯱軍戦は三対二とリードされていたが、七回に一挙七点を取り逆転勝ちを収めた。

セネタースの第五戦は野口を打ちあぐんだが、景浦の剛腕が唸り、しかも藤村の決勝のホームランが出るなど三対二と何とか勝った。最終戦ではタイガースは猛打を爆発させ、名古屋軍を一四対二と大差で破り五連勝し阪急と同率の首位となった。これによって勝ち点〇・五を上げ、計二・五点となり巨人と並んだのである。

昭和一一年一二月七日、第二次東京リーグ戦（洲崎球場）をタイガースと阪急が五勝一敗をもって同率首位となり、初のペナントレースが終了した。九月一八日から始まった秋季リーグ戦は全日程を終えたのである。

昭和一一年秋季リーグ戦（九月一八日～一二月七日）の個人タイトルはつぎのとおり

首位打者	中根之	（セネタース）	打率・三七六
ホームラン王	山下実	（阪急）	二本
	古谷倉之助	（名古屋金鯱軍）	二本
	藤村富美男	（大阪タイガース）	二本
打点王	古谷倉之助	（名古屋金鯱軍）	二三打点
最多勝	沢村栄治	（巨人）	一三勝
最優秀防御率	景浦将	（大阪タイガース）	防御率〇・七九

この秋季の公式戦（ペナントレース）は東京（上井草・洲崎）と大阪（甲子園）で二回づつのリーグ戦（計四回）、名古屋と宝塚でのトーナメント大会で展開したが、リーグ戦四回の総合成績は大阪タイガースが勝率・七九二で一位だった。第二位は勝率・六六七の巨人。しかし、秋季の公式戦（ペナントレース）は四回のリーグ戦と二回のトーナメント大会を合計した勝ち点制を採用していたので、勝ち点の最も多いチームが優勝の栄冠に就くことになっていた。

タイガースは一二月のシーズン終了時点で、勝ち点二・五を獲得しリーグ一位だった。巨人も同じ二・五点の勝ち点でリーグ一位となり、両チームは王座決定戦に臨むことになった。真の王座を決定しなければならなかったのである。

昭和一一度の大阪タイガースと巨人の対戦成績はつぎのとおり。

〈昭和一一年度、春、夏〉

＊六月二七日（甲子園）八対七　タイガース◯

＊六月二九日（甲子園）六対五　タイガース◯

☆七月一五日（名古屋大会・山本球場）八対七　タイガース◯

＊七月二一日（福岡春日原球場）七対五　巨人◯

＊七月二二日（大分城崎球場）六対四　タイガース◯

＊七月二五日（小倉到津〔九鉄〕球場）四対二　巨人◯

＊七月二六日（小倉到津〔九鉄〕球場）八対〇　タイガース◯

＊七月二八日（広島商業グラウンド）四対三　タイガース◯
〈昭和一一年秋季リーグ戦・ペナントレース〉
☆九月二五日（甲子園）一対〇　巨人◯
＊一〇月七日（神戸市民球場）三対二　タイガース◯
＊一〇月八日（神戸市民球場）五対四　巨人◯
＊一〇月一一日（甲子園）一〇対八巨人◯
☆一一月三日（上井草）四対一タイガース◯
☆一一月二三日（甲子園）七対二巨人◯
☆一二月一日（洲崎）二対一タイガース◯
（☆は公式戦、＊は大阪タイガースと巨人の帰朝歓迎試合と帯同転戦試合）

昭和一一年度の大阪タイガースと巨人の対戦成績（非公式戦も含む）はタイガースの一〇勝六敗で勝ち越していた。公式戦（トーナメント／リーグ戦）ではタイガースの三勝一敗。投打の二刀流の景浦・藤村を中心に松木（負傷欠場）、山口、小川、小島と連なる強打の猛虎・大阪タイガース対怪腕沢村栄治との対決が見どころだった。

両チーム・打撃成績の比較はつぎのとおり

〈大阪タイガース〉

四六試合三三勝一二敗／勝率・七三三

チーム打率・二六八／ホームラン・一〇本／得点・二六八

〈巨人〉

三四試合二〇勝一四敗／勝率・五八八

チーム打率・二一六／ホームラン三本／得点・一四〇

これをみても、打撃の破壊力は大阪タイガースが上である。投手力は沢村の一三勝三敗、防御率一・一八、奪三振・一一三個が抜きんでているとはいえ、彼一人に頼る厳しい台所事情だった。それに対してタイガースは勝率・一〇〇、防御率〇・七九の最優秀投手に輝く景浦を筆頭に、若林、御園生、藤村と、チーム防御率こそ巨人の一・八二に及ばない二・三九（タイガース）とはいえ、それぞれに完投能力があり、しかも、景浦―御園生の継投策も安定していた。たしかに、勝負の行方は「微妙である」と巨人サイドに立つ『読売新聞』は報道している。しかし、打線の主軸であり沢村攻略の中心にいる松木の欠場がタイガースの懸念材料とはいえ、小川、小島、景浦のクリンナップ、昭和一一年秋のホームラン王を山下実、古谷倉之助と分け合った藤村（二番／六番）、しかも、昭和一一年春・夏にホームラン二本、打率・三三三と打ったあの山口が七番の下位にいるなど、松木の欠場を十分に埋めていた。実質は猛虎の意気高らかに勝利の栄冠を目指す鉄腕強打の雄叫びを挙げる大阪タイガースが有利だった。

王座決定戦

巨人とタイガースとの優勝決定戦は詩人西條八十が野球観戦（巨人―大東京戦）の折に〈そよろ潮風うそ寒く　襟首吹いて千鳥啼く　師走五日のくもり空　ここは洲崎の野球場〉と即興で詠んだ洲崎球場で行われた。洲崎球場は昭和一一年一〇月一四日、大東京軍の本拠地球場として開場した。

深川不動尊の脇に大東京軍の合宿所があった。現在の江東区新砂一丁目二番八号（東京府東京市城東区）付近に存在した。当時は市電洲崎駅から五分、城東電車東平井駅から三分と交通の便がよかった。越智正典によると、地下鉄東西線、門前仲町、木場、その次の東陽町で降り、昔の青バスのあたりからもう少し歩くと左手に満鉄の特急「あじあ号」を造った汽車工場（東京製作所平岡工場）が見える。その手前を右に曲がり、橋を渡ったあたり。現在の藤倉電線深川倉庫のところにあった。球場前には見世物のお化け屋敷などの小屋が並び、野球の入場券でも入ることができた。埋立地の球場なので、満潮時にはグラウンドが浸水することがあった。

昭和一一年一二月九日、一〇日、一一日の日程で、大阪タイガースと巨人による王座決定戦が開催された。ここに伝統の一戦のまた一つの歴史の一ページが始まるのである。入場料は特別席一円、内野席が五〇銭、スタンドは現在のようなスタジアムではないが、観衆は明日の職業野球の発展を夢見て三日間で八千人が集まった。当時の中等野球の甲子園、神宮の東京六大学野球、都市対抗野球の人気からすれば雲泥の差とはいえ、集まった観衆はこの三日間の試合の熱戦に大きな感銘を受けることになる。

昭和一一年一二月九日、海風が吹き荒ぶ中、第一戦は巨人先発沢村（最多勝・一三勝）、タイガースは景浦（六勝〇敗／勝率・一〇〇／最優秀防御率・〇七九）がマウンドに登り、日本一決定戦の火蓋が切って落とされた。

タイガースの打線は主軸の松木謙治郎を膝負傷で欠くとはいえ凄い。一番・藤井、二番・藤村、三番・小川、四番に早稲田のスラッガー小島が入り、五番・景浦、あの山口が七番を打つなど豪華メンバーだった。巨人は一番、三原、二番・水原の機動力に、四番・中島、五番・伊藤と長距離砲が並ぶが、打線ではタイガースに完全に差をつけられていた。

大阪タイガース・1（一）藤井　2（左）藤村　3（捕）小川　4（二）小島　5（投）景浦　6（右）御園生　7（中）山口　8（遊）岡田　9（三）伊賀上

巨人・1（二）三原　2（三）水原　3（右）前川　4（一）中島　5（左）伊藤　6（捕）中山　7（遊）白石　8（中）林　9（投）沢村

肩の故障を克服しての沢村は初回、トップの藤井、二番・藤村を連続三振に打ち取り好調なスタートを切った。さすがに沢村の快速球は速く、カーブの切れも凄い。一方、景浦も剛球が唸った。だが三回裏、九番・沢村が遊内野安打で出塁。三原が景浦の速球を叩きセンターオーバーの二塁打。一死二、三塁のチャンスで水原を迎えた。藤本のサインはスクイズ。水原は三塁前に転がした。ボールはうまい具合に三塁伊賀上、捕手の小川の真ん中に転がり、その間に三塁から沢村が生還でまず一点。小川が一塁に送球した時、三原が二塁からホームに風の如く飛込み巨人はこのスクイズで二点をあげた。この三原の好判断による走塁は早稲田時代、神宮で見せた姿を思い出させた。あの《紺碧の空》が誕生した春のリーグ戦（昭和六年六月一四日）の早慶戦で見せたホームスチールを彷彿させるベースランニングだった。

この三原の好走塁による巨人のツーランスクイズがタイガースの動揺を誘った。続く前川が四球で歩き、一、二塁の場面で四番中島治康（松本商業―早大―巨人）を迎えた。ここで景浦がワイルドピッチ、それぞれ進塁し、一死二、三塁で藤本は四番の中島にもスクイズにサインを出し、この回、四点を奪った。

タイガースは景浦の沢村から放った特大のスリーランホーマーで反撃を開始した。四回、小島の二塁打で無死二、三塁となり、景浦を迎えた。沢村の速球を捉えた景浦のこのホームランは洲崎球場の観衆の度肝を抜いた。レフトの伊藤は景浦が打った瞬間、一歩も動けず、その放たれた打球は弧を描いて遥か彼方場外に消えて行った。そして、この一打はまだ海とも山ともわからない職業野球、いわゆるプロ野球の明るい未来の展望を開いた歴史的ホームランでもあった。しかし、タイガースの反撃もここまでだった。景浦の特大アーチで追いつくかに見えたが、沢村を打ち込めず大阪タイガースは初戦、巨人に三対五で敗れた。沢村は五回の三連続三振、六、七回もそれぞれ連続三振を奪い、大阪タイガースに一〇安打を打たれながらも一一個の三振を奪った。

第二戦は連投の沢村と御園生が先発した。巨人はオーダーを変更せず臨んだが、タイガースは平桝をトップに据え、藤村を景浦の後に配した打線に組み替えた。タイガースがこの試合は五対三で雪辱した。二回裏、失策と死球で迎えた好機に山口、岡田宗芳（広陵中—大阪タイガース・阪神軍）が好打し三対〇とタイガースがリードした。五回、巨人は同点に追いつく。六回、連投の疲れが見えはじめた沢村から、景浦、藤村が連打し、さらに山口のとき内野の失策もあり、タイガースが五対三でリードした。タイガースは九回、粘る巨人に対して若林をリリーフとしてマウンドに送り、逃げ切った。これで一勝一敗のタイ。一一日、いよいよ王座を決める日が来た。巨人先発は前川、タイガースは中一日おいて景浦がマウンドに登った。

昭和一一年一二月一一日、この日は氷雨が降り出していた。決勝戦の第三戦はタイガースが伊賀上の左中間三塁打で二点先行したが、景浦が四回につかまり四点を献上。以後は先発の前川を五回からリリーフした沢村と途中から登板したタイガースの若林の投げ合いで両軍得点が入らず、八回一死一塁で、沢村は強打の景浦を迎え落差の大きな縦に落ちるカーブと快速球で三球三振に打ち取ったのは圧巻であった。九回、若林の代打門前を三振に打ち取った瞬間、巨人が日本プロ野球初の日本一の王座に就いた。

昭和一一年度の王座決定戦は巨人の勝利に終わった。沢村栄治の好投が光り、景浦将、山口政信、藤村富美男ら猛打タイガース打線を押さえての栄冠だったのである。タイガースにとって惜しまれるのは猛虎打線の主軸、松木謙治郎が欠場したことである。松木は猛虎打線の主軸であり、右膝負傷（大東京戦での死球が原因）で欠場したのがタイガースにとっては戦力的に痛かった。

この王座決定戦は妙技と熱闘の展開であり日本プロ野球史の基盤となる好試合だった。鈴木惣太郎は『読売新聞』紙上で「永く日本野球の一章を飾るにふさわしい感激の野球絵巻である」と記している。

無双無敵の大阪タイガース

《露営の歌》に代表される軍国の高まりのなかで、職業野球開幕二年目を迎えた昭和一二年のレコード歌謡は、古賀メロディーの第二期黄金時代で始まった。ディック・ミネが切々と歌う《人生の並木路》、藤山一郎の美しい澄んだ響きで歌唱する《青い背広で》《青春日記》がヒットした。古賀メロディーの黄金時代はテイチクの全盛期を意味していた。この年、キングレコードからもようやくヒット曲が生まれた。松島詩子の歌唱でモダンな《マロニエの木蔭（陰）》（坂口淳・作詞／細川潤一・作曲）が流行した。

モダンなカフェー、喫茶店の蓄音器・蓄音機（電気蓄音機）からモダン洋楽調のレコード歌謡が流れ、選手たちは練習・試合の合間のひと時の余暇を満喫しながら聞きほれた。ポリドールはテイチクの古賀メロディーに対抗するために名作歌謡・文芸歌謡の企画を打ち出した。これによってテイチクの藤山一郎とポリドールの東海林太郎が圧倒的な人気を誇り、歌謡界の「団菊時代」を形成した。

このようにレコード歌謡は黄金時代を呈するが、淡谷のり子が歌うブルースは新しい風をもたらした。淡谷のり子の《別れのブルース》（藤浦洸・作詞／服部良一・作曲）は、哀愁に満ち人々の心を捉えた。淡谷は、昭和モダンの哀愁を感じさせる妖艶なソプラノでジャズ、タンゴ、シャンソンを歌っていたが、これに加えてブルースの女王という新たな魅力を大衆にアピールした。

軍国歌謡の高まり、都市文化の讃歌を歌う藤山一郎の古賀メロディー第二期黄金時代、東海林太郎の名作歌謡・文芸歌謡、新鋭上原敏が歌う《妻恋道中》《流転》《裏町人生》など「アベタケメロディー」（道中・股旅歌謡）による演歌系歌謡曲の隆盛、淡のり子・服部良一のブルース歌謡の登場の頃から、日本流行歌その系脈が複雑になってきた。

流行歌の系脈が複雑になり始めた昭和一二年、職業野球といわれたプロ野球が創設されてから、二年目に入った。

この年から、公式戦は春・秋の二シーズン制の八球団（新球団イーグルスの加入）・総当たりリーグ戦となった。だが、昭和一二年に入ると、大阪タイガースは補強に力を入れ戦力を充実させていた。東京六大学をなで斬りにした関西大学のエース、西村幸生（宇治山田中―愛知電気鉄道―大阪タイガース）をはじめ、本堂保次（日新商業―大阪タイガース・阪神軍―大陽―大阪タイガース―毎日）以下一四人も入団したのである。

このような新入団の一方で、小川と平桝が応召された。小川は昭和一一年のシーズン通算四二試合に出場、二〇八打数・一五二、安打・五二、打点・三〇、打率・三四二の成績で猛虎打線の三番を打ち強打の捕手として活躍した。また、平桝は小川の広陵中学、慶應の後輩でタイガースの機動力の中心でトップを打つ俊足好打の外野手として活躍した。昭和一一年のシーズンを通じての盗塁一三個は苅田についでの二位の成績だった。

春のリーグ戦で西村はイーグルス戦に登板し初勝利を手にすると、次の東京セネタース戦で完封勝利と早くも大物ぶりを発揮した。西村は抜群の制球力を誇り、御園生、若林とタイガースの投手陣の三本柱を形成した。

昭和一二年春のリーグ戦も巨人とタイガースが熾烈な優勝争いを演じた。タイガースと巨人の第一戦は四月一〇日、延長一二回の末、三対四でタイガースが西村の好投にもかかわらず惜敗した。第二戦は御園生、若林の好投と打線の奮起によって七対三で勝ち対巨人戦一勝一敗のタイにした。四月下旬、春のリーグ戦、第一期が終了し、タイガースは八勝四敗、巨人は九勝四敗だった。第二期はタイガースは巨人に二勝二敗の五分となり、一〇勝三敗（通算一八勝六敗一分）。一方、巨人は九勝三敗（通算一八勝七敗一分）で首位に立った。第三期はタイガースは五月二九日、巨人と対戦し沢村に〇対七で完封を喫した。翌三〇日、六対三で今度はタイガースが雪辱した。三対〇でリードしていたタイガースは好投の西村が巨人打線に打ちこまれ三対三の同点となった。だが、八回表、スタルヒンに代わって急遽リリーフに登った沢村が松木にスリーランホームランを打たれ、六対三でタイガースが勝利した。この観覧席に突き刺さった松木の一打は沢村から始めて打ったホームランで、大連実業団時代の屈辱を晴らす一打でもあった。これでタイガースは巨人戦三勝三敗となった。第三期はタイガース一〇勝二敗、巨人も一〇勝二敗。そして、六月一五日から第四期が西宮球場と上井草球場で開幕した。

タイガースはここで五連勝の好スタートを切り、洲崎球場で巨人戦を迎えた。六月二六日、第一戦は巨人、沢村、タイガースは若林の先発のエース対決、タイガースは初回、沢村から三点を奪い優位に試合を進めたが、三対五の逆転負け。二七日の第二戦、巨人は沢村が連投、タイガースは西村が先発した。両投手とも好調で一点を争う投手戦が展開した。七回、巨人はチャンスを迎える。だが、西村をリリーフした景浦に押さえられ、試合は〇対〇のまま延長戦に入った。しかし、一二回、三原が決勝点となるヒットを放ち、タイガースは沢村を打てず巨人に〇対一で敗れ連敗を喫した。

昭和一二年の春のリーグ戦、第一期から四期までの通算成績は、巨人・四一勝一三敗二引分け、タイガース・四一勝一四敗一引分けで、ゲーム差がわずか〇・五ゲーム。タイガースは僅差で春のリーグ戦の優勝を逃したのである。

この春のリーグ戦は沢村の絶頂期だった。殊に第二期の第一戦、五月一日の試合では沢村がタイガースを相手に二度目のノーヒットノーランを演じた。沢村はタイガース戦八試合中五勝をマークした。沢村はこの春のリーグ戦の成績は、五六試合の内三〇試合に登板し、二四勝四敗、防御率・〇・八一。最高殊勲選手に輝いた。この春のリーグ戦でタイガースの松木謙治郎が打率・三三八を打ち首位打者を獲得し本塁打王（四本）のタイトルも巨人の中島と分け合いキングの王座を手にした。景浦が打点王（四七打点）。猛虎打線は破壊力はあったが、沢村にはその快速球の前に五敗を喫していた。

昭和一二（一九三七）年春
沢村栄治（巨人） 勝敗・二三勝四敗／奪三振・一九六個／防御率・〇・八一
中島治康（巨人） ホームラン・四本／打率・二八五／打点・三〇
松木謙治郎（大阪タイガース） ホームラン・四本／打率・三三八／打点・二八
景浦将（大阪タイガース） ホームラン・二本／打率・二八九／打点・四七

昭和一二年七月七日、盧溝橋事件が勃発した。北京郊外で日中両国軍が武力衝突し、現地では停戦協定の動きもあり、第一次近衛内閣も不拡大方針を発表したが、軍部の強硬な圧力に屈して派兵を決定しついに全面戦争へと突入した。全面戦争に入るとなると、選手の応召が当然予想された。

盧溝橋事件以後、官庁、協会、新聞社、出版社の公募が本格的に始まった。メディアが主導する軍国歌謡の公募の歴史が始まったのだ。この軍国歌謡で《大阪タイガースの歌》の作曲者古関裕而の名声が《露営の歌》（藪内喜一郎・作詞／古関裕而・作曲）の作曲によって高まることになる。戦線拡大と共に、召集令状を受けて戦場へ行く人々を見送る旗の波が目立ち始めていた。

七月下旬、一塁手の永沢が召集された。ついで三原、中島らが相次いで応召され出征していった。中島はすぐに召集解除になり除隊となったが、三原は中国戦線に従軍した。

昭和一二年秋のリーグ戦が始まった。八月二九日（二八日開幕が雨のため翌日に順延）、西宮球場で開幕したのだ。総当たりの七回戦。一チーム当たり四九試合の争奪戦の展開だった。打倒巨人に燃えるタイガースは怒涛の快進撃だった。タイガースは五月一日の巨人戦で沢村に二度目のノーヒットノーランを喫しており、その雪辱のために猛特訓をしていた。松木の考案で投手を三歩前から投げさせ、それを打つ練習をした。専修大学出身の肩の強い加藤信夫（中京商業―専大―大阪タイガース）、桐生中学出身の青木正一（桐生中―大阪タイガース）らがピッチャーマウンドの三歩前から投げ込んだ。松木をはじめ、景浦、山口、藤村らタイガースの速球打ちの猛者どもが甲子園の夕陽が落ちてゆくまで練習したのである。

その成果が早速、表われた。秋季リーグ戦の開幕戦、タイガースは一〇対五で巨人を降した。先発の沢村を打ち込んだのだ。九月一二日、後楽園でのタイガース戦、沢村は四、六回に連打を浴びた。七回には景浦、藤井に痛打を浴びてKOされたのである。試合は九対八でタイガースの勝利となった。巨人の中島はこの試合二本のホームランを打ち、気を吐いた。沢村は、秋のリーグ戦、四度タイガースと対戦したが、一勝もできなかった。

打倒沢村を果たしたタイガースは「海内無双」の強さを発揮した。三九勝九敗一引分け、勝率〇・八一三という驚異的な成績で優勝したのだ。二位巨人に九ゲームの差をつけた。巨人には打倒沢村を果たし七戦全勝、阪急、セネタースにも全勝、この三九勝には一〇月六日のイーグルス戦に負けるまで驚異的な一四連勝も含まれていた。しかも、この一四連勝には巨人戦三連勝も含まれていた。巨人戦においては一〇月三〇日、若林が沢村に投げ勝ち、四対三で勝利し、翌三一日、スタルヒンを攻略し六対三と連勝しこれで昭和一二年の秋のリーグ戦の対巨人戦六勝無敗（結果、巨人戦七戦全勝）を達成し巨人とのゲーム差は六・五となり、タイガースの優勝がこの時点で決定したのである。

新人で「酒仙投手」の異名を持つ西村幸生が一五勝をマークし巨人戦でも四勝をあげた。西村は最多勝利（一五勝三敗）と最優秀防御率（一・四八）を獲得した。打者では、主砲景浦が打率・三三三で首位打者に輝いた。

西村は沢村と同じ三重県宇治山田出身である。年齢は西村の方が上だが、お互い地元では天才投手の称号を得ていた沢村は明倫小学校、西村は厚生小学校。その西村は、関大時代は東京六大学をなぎ倒し、その名を轟かしていた。特に昭和七年の秋が圧巻だった。慶應に一勝一敗を分けたほかは早稲田、明治、法政、立教と連覇した。それは関大野球部こそ日本最強であることを知らしめたピッチングだった。沢村と西村の二人はプロに入って、巨人―タイガース戦で顔を合わせ、激しい投手戦を展開したのである。

西村は、肩を壊しタイガースを退団した後、満州へわたり実業団チーム（新京電電）でプレーした。だが、昭和一九年三月、現地で応召され、昭和二〇年四月三日、フィリピンのバタンガスで戦死した。

昭和一二年度の優勝決定戦、春の覇者・巨人と秋のリーグ戦を制した猛虎タイガースが激突した。連盟規定により、年度選手権が一二月一日から開催された。

この年から、アメリカのワールドシリーズにならって七回戦（七回勝負）が導入された。第一戦（一二月一日）のオーダーはつぎのとおりである。

大阪タイガース・1（三）松木 2（二）藤村 3（中）山口 4（左）景浦 5（右）藤井 6（三）伊賀上 7（捕）田中 8（投）西村 9（遊）岡田

巨人・1（中）呉 2（二）筒井 3（三）水原 4（右）中島 5（左）前川 6（遊）白石 7（一）永沢 8（捕）内堀 9（投）沢村

タイガースの先発は西村、巨人は予想通り、沢村で開幕した。七回まで西村、沢村の好投で両チームとも無得点。八回、景浦のバットが火を噴いた。二死二、三塁で景浦の当たりは痛烈な決定打となり、二対〇とタイガースがリードした。その後、藤井の当たりはレフトへ流して左翼席へ運ぶツーランホームランとなり四対〇とタイガースはリードを広げた。九回裏、西村は一点を許したが、四対一で沢村を打ち砕き緒戦をものにした。巨人は最終回満塁の好機を完全にいかせなかったのが大きかった。

第二戦（一二月二日）、巨人は沢村が連投でマウンドに登り、タイガースは御園生が先発した。水原、前川の打順を上位に挙げての新オーダーで臨み、五回までに三対〇で巨人がリードした。だが、沢村が五回、カイザー田中（マッキンリー高―ハワイ大学―大阪タイガース）にホームラン打たれ、これがタイガースの追撃となった。七回、タイガースは田中、御園生の連打で同点に追いつく。一点をめぐる攻防戦が展開した。八回、沢村が自らのバットで三塁打を放ち四対三と巨人がリードした。九回、攻撃力に優るタイガースは岡田がヒットで出塁、沢村から放った藤村の満塁三塁打で六対四と逆転し、その後一点追加し七対四と連勝した。海内無双の強さを見せつけた試合だった。

第三戦（一二月四日）はタイガースが八対二の圧勝。秋のシーズン一五勝のスタルヒンを滅多打ちにし二回でKOした。これでタイガースは三連勝。投げては西村が巨人を六安打に押さえる好投を見せた。第四戦（一二月五日）はマウンドに沢村を送り背水の陣を敷いた。タイガース打線は終盤に猛攻によって沢村を攻略したが、五対六の惜敗。第五戦（一二月六日）、舞台は後楽園球場に移り、先発景浦がピッチングが安定せず一四安打を浴びせられ、五対一一の大敗を喫した。景浦は久しぶりのマウンドであり、しかも四番に座ったままの登板でこれが負担となった。

さて、第六戦（一二月七日）いよいよ王座決定戦のクライマックスを迎えた。タイガースは西村、巨人は沢村がマウンドに登った。タイガースが初回から沢村を攻め打順一巡の猛攻を浴びせ四点を奪い、勝敗をほぼ決定した。四回、沢村はピッチングこそ不調だが、自らのバットでセンター前ヒットを放ち追撃の狼煙をあげる意地を見せた。八回、タイガースは下位打線が連打を浴びせ六対三で王座決定戦の覇権を制覇した。

西村はこの王座決定戦で三勝を挙げたが、対沢村戦では第一戦（四対一）と六戦（六対三）で沢村に投げ勝った。打線も好調で強力打線は切れ目なく沢村攻略に成功した。

第一戦・一二月一日（後楽園）　四対一　タイガース○
第二戦・一二月二日（後楽園）　七対四　タイガース○
第三戦・一二月四日（甲子園）　八対二　タイガース○
第四戦・一二月五日（甲子園）　五対六　タイガース●
第五戦・一二月六日（後楽園）　五対一一　タイガース●
第六戦・一二月七日（後楽園）　六対三　タイガース○

タイガースは昨年の雪辱を果たし、日本一の王座についた。巨人はタイガースの強さに圧倒されたのである。

闘志溌溂　起つや今
熱血既に　敵を衝く
獣王の意気　高らかに
無敵の我等ぞ　大阪タイガース
オウ　オウ　オウ　オウ
大阪タイガース
フレ　フレ　フレ　フレ

大阪タイガースの連覇

昭和一三年の春季リーグ戦、タイガースは二九勝六敗、勝率・八二九という驚異的な成績で昨秋に続き優勝の栄冠を手にした。エース若林は肩の故障で戦列を離れていたが、西村が一一勝四敗、防御率一・五二、御園生は一〇勝一敗、防御率一・七四の成績を上げ、投手陣の柱となった。殊に西村は最優秀防御率を獲得。打線も藤村が打率・三〇一と三割を打ち、松木は阪急戦で宮武から満塁ホームランを放つなど、チーム打率・二六八と上位から下位打線までむらなく打ち、他球団の投手陣を圧倒した。

昭和一三年八月二七日、南海軍が秋のリーグ戦に加盟し九チームとなり、後楽園球場で開幕となった。二九日、タイガースはセネタースを一一対〇と圧勝し好調なスタートを切った。タイガースの好調は続く。後楽園、西宮で五連勝。だが、本拠地甲子園での南海戦に敗れてから四連敗を喫することになった。四連敗目が巨人戦でスタルヒンを打てず一対二の惜敗。これで巨人戦は開幕以来二連敗（第一戦は二対三）。これが秋の優勝を逃す最大の原因となった。

昭和一三年度の王者を決定する選手権が東西対抗戦を挟んで行われた。春は大阪タイガース、秋は巨人がそれぞれ優勝していた。一三年度の王座を決定する日本選手権は公式戦の後、東西対抗戦が行われ、それから三日の休養の後、甲子園球場で開幕した。両雄の王座対決は大阪タイガースに凱歌が上がった。日本選手権は大阪タイガースが四連勝し一気に勝負を決めたのである。第一戦は延長戦となり、三対二で西村がスタルヒンに投げ勝った。

大阪タイガースは西村、若林、御園生の投手陣が充実していた。そして、松木、山口、藤村、景浦の猛虎打線は凄まじい破壊力があった。しかも、タイガースは田中と門前という球界を代表する捕手を併用するほど、豪華な陣容を誇っていたのである。

昭和一三年度の巨人とタイガースの勝敗は春がタイガースの三勝二敗、秋が二勝三敗という成績だった。昭和一三年一一月二六日、第一戦は西村幸生とスタルヒンの先発で始まった。


大阪タイガース・1（二）松木　2（二）本堂　3（中）山口　4（左）藤村　5（右）景浦　6（三）伊賀上　7（捕）田中　8（投）西村　9（遊）皆川

巨人・1（二）三原　2（三）水原　3（中）千葉　4（右）中島　5（左）伊藤6（一）川上　7（遊）白石　8（捕）吉原　9（投）スタルヒン

先攻は大阪タイガース。本来なら巨人は先発はエースの沢村のはずだが、彼は応召され中国大陸の戦場にいた。沢村は戦地にいてもこの日本選手権を気にしていた。沢村は野球を決して忘れなかったのである。

先取点は巨人が挙げた。ところが、三回、タイガースは、皆川定之（桐生中―大阪タイガース・阪神軍―全桐生―急映・東急）、松木、藤村の連打で逆転、四回、巨人は白石のヒットで同点に追いつく。二対二の同点で迎えた七回、巨人白石は四球で歩いた。吉原の送りバントは野戦になって無死一、二塁になった。ここで投手のスタルヒンをバッターボックスに迎えた。当然、監督の藤本からは、ランナーを進めるために送りバントのサインが出た。スタルヒンはバントした。だが、西村のバント処理が巧く、二塁ランナー白石は三塁でアウトになった。

塁審杉村の手が高らかに上がった。そのとき、巨人ベンチから藤本監督が「今のがアウトか、どこに目をつけているんだ」と抗議しながら、杉村に突進しようとした。後から飛び出した三原と水原が藤本をどうにか押さえた。緊迫したゲーム展開となり、ついに延長戦になった。だが、延長一〇回、スタルヒンが押し出しの四球をだして、勝利はタイガースの手中となった。この試合は西村の好投に尽きるが、一〇回裏、一死一、二塁で二塁手の本堂が中島の痛烈なライナーを好捕、この美技が西村を援護しタイガースに勝利をもたらした。

ところが、試合後、事件が起きた。試合終了、両軍の挨拶後、藤本が七回の判定に納得が行かず、杉村に詰め寄り上着を掴んだ。杉村は連盟室へ逃げた。そこへ、三原がバットを持って、藤本の後を追い連盟室へ殴り込んだのである。その後、三原は連盟から厳しい処分を受けることになった。

第一戦を落とした巨人は、第二戦（一一月二七日）に臨んだ。巨人の先発は連投のスタルヒン。前川を繋いだ継投に対してタイガースは若林から御園生のリレーで臨んだ。巨人は第一戦、無安打だった中島が奮起して二塁打を放ち、先ず巨人が二点奪取した。だが、スタルヒンがタイガース打線につかまり同点となった。一回の裏、三番、山口、四番藤村の長短打であっさりと追いついたのだ。その後タイガースの御園生の好投が巨人打線を押さえ一点リードを守り、五対四で逃げ切った。勢いに乗るタイガースの勝利に終わったのである。

第三戦（一二月一日）、四戦（一二月二日）の舞台は甲子園から後楽園に移動した。一一月三〇日付けの『読売新聞』の紙面には「タ軍勝ち進むか　巨人雪辱成るか　あすから大争覇後楽園に移る」

という見出しが載った。巨人の投手はスタルヒンが三連投。巨人は吉原、中島のホームラン、川上の三塁打を含み一三安打を打ったが、拙攻が多く、しかも八失策の守備の乱れもあり、結局、巨人は五安打のタイガースに三対五で三連敗を喫した。

拙攻、八失策もそうだが、エーススタルヒンの連投はやはり無理があった。タイガースの猛虎打線に打ち込まれても仕方がなかった。第四戦、巨人は意表をついて川上を先発させた。川上は七回まで好投し水原に代わったが、その水原が八回、松木、景浦に連続ホームランを打たれ、四対二でタイガースの勝利に終わった。猛虎軍団が王座決定戦において四連勝し圧倒的強さを見せつけたのである。殊に松木の当たりはライナーで飛び込み、景浦の放った打球は虹のように大きく弧を描き、二人の左右両翼のスタンドに飛びこんだホームランはまさに猛虎タイガースの海内無双の強さを象徴していた。

第一戦・一一月二六日（甲子園）　三対二　タイガース◯
第二戦・一一月二七日（甲子園）　五対四　タイガース◯
第三戦・一二月一日（後楽園）　五対三　タイガース◯
第四戦・一二月二日（後楽園）　四対二　タイガース◯

大阪タイガースは対巨人戦四連勝。これで大阪タイガースは二年連続王座決定戦を制し、日本一の王座を手にしたのである。

鉄腕強打　幾千度《いくち》び
鍛えてここに　甲子園
勝利に燃ゆる　栄冠は
輝く我等ぞ　大阪タイガース
オウオウ　オウオウ
大阪タイガース
フレ　フレ　フレ　フレ

まさに天下無敵の猛虎軍団、大阪タイガースの雄叫びだった。とにかく強い。その強さは〈無敵の我等ぞ　大阪タイガース〉そのものだった。だが、昭和一四年になると、大阪タイガースは戦力ダウンをしてしまう。藤村、山口らが応召され兵役に服したからである。藤村と山口はこれからの活躍が期待されていただけに残念だった。

第二章　野球の王者——巨人軍初代球団応援歌

新人獲得計画

昭和一一年の暮れ、巨人の新人獲得の動きは速かった。洲崎で大阪タイガースを敗って王座に着いた後、すぐに新人補強会議を開き、もう動いていたのである。そして、その用意周到の巨人が新戦力の補強に本格的動いたのは、昭和一二年の春のリーグ戦も大詰めを迎えようとしていた頃だった。

全国を一〇区に分け、情報を収集した。対象は中等野球の有望選手である。巨人は、新人補強において大学出、特に六大学出身者を避けていた。彼らは、確かに輝かしい球歴と野球理論に優れている。だが、首脳陣と対立することもしばしばあり、使いにくかった。田部武雄、苅田久徳しかりである。彼らは大学時代にアメリカ遠征の際に大リーグからコーチを受けている。その豊富な知識によって野球の技術論には非常にうるさかった。そこで、巨人は、今後のプロ野球と球団の発展を考えて、将来性ある素質を磨き球団の方針の型を嵌めやすい中等野球の選手にスカウトの重点を置いていたのである。

巨人軍の球団事務所には全国にいる有望選手の情報が次々と舞い込んできた。三五人が候補に上がった。巨人は、その中から下関商業の藤本英雄（下関商業—明大—巨人—中部日本—巨人）を狙っていた。この藤本は、昭和一〇年、一二年の春の選抜に出場し、中京商業の快速球投手野口二郎とは双璧であり、将来性豊かな中等球界を代表する剛球投手だった。だが、明大進学が決まっており、巨人は早々と藤本を見送る結果になった。

鈴木惣太郎は九州を担当した。六月二〇日に長崎に入り、まず、門司鉄道管理局の荒木政公（海星中—門司鉄道管理局—阪急）に目を向けた。荒木は海星中学時代は甲子園とは縁がなく、門司鉄道管理局時代も八幡製鉄の壁に阻まれ都市対抗野球大会にも出場できなかった。だが、九州随一の好投手の評判は高かった。巨人の構想は荒木と熊本工業の吉原正喜の九州コンビによるバッテリーだった。

各球団は荒木の獲得に動いていた。特にタイガースが熱心ですでに本格的に荒木に触手を伸ばしているという情報が巨人サイドに入った。さらに阪急も高額な契約金を用意し触手をのばしているとのことだった。鈴木は荒木獲得は断念した方が良いのではないかと直感した。熊本工業の吉原獲得に全力を傾けることにしたのである。

鈴木は、熊本工業の練習グラウンド（水前寺球場）に立っていた。熱血漢のファイター捕手吉原正喜を獲得するためである。巨人は強肩俊足好打の捕手をどうしても欲しかったのだ。当時は東京六大学が全盛で、まだスタートしたばかりの職業野球と言われたプロ野球よりも、大学の方が選手の獲得でも一枚も二枚も上手であった。なにしろ、大学球界は学校教育というネットワークを使って全国にスカウト網を敷いていたからである。巨人としては大学が触手する前に何とか入団契約を取り付けなければならなかった。

巨人の本命はあくまでも熊本工業の捕手吉原正喜である。投手の川上哲治はスカウトリストには入っていなかった。川上のスピードでは、まずプロで通用しないであろうというのが、大方の見方であった。それに対して、吉原は小柄だが、強肩の闘志あふれるファイター捕手である。足も速く動作も俊敏だった。元気に溢れ俊敏な動きからのスローイングも良く捕球技術も巧みである。吉原は、巨人にとってどうしても欲しい選手だった。

一方、ライバルの大阪タイガースは若林の紹介でカイザー田中の入団を決めていた。その情報は巨人を焦らせた。カイザー田中は若林と並んでハワイ球界では名捕手である。巨人としては、内堀保(長崎商業—巨人)の応召がすでに決まっているので、吉原をどうしても獲得したかった。内堀の衣鉢を継ぐのはこの男しかいなかったのである。

吉原と川上

巨人は吉原との交渉に入った。交渉役は鈴木惣太郎。昭和一二年六月一七日、熊本入りをした。ところが、学校関係者は鈴木に釘をさした。夏の大会が終わるまで、交渉はしないでほしいとのことだった。鈴木は、一塁側のスタンドから熊本工業の練習を見ていた。吉原を目の前にして交渉できない無念さをじっと堪えながら、見ていたのだ。それが、「川上の発見」になったのだ。

鈴木は驚いた。川上のバッテイングは、スイングがコンパクトで鋭いライナーを弾き飛ばす。しかも、安定したミートによる確実性があった。打球はセカンドの頭上を抜け、右中間の奥深い所へ転がって行くのである。鈴木は東京へ電報を打った。川上の打撃の確実性・技巧の優秀性をアピールしたのである。

それから二カ月が過ぎた。川上―吉原のバッテリーを中心にした熊本工業は　夏の甲子園大会で準優勝の栄冠に輝いた。中京商業の鉄腕野口二郎の快速球に屈したとはいえ、この白熱した試合は中等野球ファンを熱狂させるのに十分であった。

鈴木は、八月二一日、再び熊本入りをした。熊本工業野球部後援会長・積博史を通じて吉原と交渉を持った。すでに、吉原は新京電電に内定していたので、交渉は難航するかに思われたが、積の後押しもあり、吉原家にとって契約金三〇〇円、月給一一〇円の提示は文句なかった。だが、吉原自身が契約書になかなか判を押さなかった。理由は川上と一緒でなければ入団しないとゴネたのである。この吉原の態度が日本プロ野球史を大きく変えることになる。

吉原と川上は熱い友情で結ばれている。彼は川上の家庭事情を知っていた。ところが、川上は投手ではプロでは使い物にならない。プロではまず通用しない。それに対して、バッティングはシュアーで技巧に優れている。打者としては獲得する価値はあるが、巨人としては即戦力の投手がどうしても欲しい。下関商業の剛腕投手の藤本とは明大卒業後、巨人に入る確約を取ったが、それはずっと先のことである。何しろ、当時の大学は予科・本科を入れて六年の就業年数であり、長すぎた。

ところが、滞る吉原の入団交渉のさなか、鈴木に思わぬ情報が入った。翌年加盟予定の南海軍が吉原と川上に触手を伸ばしているとのことだった。南海軍は、熊本工業のOBでセネタースの捕手中村民雄（熊本工業―奉天実業団―セネタース―大洋軍・西鉄軍）を介して、接触を図ったのである。しかも、中等野球界の黄金バッテリー熊本工業の川上・吉原の入団を前提に交渉を開始していたのである。

鈴木は一瞬、焦った。川上が南海軍に入れば、吉原も南海軍になびく可能性がある。そこで、巨人は、どうしても吉原を獲りたい。門司鉄道局の荒木政公を断念していたこともあり、巨人内部の投手不足という内部事情を考慮し、甲子園準優勝投手・川上も入団ということになったのである。鈴木の「川上を一緒に入団させなければ、吉原は南海に獲られる」という必死の主張が球団を動かしたのである。

一方、川上は、自分の実力を冷静に見つめ、プロは無理と判断していた。社会人野球に傾いていたのだ。当然、吉原と一緒とはいえ南海軍の誘いも断るつもりでいた。もし、川上が社会人野球へと進むとなれば、吉原の巨人入団もなくなってしまう。そうなれば巨人は困る。そこで、吉原が川上を説得した。吉原の説得によって、川上も付録のような形とはいえ、川上も巨人に行くことを決めた。もし、吉原が「どうしても川上と一緒でなければ入団しない」と言わなかったら、打撃の神様川上哲治の存在はなく、すでにのべたとおり、日本のプロ野球の歴史も随分変わっていたであろう。

鈴木は吉原との契約にこぎつけた。当時、吉原の生家は熊本市内から宮崎県延岡市に移っていた。吉原だけは、通学のために母親の実家に下宿していたのである。八月二九日、鈴木は延岡の吉原家で父喜代松と契約書を買わした。


「株式会社大日本東京野球倶楽部ヲ甲トシ吉原正喜ヲ乙トシ左記契約ヲ締結ス」

吉原の契約金は三〇〇円、初任給が一一〇円だった。川上も同じ条件で巨人と契約した。昭和一三年三月九日、吉原は満足行く学生時代に感謝し卒業証書を手にした。吉原と川上は水前寺球場で紅白戦の後、二人で夜行列車に乗り込んだ。巨人の草薙キャンプへ向うためである。夜が明ければ二人は巨人軍の一員である。吉原と川上の新たな野球人生のスタートであった。

花の一三年組

昭和一三年、この年は後に「花の一三年組」といわれるほど、有望な新人が集まった。熊本工業の吉原・川上のバッテリーをはじめ、三田政夫（滝川中）、岩本章（高知商業）、野村高義（享栄商業）、内海五十雄（平安中）、そして、松山商業からは千葉茂（松山商業）が入団した。高松商業の楠安夫（高松商業）は秋に入団した。

千葉は昭和一〇年、松山商業が夏の甲子園優勝のときのメンバーである。そのときの四番が筒井修（松山商業）で巨人入団後、すでに入営していた。また、三番を打った伊賀上良平は、大阪タイガースに入団した。千葉は巨人軍監督・藤本定義（松山商業―早大）の松山商業の後輩である。藤本が同じ松山商業出身の森茂雄が監督を務めるイーグルスと争って、獲得した選手だった。千葉は後に巨人の名二塁手として球史に残る活躍をするが、この「花の一三年組」の中では、好走守三拍子揃った即戦力として最も期待されていた。

千葉は名門松山商業の甲子園優勝メンバーであり、準優勝バッテリーの川上と吉原には最初から相当のライバル意識を剥き出しにしていた。

この「花の一三年組」でレギュラーポジションを掴んだのが吉原と千葉だった。吉原は、俊足と機敏な動きによるファイト満点のプレーで、春季リーグ戦三五試合中三四試合出場し、打率・二六五、ホームラン三本をマークした。新人にしてはまずまずの成績だった。千葉は三四試合に出場し打率・二九五でベストテン一〇位に食い込んだ。当時の巨人三原が中国戦線での負傷も癒えて復帰しセカンドに入り、サードに水原、遊撃に白石がいたので、三原の復帰前はセカンドに入っていた千葉は外野手として出場することが多かった。秋のリーグ戦では水原がマウンドに立つことが多くなるとサードに千葉が入った。

千葉はこの巨人―タイガース戦においてセンター三番で活躍した。一番が三原、二番が水原である。三原がヒットで出塁する。水原もヒットを放つ。三原は俊足をとばし、三塁に行く。ランナー一、三塁の好機である。そこへ三番の千葉が打席に入るのだ。

千葉の役割は三原を本塁へ生還させ、水原を三塁に進めさせることである。それができないと、監督の藤本に烈火の如く怒鳴られる。また、水原、三原の両先輩からもどやされる。早慶戦を戦ったこの二人は野球理論にも煩《うるさ》い。そこで、千葉が考えたのが右翼方向へのライト打ちだった。ここに名人芸千葉のライト打ちが誕生したのである。

千葉は秋のリーグ戦でホームラン二本を放ったが、打率・二二五と春に較べると落ちた。長打狙いが災いしたのかどうかは分からない。それでも、シーズンを通じてホームランを量産する三冠王・中島の前の三番を打ち、三原、水原を塁上に置いて勝負所では確実なバッティングを見せていた。

吉原の秋のリーグ戦の成績は、一二九打数二五安打、打率・一九四、打点・一一だった。ホームランは無し。春に比べて打撃成績は落ちた。秋になると、監督の藤本からインサイドワークの要求が強くなった。吉原は、単調なリードが続くとベンチに戻ってから、藤本に「頭脳を使え」と怒鳴られていたのだ。当時のプロ球界の捕手はイーグルスのハリス、タイガースの田中、門前が抜きん出ており、首脳陣から吉原は彼らに早く追いつくことを求められていたのである。

吉原は入団一年目で早くも東西対抗戦に特別に選出された。水原、三原、中島らの先輩と並んでの出場だった。巨人が期待した「花の一三年組」は見事にその力を発揮した。吉原は正捕手としてチームの要となり、千葉は攻守に活躍し、川上は秋のリーグ戦から打棒をしだいに開花させた。巨人の黄金時代が見え始めていたのである。

このように巨人は花の一三年組の活躍がやがて巨人の第一期黄金時代を演出するが、歌謡界は、雑誌『婦人倶楽部』に連載された川口松太郎の小説を映画化した『愛染かつら』の主題歌・《旅の夜風》(西條八十・作詞／万城目正・作曲)が霧島昇、ミス・コロムビアによって歌われ大ヒットした。その後、続編、完結編が制作され、「愛染シリーズ」の三部作、《愛染夜曲》(西條八十・作詞／万城目正・作曲)《愛染草紙》(西条八十・作詞／万城目正・作曲)などの主題歌もヒットし、昭和一三年から一五年にかけてコロムビアは映画主題歌のヒット曲を世に送り出し映画主題歌の黄金時代をもたらしたのである。

打者川上哲治の誕生

吉原の付録のようなもので巨人に入団した川上はやはり投手としてまったく奮わなかった。昭和一三年三月二七日、京都緑ヶ丘球場において、対阪急オープン戦の前座試合、全大津(昭和三年創部の市民球団）戦に川上はスタルヒンの後を受けて登板した。これが投手川上のプロ初登板である。四月二九日、春季リーグ戦が開幕した。日本の職業野球の東西の八チームが後楽園に勢揃いしたのだ。前年度覇者の大阪タイガースを先頭に続いて巨人と入場行進が続く。各チームの旗が爽やかな春風になびいていた。

同期の吉原は正捕手として早くも巨人のマスクをかぶった。川上は控え投手としてベンチに入っていた。巨人のホームを守る吉原、打順は六番で守備はセンターに入る千葉らの初陣をベンチで眺めていたのである。

川上の登板は五月九日の金鯱戦だった。九対一と、打線の掩護もあり、初先発初完投勝利と幸先よいスタートを切ったが、その後が良くなかった。同月二二日、タイガース戦では、猛虎藤村に痛打を浴びプロの洗礼を浴びた。七回、トップの松木、二番の本堂、そして藤村に長打を浴びたのだ。川上は、またしても甲子園の時と同じように、プロでも藤村に小僧っ子扱いをされたのである。この日のタイガース戦は三対七で完敗だった。

二九日、川上はライオン戦に先発した。だが、二回に四安打され四回途中で降板した。スタルヒンがリリーフでマウンドに登り、青柴で締めくくり、七対一で巨人の完勝だった。その後、六月一八日、名古屋戦、二一日、ライオン戦にいずれも先発したが、途中で降板を余儀なくされている。やはり、スピード不足をカーブの配給で補うことには限界があり、投手としては前途多難であった。中等野球では吉原の好リードもあり何とか緩急を自在に操り押さえることができても、プロは甘くなかったのである。

昭和一三年七月一七日、春季リーグ戦最終戦のタイガースとの試合で川上は滅多打ちの敗戦投手だった。一番、松木に始まり、藤村、山口、景浦と海内無双の猛虎打線のつるべ打ちとなり、前川にマウンドを譲った。巨人は一四対六で猛打タイガースの前に完敗だったのである。

春季リーグ戦が終わり、巨人は二四勝一一敗、勝率・六八六で二位に甘んじた。春季の首位打者は打率・三四五で中島が獲得した。打点王は三一打点を叩きだした大阪タイガースの景浦、ホームラン王はハリス（南カリフォニア大―名古屋軍―イーグルス）の六本。五本を豪快に放ったタイガースの景浦を抑えての栄冠だった。

川上は、一一試合に登板して二勝二敗の成績だった。代打で登場し、鋭い当たりを放ったりもしたが、本業の投手ではまったく良い結果を出せなかった。ちなみに川上の打撃成績は二三試合出場し、三五打数七安打、打率・二〇〇である。

昭和一三年夏、東北・北海道シリーズ（ライオン軍との帯同遠征）のオープン戦で、一塁手の永沢富士雄（函館商業―函館太洋倶楽部―巨人）が負傷した。代わりに途中から川上が一塁を守った。見渡せば、サード水原、セカンド三原の早慶コンビにショートは白石と黄金の内野陣である。センターには同期入団の千葉が守っている。しかも、千葉は三番のクリンナップの一画を占めていた。

永沢は大東京巨人軍の時代からの選手で守備は一級品でバッティングは強打者とは言わないまでも四番を打ったこともあった。一塁手のフィールディングはイーグルスの中河美芳（鳥取一中―関大中退―イーグルス・黒鷲軍）と双璧であった。その後釜に入ってプレーするのだから、川上は身震いがした。川上の守備は拙守で評価が低かった。ワンバウンドの送球も満足に処理できなかった。だが、水原、三原の進言もあり、藤本監督は川上の将来性豊かな非凡なバッティングを優先した。藤本は強打の中島の前後を固めることのできる打者を求めていた。長打を望めてアベレージも残せる中距離ヒッターどうしても必要だった。この藤本の英断が日本野球史を大きく変えることになったのである。

函館湯の川球場で、七番の下位打線の川上の打棒が炸裂した。右中間をライナーで一直線に抜けて行く川上の打球はまるで弾丸のようだった。弾道は低いが右中間の塀にノーバウンドで直撃した。守備は拙守で地獄の責苦を感じながら一塁ベースを守ったが、打撃の方は好調だった。川上が打つたびに藤本の眼光が鋭く光ったのである。

青函連絡船のデッキで、川上は監督の藤本にファーストミットを渡され本格的に一塁へのコンバートを告げられた。一塁手・川上哲治の誕生であり、打撃の神様の一歩を踏み出したのである。秋のリーグ戦、巨人は三〇勝九敗一引分け、勝率・七六九で優勝した。

この秋のシーズンでは、中島治康が三冠王に輝いた。一五五打数五六安打、打率・三六一、打点三八、五試合連続を含むホームラン一〇本。中島は春秋の年間を通じて一一本ホームランを放ち当時としては驚異的な記録を残した。これは戦後大下弘の二〇本が出るまでの一シーズンのホームラン記録である。

昭和一三（一九三八）年春

中島治康（巨人）　ホームラン・一本／打率・三四五／打点・二五

昭和一三（一九三八）年秋

中島治康（巨人）　ホームラン・一〇本／打率・三六一／打点・三八

川上は三冠王中島の後の五番を打つようになった。巨人にとっては中島の前後を任せられる待望のバッターの登場である。川上の秋のリーグ戦の成績は一三三打数三五安打の打率・二六三でベストテン一〇位に入った。一〇月一日、南海戦（七対一、巨人の勝利）で初ホーマを放ち、秋のシーズンはホームラン三本、三番の伊藤が四本を放ち、それについでのチーム内では三位だった。ライバルの千葉は打率・二二五、ホームラン二本、打点は一八打点を放った。川上は打点を二四打点マークした。これは、打点王の中島が三八打点を記録したことを考えれば新人にしては立派な成績である。

昭和一三年度の王者を決定する選手権が東西対抗戦を挟んで行われた。春は大阪タイガース、秋は巨人がそれぞれ優勝していた。両雄の王座対決は大阪タイガースに凱歌が上がった。巨人は四連敗を喫したのである。川上の王座決定戦における打撃成績は一六打数五安打、打率・三一三だった。

球団応援歌の誕生

花の一三年組が一斉に揃って活躍し巨人軍第一期黄金時代が幕を開けた昭和一四年は、六月、パーマネントウエーブの廃止（これが俗に言う「パーマメントはやめましょう」ということになった）、七月、国民徴用令が公布され軍需工場など重要産業に国民の動員、一〇月、価格等統制令が公布され公定価格制が実施、外交問題においては、五月からノモンハン事件が勃発し、日・ソ両軍は戦闘状態に発展した。八月、独ソ不可侵条約が締結され平沼騏一郎内閣は「欧州情勢は複雑怪奇の新情勢」という言葉を残し総辞職した。そして、九月、ドイツがポーランドに侵入しついに第二次世界大戦が勃発した。

昭和一四年のシーズンから一シーズン制になった。一年を通じて最高勝率をマークしたチームが優勝となった。但し、便宜上、春・夏・秋の各節に第一位になったチームは表彰された。

昭和一四年は巨人の第一期黄金時代が始まった年である。昭和一四年には、退団した三原の代わりに千葉が二塁に入り、打順も二番、三番を打ち、完全に攻守にわたるチームの要になっていた。この年から、巨人は本格的に第一期黄金時代に入り、「花の一三年組」の吉原、川上、千葉が揃って球界を代表する選手として脚光を浴び始めたのである。

日本野球の王者を讃えたレコード歌謡、初代の巨人の球団歌が発売された。それが昭和一四年五月新譜の《野球の王者》(西條八十・作詞/古関裕而・作曲)である。五月新譜ということは四月二〇日には発売されている。ライバルの大阪タイガースの球団歌〈大阪タイガースの歌〉が関係者に配布された私家盤だったことに対して、巨人の《野球の王者》はコロムビアからレコード歌謡として発売された。

この歌は古関裕而の躍動感溢れるマーチで作曲された。軍国歌謡でリリクなバリトンで声価を得るようになった伊藤久男の歌唱によって吹込まれた。このレコードは五月新譜発売だが、昭和一四年三月四日、五日の両日、後楽園で「巨人軍マニラ遠征帰朝歓迎野球大会」が開かれ歌が発表された。この大会のアトラクションも豊富でエノケン一座の野球部と東宝野球部による野球エキビジョンが行われた。昭和の喜劇王、エノケンは大の野球好きで戦後、『エノケンのホームラン王』という野球映画に当時の巨人軍の選手らと出演している。

演奏プログラムには時局柄、《愛国行進曲》《愛馬進軍歌》などの軍国歌謡も見られたが、向こうの中国大陸では武力紛争が泥沼化していたとはいえ、まだ国内は平和ムードだった。演奏バンドには優秀なジャズ演奏家を揃えたコロムビア・ジャズバンドが出演しジャズ系のポピュラー曲や《ラ・クンパルシータ》などのタンゴが演奏された。また、舞台には日劇のダンシング・チームも出演し後楽園球場は華やかショーが演出された。

この催しにおいて、初代巨人軍の球団歌第一号《野球の王者》が歌われた。伊藤久男、一連の「愛染シリーズ」で人気歌手となったミス・コロムビア（松原操）、二葉あき子らがマイクロフォンの前に立ち、《野球の王者》が後楽園の蒼天に向かって声高らかに歌われたのである。

東海の日出づる国の
逞しき力をあつめ
巨《おお》いなる理想をめざし
進む者　我等ぞ　我等ぞ
意気はつねに天を呑めり
おおお　勇め　進め
血潮は高く躍るよ

流行歌の作詞の詩想に象徴詩の香りをもたらしたモダニスト西條八十にしては時局・時勢を反映し

てか、詩句において軍国調の色彩が濃い。中国大陸における武力紛争の泥沼化という状況もあるとはいえ、巨人が日本野球界の王者の貫禄をしめし、その盟主の象徴の姿を意識すれば自然にそうなるのである。

歌唱者の一人の伊藤久男は《野球の王者》の作曲者古関裕而の数々の野球ソングス、戦後、《紺碧の空》《栄冠は君に輝く》《中日ドラゴンズの歌》などをコロムビアで吹込んでいる名歌手である。

伊藤久男は明治四三年、七月七日、福島の生まれ。東京農大に進学したが、音楽の魅力にとりつかれ帝国音楽学校に学んだ。同県出身のオペラ歌手平間文寿に仕込まれたバリトンは、ドラマチックな抒情性に溢れ流行歌に生かされた。伊藤久男の歌唱は、藤山一郎がリートのベルカントを付し流行歌を格調高く美しく歌ったことに対して、ドラマチックなオペラのベルカントによる憂いと哀愁の深いロマン的叙情性と、特徴づけることができる。

伊藤久男の歌声は、雄大な山脈のようにダイナミックである。勇壮と哀愁を帯びる感情豊かな男性的な美声で多くの歌謡ファンを魅了した。戦争という嵐の時代、軍国歌謡が台頭すると、声量豊かなバリトンで熱唱し《暁に祈る》(野村俊夫・作詞/古関裕而・作曲)などをヒットさせた。純流行歌では、東宝映画『白蘭の歌』の同名主題歌《白蘭の歌》(久米正雄・作詞/竹岡信幸・作曲)、日本抒情歌謡の傑作《高原の旅愁》(関沢潤一郎・作詞/鈴木義章・作曲)がヒットし流行歌手の地位を確立した。戦後は、濃く憂いの深い抒情歌謡というジャンルを確立させた。殊に《あざみの歌》(横井弘・作詞・八洲秀章・作曲)《山のけむり》(大倉芳郎・作詞・八洲秀章・作曲)などのラジオ歌謡における名唱の数々は人々の心に感動と潤いをあたえている。また、一世を風靡した《イヨマンテの夜》(菊田一夫・

作詞／古関裕而・作曲）に見られるその豪快な歌唱は、伊藤久男の名声をゆるぎないものにした。

後楽園で開催された球団歌発表のアトラクションに出演した二葉あき子は松竹映画『雷神』の主題歌《古き花園》（サトウ・ハチロー・作詞／早乙女光・作曲）を歌って人気歌手の仲間入りを果たした。また、二葉あき子が〈黒髪風になびかせて　夕日にうたう　アヴェ・マリア〉と歌う松竹映画『新女性問答』の主題歌《純情の丘》（西條八十・作詞／万城目正・作曲）も続いてヒットした。戦後になると、《別れても》（藤浦洸・作詞／仁木他喜雄・作曲）《夜のプラットホーム》（奥野椰子夫・作詞／服部良一・作曲）《フランチェスカの鐘》（菊田一夫・作詞／古関裕而・作曲）《水色のワルツ》（藤浦洸・作詞／高木東六・作曲）が大ヒットし、二葉あき子は淡谷のり子、渡辺はま子らと人気を二分するようになった。

巨人の合宿所があった三田通りには三田日活、芝園館があり、試合や練習の無い日には、巨人の選手は映画を観にいっていた。野球、映画、レコード歌謡のエンターテインメントがモダン空間を席捲していた時代である。巨人の三田の合宿所（三田四国町）の近くに《純情二重奏》（西條八十・作詞／万城目正・作曲）のヒットで知られる映画スターとして人気絶頂の高峰三枝子が住んでいた。高峰自身もコロムビアの専属ということもあり、伊藤久男、二葉あき子らコロムビアの人気歌手は巨人の選手の間でも人気があった。

巨人の選手は映画ファンが多く、吉原などは高峰三枝子に憧れ、それにつられて片思いをする選手も少なからずいたと言われている。松竹の人気女優、高峰三枝子と霧島昇が〈森の青葉の　蔭に来てなぜか寂しく　あふるる涙〉と歌う《純情二重奏》が巷では流れ、巨人軍選手らも口ずさんでいた。

コロムビアの人気歌手たちが歌う《野球の王者》に相応しい選手いえば、本来なら沢村栄治であろう。プロ野球開幕以前の巨人軍創成期の頃、沢村栄治の怪腕は幾たびか海原を越えた。プロ野球開幕前の二度のアメリカ遠征において沢村の快投はスピード感とスリル満点の天才田部武雄の走塁、華麗な苅田久徳のフィールディングと共にアメリカを席捲したのだ。この成果が基本ベースとなり、水原、三原、スタルヒン、中島らの主力に吉原、川上、千葉らの昭和一三年の新戦力が加わり、二番の詩句が示すように〈克ち獲たる世界の覇権　輝ける祖国の名誉〉を勝ち得たのだ。

巨人軍の球団歌は職業野球界においてまさにそそりたつ不動の大木の礎を構築したことを讃えていたといえる。

巨人軍第一期黄金時代

昭和一四年一月二一日、巨人は第一回のフィリピン・マニラ遠征に旅だった。長崎から北野丸に乗船して出発したのだ。七勝二敗の成績で日程を終えた。この遠征でフィリピンのカストムズ・チームからアチラノ（アディラーノ）・リベラ（トレード高―カストムズ―マニラ税関チーム―巨人）が巨人に入団した。昭和一四年の一シーズンだけの活躍だったが、ホームラン六本を打つなどその打棒は期待通りだった。

昭和一四年のシーズン、一年を通じて巨人の成績は六六勝二六敗四分で、二位の六三勝三〇敗三分のタイガースを抑え最高勝率・七一七をマークした巨人が優勝となった。巨人とタイガースの雌雄の時代が終わった。タイガースは兵役で主力を応召され、大きな戦力ダウンが優勝を逃した要因だった。

チーム打率もタイガースを抜き、川上の打率・三三八で首位打者となり、平山菊二（下関商業―広島鉄道局―巨人―大洋・大洋松竹）が打率・三〇七で打撃ベストテン三位、千葉も打率・三〇五を打ち四位と続き、下位打線には長打力のあるリベラが六番、好打の水原が七番を打ち球界随一の強力打線を形成した。

巨人軍の第一期黄金時代がスタートしたこのシーズンは花の一三年組のなかでも吉原の闘魂溢れるファイティングなプレーが目立った。昭和一四年度、吉原の成績は、八九試合、二九四打数、七一安打、打率・二四一。怪我と前半の不振が祟っていた。だが、吉原のファイトは凄まじかった。邪飛球が上がると、マスクをとって一直線にボールの落下地点に走る。この時の吉原の俊足が観客の瞠目を集めた。とにかく、打球が「カーン」と上がってから、ボールの落下地点へ行くまで、非常に速いのである。

この吉原のスピード感溢れる捕飛球から「吉原血染めの捕飛球」という伝説が生まれた。キャッチャーフライを追いバックネットのコンクリートに激突しながら、見事に捕球したこともあった。バクネットに衝突し顔面をぶつけようが絶対にボールを離さなかった。吉原の美技へ惜しみない拍手が観客席から送られた。

また、吉原は、飛球を追い相手ベンチのダグアウトに飛び込みながら、捕球したこともたびたびあった。頭を打ち脳震盪をおこしても絶対に捕球したボールを落とすことがなかったのだ。また、ベンチの剥き出しのコンクリートに血がべっとりとこびりついていることもあった。この闘志溢れるプレーに観客は声援を送ったのである。

昭和一四年の春、吉原、千葉に遅れをとっていた川上の打棒が巨人の第一次黄金時代の到来を告げるかのように本格的に火を噴いた。今シーズンの藤本巨人の期待は川上のバッティングである。もし、川上が期待通りの強打を発揮しなければ、阪神のペナント制覇の蹂躙をゆるし、六大学野球との差すらも縮まることはなかったであろう。藤本は川上を信じるしかなかった。

だが、川上は期待に応えた。このシーズン川上は首位打者に輝いた。打率・三三八。ようやく、巨人は四番中島の前後を埋めることができる打者を得たのである。そうなると、野口との対決もますます見ごたえが出て来るであろう。

明大野球部の谷沢監督はプロ二年生・川上の打撃フォームを選手たちに後楽園へ見に行かせた。六大学野球が職業野球よりも実力・人気を誇った時代で、明治は六大学リーグ戦で四連覇を成し遂げた直後である。この名門チームが川上のバッティングをお手本にしたのである。川上はまだ職業野球二年生。いかに川上の打撃センスが非凡であり注目されていたかがわかる。

投手陣はスタルヒンが四二勝一五敗、チーム九六試合中、六八試合に登板し驚異的なピッチングを見せた。沢村の後を受け見事にその天分（剛腕）を開花させたのである。左腕の中尾輝三（硯志）が一一月三日のセネタース戦で一〇個の四球を出しながらノーヒットノーランを達成した。左腕から繰り出す速球に威力があるが制球難が欠点だった。この日も中尾は制球に苦しんだが、五回、リベラの二塁打、水原の三塁打で一点を取り、中島のファインプレーなどにも助けられ、中尾は巨人での三人目の無安打試合を達成したのである。中尾はこのシーズン一二勝五敗の成績だった。

昭和一四年の優勝を獲得した巨人は、一二月一五日神戸発熱田丸で長崎に向かい、三菱球場で模範試合を行ったあと、一八日午後二時、立教大学野球部とともに第二回フィリピン・マニラ遠征へ向かった。

昭和一五年の巨人軍は、マニラで正月を迎えた。第二回のフィリピン遠征でも圧倒的な強さを見せた。殊に中島がリサール球場で打ったホームランは物凄い当たりで、それを記念して球場のフェンスに名前が刻まれた。その中島を中心に水原、川上、千葉、吉原、白石らの打撃陣、外野では強打の平山、攻守の要を占める林、俊足で巨人のリードオフマンの呉と戦力が充実していた。

いくたびか海原越えて
克ち獲たる世界の覇権
輝ける祖国の名誉　擔う者　我等ぞ　我等ぞ
意気はつねに敵を呑めり
「おおお　勇め　進め　勝利の旗は招くよ」

昭和一五年のシーズンは巨人が七六勝二八敗で優勝した。まさに野球界の盟主に相応しい成績だった。投手は須田博（スタルヒンが改名）が五五試合に登板し三八勝一二敗（完封一六）、防御率〇・九七、奪三振二四五、満洲リーグの公式戦、八月七日の新京での金鯱軍戦から、帰国後の一一月一日、名古屋戦に敗れるまで一八連勝と、驚異の快投を見せた。巨人の優勝の原動力だった。二年目の左腕中尾は二六勝一一敗、防御率一・七六、奪三振二二五。打撃は川上が打率・三一一で首位打者こそ逃したがホームラン九本打ち本塁打王に輝いた。好打の千葉が打率・二八一、ホームラン三本、中島は打率・二六四、ホームラン四本だったが、打点六七打点でここぞというところで貴重な一打を放ち優勝に貢献した。まさに、巨人というチームはそそり立つ不動の巨木のような存在だった。

凡百のチームのうえに
そそり立つ不動の巨木
そよ風のはむかうあらば　砕く者　我等ぞ　我等ぞ
聴けや　つねに凱歌あがる
「おおお　巨人、巨人、われらは巨人軍！　フレフレ」

三番の詩句には〈我等は巨人軍！フレフレ〉というそれが見られるように勝利の栄光に突き進む巨人軍の選手を讃える応援歌の要素も加味されている。

巨人は球界の盟主であり不動の巨木である。勝利の旗の招きによって第一期黄金時代を迎えた巨人軍の不動の巨木の如く進むところ、常に勝利の凱歌が上がる。この《野球の王者》は日本野球界の盟主である巨人に相応しい野球ソングだった。

川上、スタルヒン、野口二郎

昭和一四年のシーズンの話題は、プロ野球に吉原と川上の宿敵中京商業の野口二郎（中京商業―法大中退―セネタース・翼軍・大洋軍・西鉄軍―阪急）がセネタースへ入団、鳴り物入りで法政から南海軍へ入団した鶴岡一人、この二人の入団が球界の話題だった。野口は夏春甲子園優勝投手の実績をひっさげてのプロ入りだった。殊に昭和一三年の春の選抜大会においては一回戦の海草中学戦のノーヒットノーランを含む四試合連続完封で優勝するという圧巻のピッチングだった。その快速球はあまりにも速いので「震球」と言われていた。当然打者として大きく成長した川上と鉄腕野口二郎との甲子園大会決勝以来の対決、スタルヒンの豪速球と野口の快速球の投げ合いが話題となっていた。

昭和一四（一九三九）年　スタルヒン（巨人）四二勝一五敗
　野口二郎（セネタース）三三勝一九敗
　川上哲治（巨人）・三三八（打率）

昭和一五（一九四〇）年　スタルヒン（巨人）三八勝一二敗
　野口二郎（セネタース）三三勝一一敗
　川上哲治（巨人）・三一一（打率）

昭和一六（一九四一）年　スタルヒン（巨人）一五勝三敗
　野口二郎（セネタース）二五勝一二敗
　川上哲治（巨人）・三一〇（打率）

昭和一七（一九四二）年　スタルヒン（巨人）二六勝八敗
　野口二郎（セネタース）四〇勝一七敗
　川上哲治（巨人）・二六六（打率）

川上と野口の対決は昭和一二年の夏の全国中等野球選手権にさかのぼる。この大会でも好投手が集まった。慶應商工の白木義一郎（慶應商工―慶大―セネタース・東急・急映―阪急）、呉港中学の柚木進（呉港中―法大―南海）、徳島商業の林義一（徳島商業―明大―大王製紙―全徳島―大映―阪急）。なかでも、中京商業の野口二郎は評判どおりに凄かった。

川上・吉原のバッテリーを組む熊本工業は一回戦・高岡商業に三対二。二回戦・浅野中学戦は、川上の乱調で二点リードされたが、川上、吉原の好打で逆転勝ちした。終わってみれば八対三の大差だった。

準々決勝では、三年前に苦杯を喫した呉港中学を五対一で破った。準決勝で滝川中学を六対〇で敗って、決勝にコマを進めた。決勝では今大会随一の好投手野口二郎を擁する中京商業と対戦したのである。

川上は、野口が四年生と聞いて驚いた。野口の球は速いうえにコントロールが抜群に良い。針の穴を通すようなコントロールだった。しかも、凄みと切れのあるスピードボールが手元でホップしてくる。楠本、沢村とはまた違った快速球の持ち主だった。

中京商業は二回に安打と野戦で無死満塁とし、七番横地の適打と失策で二点先取。六回、野口、松井の連続三塁打で加点した。スコアーは三対一で中京商業の優勝。吉原、川上も無安打で野口に完全に押さえ込まれたのである。

花の一三年組の吉原、川上は中等野球では完全に押さえられたが、プロでは二人は野口の先輩である。先輩としてのプロの洗礼を野口にあたえてやろうと意気込んでいた。

川上のライバル、野口二郎は実力どおりの力を見せた。入団一年目で三三勝をマークした。防御率二・〇四、奪三振・二二一個。小気味の良い快速球は手元でホップし、絶妙のコントロールは内外角の高低に決まり、容易にはプロのバッターに打たせなかった。野口はいきなり、日本の職業野球を代表する投手になってしまったのである。

結局、巨人はセネタース戦を六勝五敗。野口の好投が大きかった。スタルヒンと野口の投げ合いは、豪速球と快速球の対決で見ごたえがあった。スタルヒンのウイニングショットは外角低めに決まるストレート。野口は内外に絶妙のコントロールで際どいコースに投げ込んでくる。そして、震球といわれた快速球を高めに投げ三振を取りに来るのだ。スタルヒンは一一月七日の南海戦に登板し、日本プロ野球初の通算一〇〇勝を達成した。一一月一二日のタイガースではシーズン最多勝の四二勝をマークし、同シーズンの最優秀殊勲選手に選ばれた。

沢村の復帰

昭和一五年四月二〇日、エース沢村が宝塚の宿舎に突然現れた。巨人が名古屋軍と壮絶な春のリーグ戦の優勝争いを展開していたころである。沢村は中国戦線に従軍していたが、大別山の戦闘に参加した後、四月には内地に帰還していた。津の第三三連隊で新兵の教育に当たっていたが、除隊になったのである。

沢村栄治の栄光の背番号14はエースの復帰を待ち望んでいた。この栄光の背番号は「とめ番号」として誰にも着用されずに空いていたのだ。監督の藤本は沢村から登板を申し出るまでじっくりと調整させた。だが、昭和一五年四月二三日、タイガースとのオープン戦の試合前、沢村はランニング中にマラリアの発熱で突然倒れた。その後、何度かマラリアの発熱に苦しんだ。また、肝心のピッチングにおいては、あの快速球がすっかり影を潜め、もはや見られなくなっていた。

軍隊の行動は秘密裡である。応召後の沢村栄治の消息は暫く球界に途絶えていた。ところが、その消息が読売新聞社の河辺特派員によって、内地に伝えられた。これは日本職業野球連盟発行の『連盟ニュース』にも転載された。この頃の沢村は星二つの一等兵になっており、軽機関銃手となっていた。これを担いでの広大な中国大陸の行軍は過酷そのものだった。

昭和一三年九月二三日、歩兵第三三連隊にいた沢村は、武漢三鎮攻略戦に加わり、漢口攻略戦の大別山中で軽機関銃を応射中に弾が左掌を貫通する怪我（貫通銃創）を負い、南京の鵜沢部隊（兵站病院）に後送された。敵弾が己の掌を貫いた瞬間、灼熱の火箸を掴んだような激痛を感じた。もはや、野球ができなくなる、絶望のどん底に突き落とされたのである。

沢村はその怪我で左手がうまく使えず、しかも、軍隊の手榴弾投げでも無理を強いられ投手生命の命である肩を壊していた。手榴弾の七八メートルの大遠投は連隊長を喜ばせ、そのニュースは新聞、雑誌などに掲載され、野球ファンを喜ばせたが、これが大投手沢村栄治の投手生命を蝕んだのである。

復帰後の沢村は投げ方もサイドースローぎみになっており、足を高く上げ、かつてのようなオーバースローから投げおろされるダイナミックなフォームを失い、完全な技巧派になっていた。

沢村栄治復帰第一戦は六月四日（甲子園球場）、南海戦である。吉原は初めて沢村とバッテリーを組んだ。だが、往年の大投手沢村には程遠かった。もはやホップする快速球は見られなかった。スタルヒンの剛球を受けていたので、球速の衰えた沢村のボールは楽に捕球できた。あのベーブ・ルースやルー・ゲーリックを三振に打ちとった全盛期の沢村栄治の快速球を受けてみたかった。吉原は楽に沢村の投げるボールを補球する度に哀しみを感じたのだ。

さて、沢村のピッチングだが、ボールが高めに浮き、九安打を浴びる苦しい投球内容だった。それでも、白石の美技もあり、打線も適打がチャンスに出るなど五対一で勝った。南海の失策五も沢村を助けた。吉原のリードも良かったが、緩急を織り交ぜた沢村の投球術も巧緻で、さすがに大投手の貫禄があった。

五日後、沢村が後楽園に登場した。万雷の拍手で迎えられた。だが、阪急打線に初回からつかまり、三回裏には上田藤夫（マウイ高―阪急）にホームランを浴び、マウンドを中尾に譲った。試合は中島のスリーランホームランが飛び出し一六対三で大勝。沢村は敗戦投手こそならなかったが、全盛時の姿はそこにはなかった。だが、沢村は技巧派に徹し、制球力とカーブで六月二八日のライオン戦において二勝目をマーク。六回まで投げ四安打の一失点に押さえた。試合は六対二で勝利投手は沢村。七月六日の名古屋戦では沢村は三度目のノーヒットノーランを達成した。三度の達成は快挙である。ここに沢村栄治の投手としての非凡さが窺われた。復帰してのこの快記録の偉業はさすが大投手沢村栄治という印象をあたえた。巨人打線も良く打ち、沢村のバットも含めて長短一一安打を打ち、四対〇と快勝したのである。満洲リーグの公式戦では、技巧派の沢村は四勝をマークし貫禄を見せた。この昭和一五年のシーズン、沢村の成績は七勝一敗で終わった。防御率二・五九、奪三振は三一個と往年の姿ではなかったが、新しい沢村栄治のスタートを切ったことは確かだった。

沢村はシュートに活路を見いだしていた。そのシュートと大きく曲がるカーブをうまくミックスして、配球も巧緻に組み立てられて技巧的な投球術に磨きをかけたのである。この頃は豪速球のスタルヒンと快速球の野口二郎が剛球投手として双璧であり、もはや、速球王沢村の時代ではなかった。だが、彼の投手としての非凡さは技巧派投手という新たな姿としてマウンドに現れたのである。

血に彩られた修羅場の戦場からチームに復帰した沢村は近寄りがたい存在だった。かつての大エースという燦然と輝く威光や威厳というよりは、「血の匂い」がしたのである。中国戦線での死闘の余韻がどこかに漂っていた。戦争は人殺しである。己の意思にかかわりなく敵を殲滅し殺さなければならない。そのような殺戮行為が正当化される戦場で己の誇りである怪腕を失った沢村栄治の心が荒むのは当然であり、血の匂いが漂っているのも仕方がなかった。誰もこれを責めることはできなかった。

巨人ナインは、もはや速球を投げることができなくなった沢村に対して、どこか遠慮があった。だが、その沢村が気軽に声をかけたのが吉原だった。沢村は吉原のざっくばらんな性格を愛した。何といってもその元気と大らかさが沢村の荒んだ心を和ませた。外出するときもいつも吉原が一緒だった。吉原の存在が沢村とナインの距離を縮めていったのである。

昭和一六年一〇月一五日、沢村は再度応召され、日米開戦後、名古屋港からフィリピンへ向かった。昭和一八年一月一一日、沢村はミンダナオ島の戦場から帰還した。だが、昔日の栄光の姿は完全に消えていた。沢村の最後の登板は、昭和一八年七月六日、西宮球場で行われた対阪神戦である。かつての快速球投手の面影はなく颯爽とした英姿はもはや幻となっていた。そして、昭和一九年一〇月一九日、三度目の応召で再びフィリピンへ向かった。これが永遠の別れとなったのである。

満洲リーグ―沢村の貫禄と吉原の闘志

関東軍の軍事行動から端を発した柳条湖事件は、満州事変へと進展した。昭和七年三月、溥儀を執政とする満洲国が建国された。同年九月には日満議定書が締結され。満洲国が合法化された。翌八年五月塘沽停戦協定を結び、満州事変は収拾した。昭和八年頃から日本国内から新天地を求めて農民が満洲に渡った。また、開拓農民のみならず、満洲国へ各省庁から送り込まれる新官僚、新興財閥の日産コンツェルンの進出から、末端は、一獲千金を狙うならず者、芸者・売春婦まで膨大な数に及んだ。

昭和に入ると、すでに満洲をテーマにしたレコード歌謡が作られるようになっていた。《満蒙節》《満洲行進曲》など巷に流れた。これを背景に広大な満洲を美化した「曠野もの」というジャンルの流行歌が生まれた。「満洲」でなく、「曠野」という名称となったのは、「彷徨」「さすらう」というような漂泊感が歌の主題になっていたからである

ベーブ・ルース一行が来日した昭和九年、その年の暮れ、一二月新譜で発売された《国境の町》が東海林太郎の歌唱によって満洲の地にも流れた。《国境の町》(大木惇夫・作詞/阿部武雄・作曲)の詩想は、苦闘の満洲時代を経験した歌唱者東海林太郎の人生と重なるものであった。

翌一〇年に入り、華北分離工作が本格化されると、《夕日は落ちて》(久保田宵二・作詞/江口夜詩・作曲)が松平晃・豆千代の歌唱によってヒットした。昭和一〇年代は「曠野もの」の変型として「満洲もの」が流行する。つまり、広漠とした満蒙の大陸を彷徨・流浪という漂泊の心情と情趣を詩想と楽想にしたのが、「曠野もの」という大陸メロディーのジャンルであり、地理的空間としての満洲そのものを舞台にしたジャンルを「満洲もの」と称した。

昭和一一年二月、コロムビアから《満洲想えば》（高橋掬太郎・作詞／大村能章・作曲）が発売された。歌唱は音丸。前年の昭和一〇年四月、新帝国宣言をした（昭和九年三月）満洲国皇帝の来日し、このレコード歌謡が日本国民の関心が大陸へ向けさせる役割を果たした。流行歌においても「曠野もの」の変型として「満洲もの」という新ジャンルも生まれ満洲をテーマにした歌が多くなり、民謡調の《満洲想えば》は非常に好まれた。また、音丸はすでに《君は満洲》（高橋掬太郎・作詞／江口夜詩・作曲）《満洲吹雪》（高橋掬太郎・作詞／大村能章・作曲）もヒットさせていた。昭和一〇年一月新譜発売の《君は満洲》は音丸の満洲シリーズの第一作品。この音頭調の満洲ものは国民の心に満洲へのイメージを沁みこませている。

昭和一五年五月、帝都と満洲を結んだ青春歌謡《春呼ぶ自動車》（西條八十・古関裕而・作曲）が藤山一郎と渡辺はま子の歌唱によって新譜発売された。これは映画『快速部隊』の主題歌である。哀愁のあるメロディーでAマイナーのキーで作曲された。モダン都市東京を起点にモダン青年が恋人と連れ立って新大陸の満洲へと愛のドライブ旅行を敢行するという青春歌謡である。自動車の走行のイメージを出すために、仁木他喜雄の編曲が巧くそれを楽想に反映し、藤山一郎と渡辺はま子の歌唱力は豊かであり、歌いにくい箇所も見事に歌いこなしている。

満洲はかつて野球の王国でもあった。大連は満洲野球界の中心である。野球は近代的な市民都市文化の象徴でもある。大連の野球の歴史は、日露戦争から四年後、明治四二年九月五日、六日に、大連港に停泊していたアメリカ軍艦の乗組員チームと満鉄のチームが試合をしたことから始まった。場所は伏見台の広場である。そして、大連の野球は近代的な都市空間の夢を象徴するかのように、しだいに盛んになり大正時代に入ると社会人の強豪チームが割拠していた。そのなかに「大連実業団」があった。早稲田、慶應、明治などの東京六大学出身の名プレーヤーで占められていたチームである。

満洲は満洲国時代になっても社会人野球王国であることには変わりなかった。大連の実業団チームには強豪が犇めいていた。この満洲の地において日本プロ野球の満洲リーグが開催された。夏の後半は「紀元二千六百年」の記念行事として満洲で公式戦が行われた（満洲日日新聞社の招待）。この公式戦は壮大な構想の下に行われた。七月二六日、全九球団の選手、役員を含めた一行、二〇〇余人をのせた吉林丸は、神戸を出航。二九日、大連に到着した。

大連は物資が豊富だった。奉天の大和ホテルは壮麗豪華な建物で、選手たちは、内地には見られない市街の異国風景に目を奪われた。ロシアの香りがあたりに漂っていた。大連―新京間は南満洲鉄道の特急「アジア号」で移動した。地平線の夕陽が彼方に沈む広大な原野は壮大であり、選手ら一行は、この雄大な満洲の自然に感動したのである。

満洲シリーズは、奉天、大連、鞍山の各地で行われ、九球団総当たり二試合の公式戦が繰り広げられることになっていた（七二試合）。その他にも、撫順、安東、吉林、錦県、ハルピンなどで非公式のゲームも組まれていた。巨人は人気チームなので、日程は過重だった。例えば、大連―新京間は東京―岡山間の距離に相当する。巨人は途中下車することなく五度にわたって移動したのである。

沢村がイーグルス戦で九回一死までノーヒットに抑え、あわやノーヒットノーランを記録しそうになった。沢村の知名度は満洲でも高かった。沢村がグラウンドに姿を現すと観衆から嵐のような拍手を受けた。全盛期のダイナミックなファームから投げ下ろされるスピードボールは見ることはなくても、沢村がマウンドに登るだけでファンは満足した。沢村栄治は野球ファンにとって英雄だったのである。

沢村は、マウンドでは貫禄と威厳もあった。沢村自身は球威の無さをカーバーする技巧的な投球術で復活への手ごたえを感じていた。吉原は、その沢村の頭脳的なピッチングを引き出すだめにリードに工夫を加えた。

八月三日、巨人は四試合目に阪神の左腕三輪八郎（高崎中―大阪タイガース・阪神軍）にノーヒットノーランを喫した。このシーズン、三輪は一六勝五敗、勝率・七六二、防御率一・五一をマークし、大阪タイガースの新しい戦力だった。しかし、三輪は、太平洋戦争が始まると戦局の悪化とともに応召され、昭和一九年、中国山東省で戦死した。

巨人の敗戦の原因は前夜の南京虫の来襲である。川上、千葉、吉原ら主力選手はすっかり南京虫にやられて睡眠不足から試合にならなかった。吉原は二つの三振を喫した。八月一三日のセネタース戦では、投手のスタルヒンが五打数五安打の六打点をマークする活躍を見せた。一三対四の大勝だった。また、巨人は八月四日、阪急を六対〇で降してから、二二日のタイガース戦を二対〇でスタルヒンが完封するまで公式戦一二連勝を達成した。

巨人の猛将捕手・吉原の「胴間声《どうまごえ》」は満洲の空に響き渡った。それがアウトをとるたびに繰り返されたのだ。瞬間的なチームへの激励は士気を鼓舞し、次ぎのプレーへの緊張感を高める。一塁・川上、二塁・千葉、三塁・水原、遊撃・白石と巨人の内野陣は元気な吉原の声で一つにまとまるのである。そして、外野陣はセンター・呉が吉原の元気な声にグラブを上げて応え、ライト・中島、レフト・平山も吉原の元気づけの声につぎのプレーへの集中力を高めたのである。

満洲の夏は炎天下が続いた。猛暑の強行軍のなか、公式戦一六試合を消化し一四勝二敗で満洲シリーズを終了した。一方、セネタースはこの満洲リーグで後退した。昭和一五年の春、夏（前半）のシーズンは、野口二郎の怪腕が唸り、剛球と絶妙なコントロールで快進撃を続けた。だが、その鉄腕野口にも連投の疲れが見られ、一八日の巨人戦ではスタルヒンと投げ合い二対〇で敗れた。

昭和一五年八月二五日、奉天満鉄球場で、表彰式が行われ、吉原は最高殊勲選手に輝いた。敢闘精神が評価されたのだ。表彰式での吉原は感無量であった。猛烈なスピードで走る一塁カバー、体当たりの本塁ブロック、ダグアウトに飛び込みながらのファールキャッチ、これらの元気一杯のプレーは大いに満洲の野球ファンを満足させた。吉原にとっての広大な満洲は最高の舞台だったのである。

第三章　燦めく星座——歌謡界の野球人・灰田勝彦

球団歌・応援歌・野球ソングス続出

職業野球も軌道に乗ると巨人や大阪タイガース以外にも各チームに球団歌、応援歌が作られるようになった。昭和一四年三月、ライオン軍の球団応援歌《ライオン軍野球応援歌》（八木好美・作詞／山田耕筰・作曲）が発表された。

戦勝は熟す　今まさに
嵐と勢ふ　白熱の
鉄腕肩に　魂こめて
乾坤！挙がる　秋いたる
見よ昂然と　眉上げて
制覇に進む　若き獅子
ラ・ラ・ラツ・ラ・ラ・ラ・ラ・ラ

ライオン野球軍

ライオン軍の前身は昭和一一年二月一五日に結成された大東京軍。新愛知新聞社傘下の国民新聞社が経営母体である。昭和一二年八月、「ライオン研磨本舗」(小林商店・現ライオン)に経営権が移りライオン軍となったのである。

昭和一四年度のライオンの成績は三三勝五八敗五分で勝率・三六三で八位。最下位はイーグルス(二九勝六五敗二分/勝率・三〇九)。中京商業時代に夏の甲子園三連覇のメンバーだった好打者・鬼頭が打率・三〇四でベストテンの五位に顔を出している。鬼頭とクリンナップを打ったのが水谷則一(愛知商業―慶大―満鉄倶楽部―大東京軍・ライオン軍―松竹)。昭和一四年のシーズンは九六試合全出場し打率・二七〇、ホームラン二本を打った。甲子園では水原の高松商業に〇対一と惜敗。慶應では黄金時代に貢献した。創世期の大東京軍の屋台骨を支えた選手である。

翌一五年鬼頭が三毛差で川上を抜いて打率・三二一を打ち首位打者に輝く。四番の浅原直人(愛知一中―大連実業団―名古屋軍―大東京軍・ライオン軍・朝日軍―東急・東映)が応召されてライオン軍の打力低下は否めず、鬼頭の活躍は貴重だった。ライオン軍のエース菊矢は大阪タイガースからライオン軍へ移籍した左腕投手。同チームのエースとなった。一六勝二一敗と詩句の〈鉄腕肩に　魂こめて〉の如く弱小球団のマウンドを守った。二番手の福士勇(青森商業―青森林友―ライオン軍・朝日軍)も一二勝一九敗とよく投げた。

翌昭和一五年三月一〇日、そそり立つ巨木の巨人、獣王のタイガースに挑む鉄腕野口二郎の活躍を讃えるかのように球団歌（応援歌）《セネタースの歌（東京セネタース応援歌）》（尾崎喜八・作詞／小松平五郎・作曲）も作られた。

都の空の朝風に　栄えある旗をなびかせて
額にかをる青春の　理想も高き一群は
これぞ智勇のますらをと
名にこそ負へれセネタース
ああ快戦す　東京セネタース

この歌は「東京セネタース結成五周年記念大会」の祝賀会で発表された。レコードはコロムビアで吹込まれたが、関係者に配布された私家盤である。歌手には愛染コンビの霧島昇、松原操が起用された。詩句では巨人をライバル視をした箇所が散見するが、前年の昭和一四年のシーズンは四九勝三八敗九分、勝率・五六三で四位。巨人には一四・五ゲームの差を付けられている。

セネタースは西武鉄道（現在の西武鉄道とは別法人）の後援もあり上井草球場を拠点にしていた。球団歌の作詞者、尾崎喜八は上井草の近くに自宅があり、同球場にはよく足を運んだ野球愛好家の詩人である。セネタースは結成以来巨人を追放された守備の名人・苅田を中心に法政の後輩名手・中村信一との二遊間は鉄壁でこれに三塁手の高橋輝彦（神奈川商工―専大―セネタース・翼軍・大洋軍）を加え黄金の内野陣を形成した。

投手には明大を中退し職業野球界に飛び込んだ野口明など、職業野球の開幕当初のセネタースは大阪タイガースに強く、優勝を虎視眈々と狙うダークホース的な存在だった。昭和一四年、鉄腕野口二郎の入団もあり、三三勝一九敗の快投によって、チームは四位に食い込んだ（チーム成績・四九勝三八敗九分／勝率・五六三）。打線は苅田と尾茂田叶（松山商業—明大—セネタース）の一・二番コンビの活躍が目立った。ベストテンには尾茂田が打率・二七六でベストテン一〇位に顔をだした。

球団歌が作られた昭和一五年のシーズンのセネタースは前年同様に四位。チーム成績は五六勝三九敗一〇分、勝率・五八九だった。投手では野口が三三勝一一敗、防御率〇・九三の鉄腕ぶりを発揮した。打線はベストテンに入った者はおらず、チーム打率・二〇六で最下位ではないとはいえ、打力のある投手の野口に四番を頼っており、また、一四勝を挙げた投手が本職の浅岡三郎（北野中—セネタース・翼軍・大洋軍）が六番に入るなど、強打者不在の克服が課題だった。応召された名手中村の後に柳鶴震（桐生中—セネタース・翼軍—南海軍—大和軍）が遊撃に入り、打力を期待されクリンナップを任されたが、失策が多く守備の負担が打力にも影響し期待どおりではなかった。

セネタースは昭和一五年一〇月一七日、オーナーの有馬頼寧が大政翼賛会の理事に名前を連ねていた関係で球団名を「翼軍」（東京翼軍）と改称。球団歌が作られたにもかかわらず、セネタースの球団名が無くなってしまった。さらに翌年には名古屋金鯱軍と対等合併し「大洋軍」となった。昭和一八年には西日本鉄道に経営権が移り「西鉄軍」に改称した。

レコード会社と野球

歌謡界に野球人、ミスターベースボールマンが登場した。歌うベースボールシンガー・灰田勝彦のことである、なぜ、彼にそのような称号があたえられたのだろうか。灰田の野球狂は歌謡界でも有名だった。バンド仲間や事務所内でも野球チームを作り、自分が四番でピッチャー。お山の大将になるのは現在の芸能人にもありふれた話である。ビートたけしもしかり。しかし、そんなことなら野球好きの芸能人なら誰でもすることで、それだけでは歌謡界の野球人、ミスター・ベスボールシンガーの称号をえることはできない。彼の歌声が「歌と野球の時代」を演出し、日本のプロ野球史にその隆盛の歴史を創ったからこそ歌謡界のミスターベースボールマンなのである。

灰田勝彦は日本ビクターの専属歌手である。日本ビクターのライバル会社は日本コロムビアには強力な社会人野球チームがあった。それに対してライバル会社のビクターには灰田勝彦が専属アーティストでありながら、同社は社会人野球のチームがなかった。

さて、レコード産業と野球の関係だが、すでにのべたように日本コロムビアは都市対抗野球の華やかな時代、「日本コロムビア野球部」（川崎コロムビア）という本格的な野球部を持っていた。昭和七年、神奈川県川崎を本拠地に創部。翌八年には早くも都市対抗野球に神奈川県代表で出場。立教の寺内一隆（松山商業―立大―セネタース）、明治から室井豊（明星中―明大―セネタース）、昭和一〇年春、法政のエースだった若林が加入するなど、東京六大学の選手を集めチームの強化を図った。

昭和一〇年にはエース若林が東京倶楽部の宮武三郎と投げ合い、準優勝に輝いている。三対〇で敗れたが若林は同大会の最優秀選手に選ばれた。コロムビアは昭和四六年廃部するまで都市対抗野球に一七回出場する強豪チームだった。

　そのコロムビアに対抗して日本ポリドールも野球部を創部した。当時、文芸部には立教の野球部だった服部伝がいて、また、同社専属作詞家でポリドールの重鎮藤田まさとは大連商業時代に甲子園出場経験があった。大連商業は満洲中等野球界の強豪チームで大正一五年の第一二回大会では静岡中学と対戦し準優勝を果たしている。大連商業は大正一五年までに夏の全国大会に四年連続五回出場しており、おそらく、藤田はそのいずれかの大会に出場したのであろう。

　だが、ポリドール野球部はコロムビアのように大学球界から有力選手を集めた強豪チームではなく、一応社会人野球チームだが、社のレクリレーション的な要素が強かった。つまり、同好会レベルだった。同社専属の人気歌手東海林太郎、エノケンも同社の野球部に交じって野球を楽しんでいた。

　この野球部の練習の手伝いに来ていた縁でポリドールの専属歌手になったのが上原敏である。上原敏は本名松本力治。大館中学、専修大学野球部で活躍した実績があった。就職先の「わかもと製薬」でも野球を続けていた。

　ポリドールの文芸部長秩父重剛（浪曲作家）は上原の大館中学野球部の先輩であり、その関係もあって、ポリドール野球部の練習にきて顔を出していた。だが、上原敏は歌手になって《妻恋道中》《流転》《裏町人生》で人気歌手になってからは野球とは縁がない。それに対して、歌手になってから、本格的に野球に打ち込みだしたが灰田勝彦だった。

　灰田は、ハワイアン、ジャズの音楽のみが語られているが、独協中学から立教時代は音楽もさることながら、サッカーの選手としてベルリンで開催予定のオリンピックを目指していた。運動神経が抜群の歌手だった。だが、やがて、昭和九年晩秋、ベーブ・ルース一行を迎えた日米野球の開催、職業野球と言われたプロ野球が発足すると灰田は野球に関心を見せる。生来の運動神経が黙っていなかった。

灰田はハワイにいた頃にすでに野球にも熱中しており、生来の野球センスもあり上達も速かった。そして、巨人軍の第一期黄金時代が到来すると、巨人の選手との交流も本格的に始まった。おそらく灰田が本格的に野球に熱中するのは除隊後、『秀子の応援団長』の主演が決まり、映画に出演する巨人軍の選手らとの付き合いが始まってからと思われる。ということは灰田の歌と野球人生は巨人軍の第一期黄金時代とパラレルといえよう。また、この頃、エノケンも一座のジャズメンバを集め野球部を作り、松竹から東宝に移ってからも同社の野球部にも入り、野球を売り物にしていた。戦後の映画『エノケンのホームラン王』（製作・エノケンプロダクション／監督・渡辺邦男／昭和二三年九月七日・公開）は夙に有名である。これはサトウ・ハチローの『青春野球手帳』が原作になっていた。

昭和一五年の『秀子の応援団長』で見せた灰田の演技は素人の域を完全に超えている。打撃、ピッチング、走塁どれをとっても「もし、歌手になっていなければ職野球の選手を目指していた」と豪語するだけのことはある。まさに歌謡界の野球人、ミスターベースボールシンガーだった。

灰田勝彦そのデビュー

灰田勝彦は、明治四四年八月二〇日、ハワイ生まれの二世歌手である。戦前の日本野球界では若林忠志をはじめハワイ出身者は少なくない。早稲田の強肩強打の外野手、昭和九年の全日本チームのメンバーであり、大東京巨人軍のアメリカ遠征にも参加した杉田屋守（柳井中―早大―広島鉄道局―イーグルス・黒鷲軍）、昭和一二年秋のリーグ戦のホームラン王（六本）・高橋吉雄、昭和九年に来日したベーブ・ルース、ルー・ゲーリックらの度肝抜くホームランを放ち、阪急の強打者として宮武三郎、山下実らとクリンナップを打った堀尾文人（マウイ高中退―東京巨人軍―阪急―大阪タイガース・阪神軍）、二度のノーヒットノーラン（昭和一四、五年）を達成し昭和一五年には二六勝をマークし奪三振・二九七個を記録した剛球投手・亀田忠（アンドリュース高―ハワイ大―ホノルル朝日―イーグルス・黒鷲軍）、明大、セネタースで活躍した尾茂田叶など多士済々である。

さて、ハワイ生まれの灰田勝彦は同地の野球熱の盛んな風土を肌で感じながら少年時代を過ごした。そして、彼のベースボールソングには兄の存在が重要である。兄は晴彦（有紀彦）は「モアナ・グリークラブ」のリーダーであり、ハワイアン音楽、作曲家としてもお馴染みである。長嶋茂雄の愛唱歌《鈴懸の径》（佐伯孝夫・作詞／灰田晴彦・作曲）の作曲でも知られる。弟勝彦の音楽空間は兄の作るサウンドで包まれている。

灰田勝彦は立教大学の在学中、ニットレコードから《モアナうるわし（麗はし）》（宮崎博史・作詞／小暮正雄・作曲）でデビューした。また、ポリドールでは、藤田稔の名前で《浅草ブルース》（サトウ・ハチロー・作詞／紙恭輔・作曲）を吹込んでいる。洋楽系の歌手でありながら、日本的演歌調の流行歌も巧みに歌った。翌九年には、テイチクでもハワイアンを中心にレコードの吹込みを行った。灰田は「モアナ・グリー・クラブ」でハワイアンヴォーカルを担当し活躍する一方で、昭和九年から紙恭輔の「コロナオーケストラ」ではジャズ・ソングを歌った。

昭和一一年、灰田勝彦は、青砥道雄の尽力でビクター専属になる。当時ビクターの社内事情があり、入社まで時間がかかった。藤山一郎のような派手なデビューではなかったが、《ハワイのセレナーデ》（佐伯孝夫・作詞／灰田晴彦・作曲）以来、ビクターの人気歌手の地位を確実に歩んだ。ビクターは灰田勝彦の路線をハワイアンとジャズヴォーカルの二方向で考えていた。その路線に乗って、灰田は、ビクター入社当初はジャズヴォーカルを主体に甘い歌声でハワイアン、ジャズを中心にポピュラー曲を数多く吹込んだ。リチャード・ロージャースのジャズバラード・《ブルームーン》（永田哲夫・作詞／リチャード・ロジャーズ／ローレンツ・ハート・作曲）は灰田勝彦歌唱のビクター入社最初のジャズ・ソングである。翌年の《薔薇色のえくぼ》（若杉雄三郎・訳詞／ハロルド・アーレン・作曲）もジャズヴォーカルとして好評を博した。灰田は、ハワイアンのイメージが強いが、アメリカンを象徴するジャズヴォーカルを中心に昭和モダンを彩る歌が非常に多かった。

吉原と川上の巨人入団が決まった頃、昭和一二年一二月、灰田勝彦は召集令状を受け、赤羽の工兵隊（近衛師団工兵大隊）に入隊し、満州に赴いていた。昭和一四年、除隊するまで真空地帯と云われ星の数だけがものを言う過酷な軍隊生活を送るのである。

古参兵の下士官の前で素歌を歌わされた。娑婆でいい気になりやがってと、醜い男の嫉妬心丸出しで、古参兵どもは灰田の声をもて遊んだ。灰田は軍隊内においてビクターがこれから期待する新星歌手というプライドと誇りを捨てなければならなかった。一人の人間、「灰田稔彦（灰田の本名）」となって、惨めな自分を押し殺して兵舎の中で歌ったのである。灰田の軍隊嫌いはここからきている。

ようやく、ハワイアンバンド、ジャズバンド、オーケストラのバンドシンガーの枠を超え、流行歌手としての灰田勝彦の地位が固定し始めていたので、この応召は非常に残念だった。すでに録音済みのレコードが発売され、昭和一三年の灰田勝彦のレコードは一三曲発売されている。昭和一四年九月、灰田勝彦は軍隊を除隊した。満洲を転戦中に黄疸にかかり、東満の町、牡丹江の野戦病院に入院し内地に送還され、九州の小倉、東京の大蔵陸軍病院に入院した。ここで、当時、《妻恋道中》（藤田まさと・作詞／阿部武雄・作曲）《流転》（藤田まさと・作詞／阿部武雄・作曲）《裏町人生》（島田磬也・作詞／阿部武雄・作曲）のヒットで人気歌手になっていた上原敏が偶然にも慰問演奏にやってきている。また、淡谷のり子が慰問に来た時、灰田は丸坊主の白衣のままステージに上がってギター伴奏に加わった。

灰田はここで治療し完治後除隊となったのである。除隊後の灰田は銀座で武山政信プロデューサーと作詞家の佐伯孝夫と会い、野球映画の出演を勧められた。それが野球映画『秀子の応援団長』だった。ジャズのスピード感を盛り込んだ現代喜劇であり、この主題歌「燦めく星座」が灰田勝彦の人気を決定づけた。そして、この映画のヒットが第一期黄金時代の巨人によってもたらされた職業野球の輝きとパラレルとなったのである。

野球映画『秀子の応援団長』

昭和一五年の巨人軍は、マニラで正月を迎えた。第二回のフィリピン遠征でも圧倒的な強さを見せた。殊に中島がリサール球場で打ったホームランは三二五フィートのフェンスを遥かに越え場外に飛びだすほどの物凄い当たりで、それを記念して球場のフェンスに名前が刻まれた。

その中島を中心に強打の平山、攻守の林、俊足で巨人のリードオフマンの呉の外野陣に水原、川上、千葉、吉原、白石らの内野陣が形成され、攻守とも巨人の戦力が充実していた。この巨人のメンバーが出演する野球映画が制作された。それが灰田勝彦が主題歌を歌った『秀子の応援団長』である。『秀子の応援団長』は澄みきった雲ひとつない秋晴れの後楽園スタジアムが舞台である。さて、この映画のバックミュージックだが、ジャズである。この映画を観ていると流行歌、野球もそうだが、日本ジャズの隆盛も良く分かる。また、モダンな都市文化を担う都市中間層の生活スタイルも良く描かれている。

映画の舞台は超満員の後楽園球場。スタンドは観客でぎっしりと埋まっている。試合は大方の予想通り、スタルヒン、水原、川上、吉原を擁する巨人軍とアトラス軍の力量の差は明らかである。映画では実際に巨人の選手が登場し、一塁にスタルヒン、二塁に水原、三塁に吉原と、アトラス軍は満塁のピンチに強打者中島を迎えるのである。この映画のシーンでホームランバッターの中島治康の打撃フォームが見られるのである。

巨人以外ではセネタース、ホークス、大阪タイガースなど各球団の練習風景が映画に登場する。巨人以外の球団は有名選手がスクリーンに登場しないので、実際の選手ではなくエキストラを使っている可能性が高い。だが、その中でも、映像において個別に登場する野口二郎、スタルヒンの投球フォームは美しい。昭和一五年の夏の前半は鉄腕野口の震球と言われた快速球と絶妙のコントロールがセネタースの首位快走の原動力だった。

この映画の公開が昭和一五年一月だから、各チームの戦力は昭和一四年度の陣容ということになる。

巨人は第一次黄金時代がスタートしており、首位打者の川上、平山、千葉も三割を打ち打撃ベストテン三、四位に入った。四番を打つ中島は打率・二七八だが、ホームラン六本と長打力を発揮している。投手陣は四二勝のスタルヒの力が大きかった。

南海軍も新人鶴岡一人の攻守の活躍が目立っている。ホームラン一〇本打ち昭和一四年度のホームラン王に輝いた。鶴岡がキャッチボールで見せる華麗な姿が映画のスクリーンにも登場する。最後は大阪タイガースだが、藤村、山口、藤井、御園生（八月応召）らを兵役でとられたのが大きく、戦力ダウンしているとはいえ、それでも六三勝三〇敗三分、勝率・六七七の成績で連覇こそ逃したが、巨人についでの二位を確保した。投手では若林が二八勝七敗、防御率〇・九八、御園生が一四勝三敗、不調の西村は一一勝七敗。もし、主力の応召と西村が肩を痛めなければ当然優勝だったにちがいない。打撃は松木が打率・二八六をマークし四一打点を叩きだしでベストテン六位に入った。

この野球映画の見どころはやはり音楽である。秀子とゆき子はアトラス軍必勝を祈願して応援歌を使った。二人が作った応援歌を披露する。近所の野球仲間の子供たちもすっかりその歌を覚える。これが《青春グラウンド》（佐伯孝夫・作詞／佐々木俊一・作曲）である。これは映画の主題歌として、リズミカルなジャズ調にアレンジされ灰田勝彦の歌で発売された。実を言うと、発売当初、A面は《燦めく星座》（佐伯孝夫・作詞／佐々木俊一・作曲）ではなく、《青春グラウンド》の方だった。この灰田勝彦の青春歌謡は演奏も当時のジャズ演奏の水準の高さを示すに十分に相応しいハードなビック・バンドが伴奏し、灰田の歌唱もアップテンポなリズムにのって歌っている。

ナインの胸に　燃える若い血よ
楽し青い空　仰げ旗は鳴る
打て打て打て　勝て勝て勝て
タラ　ランランラン
タラ　ランランラン
タラ　ランランラン　青春《はる》
球よ飛べ飛べ　若い夢のせて
晴れの栄冠は　つねに我がものぞ

人気絶頂の灰田勝彦

映画の舞台は後楽園球場である。後楽園球場は帝都の中心にあった小石川砲兵工廠（東京砲兵工廠）跡地に建設された。帝都初の豪華な内野二階建てスタンド、バックネットはアメリカスタイル（スタンドがグランドの最前線までせり出す形式）を採用した職業野球の専用球場として「後楽園スタディアム」の名称が与えられ、昭和一二年九月一一日、開場した。学生野球の聖地神宮球場と共にモダン都市東京の野球空間に熱狂と感動を与えるのである。巨人の初代球団歌も後楽園球場で発表されたことはすでにのべた。そこに灰田勝彦の歌が登場した。

映画『秀子の応援団長』には灰田のために特別に一つのシーンが作られた。試合に負けて、灰田が扮する人丸がしょんぼりとバックネットの裏で歌うシーンである。これが灰田勝彦を人気絶頂にしたのだ。都会偏重の人気から灰田のそれが全国的になったのである。
だれもいない後楽園球場にユニホーム姿の灰田勝彦が一人立った。塀にもたれ暮れゆく夕空をながめながら、〈男純情の愛の星の色　冴えて夜空にただ一つ溢れる思い〉と歌ったのである。

男純情の愛の星の色
冴えて夜空にただ一つ　あふれる思い
春を呼んでは夢見ては　うれしく輝くよ
思い込んだら命がけ　男のこころ
燃える希望だ 憧れだ　燦めく金の星

何故に流れくる　熱い涙やら
これが若さと云うものさ　楽しじゃないか
強い額に星の色　うつして歌おうよ
生きる命は一筋に　男のこころ
燃える希望だ 憧れだ　燦めく金の星

ジャズ調のA面の《青春グラウンド》よりもB面の《燦めく星座》が大ヒットした。これによって、灰田勝彦の人気が都市部の中心に活躍するハワイアンバンドのヴォーカル歌手から全国的な人気流行歌手のそれへの広がりをもつ結果となった。

映画での野球プレーの姿に加え、後楽園球場を舞台にこのシーンがプロ野球の人気を決定づけたといっても過言ではないだろう。太平洋戦争の旗色が悪くなった頃、やはり、この歌が軍部の睨むところになった。陸軍の象徴である「星」に女を思いこんでの命がけとはけしからんということであった。灰田勝彦はハワイアンを中心にジャズなどのポピュラー歌手だったので余計に風あたりが厳しかったといえる。

『秀子の応援団長』が封切られ、《燦めく星座》がヒットした昭和一五年のシーズンは巨人が七六勝二八敗、勝率・七三一で優勝した。最高殊勲選手はスタルヒン（須田博と改名）、連続受賞である。三八勝一二敗、防御率〇・九七の成績だった。しかも、一八連勝を達成。一方、スタルヒンのライバル野口二郎は三三勝一一敗、防御率〇・九五。この年もスタルヒン（剛球）と野口（震球）の投げ合いは凄まじい投手戦の展開だった。

巨人の中尾輝三（京都商業—巨人）は二六勝一一敗をマーク、すでにのべたが沢村は七勝一敗だった。打撃では川上が九本のホームランを放ち本塁打王に輝いた。また、この年、川上の弾丸ライナーが活字になった。

『都新聞』の昭和一五年一一月一八日付の記事に「川上ただ一人しか打てない〝弾丸ライナー〟である」と記された。阪神の三輪八郎の投げた低めの球をとらえると、快音とともに低いライナーで右中間を糸をひくように抜け、塀に数バンドで直撃。弾丸ライナーの歴史の誕生の瞬間だった。活字メディアと映像文化が媒介となり、野球映画『秀子の応援団長』の舞台となった後楽園を装置に都市の野球文化が定着したモダン空間において川上が放つ弾丸ライナーはその象徴となったといえる。

首位打者は最後まで川上と争ったライオンの鬼頭数雄（中京商業―日大―大東京軍・ライオン軍―南海軍）が打率・三二一を打ちその栄冠を獲得した。鬼頭は快足をいかしセフーティーバントを決めるなど好打で川上に競り勝ったのである。ちなみに第二位の川上は打率・三一一だった。ベストテンには千葉が打率・二八一で四位に入った。打点王には六七打点の中島治康が輝いた。

昭和一五年の日本野球は、俊足好打の平山、呉の外野陣、川上、千葉、水原、白石の内野陣、スタルヒン、中尾の投手陣、それをリードする闘将捕手の吉原と、機動力あり、長打力あり、堅実な守りと安定した投手陣、まさに巨人軍の王座が揺るぎないものとなった。まさに《野球の王者》の詩句にあるように日本野球界に〈そそり立つ不動の巨木〉だった。凱歌は常に巨人の旗の下にあった。そして、歌謡界は《燦めく星座》によって、ベースボールマンの灰田勝彦の人気が絶頂期を迎え、映画主題歌黄金時代、ジャズの隆盛と共に軍国の時代を吹き飛ばす勢いだった。昭和一五年度の観客動員数は戦前の最高記録である八六〇万人を動員した。

歌と映画に活躍する灰田勝彦の絶頂、そして、巨人の第一期黄金を迎えた野球界の繁栄の時代、それぞの熱狂が頂点を迎えていた頃、昭和一五年六月、近衛文麿が枢密院議長を辞して新体制運動の先頭に立った。日中戦争のゆきづまりを打開するために、ナチスのような強力な指導政党による政治体制を目指したのである。七月二二日、米内光政にかわって第二近衛文麿内閣が成立した。二六日、日本を中心に「大東亜新秩序建設」を国是とする「基本国策要綱」が決定された。国防国家の理念が盛り込まれていた。

八月一日、東京市内に「贅沢品は敵だ！」の立て看板が国民精神総動員本部によって立てられた（一五〇〇本）。国防婦人会、警防団、在郷軍人会が街頭で「華美な服装はやめましょう」と呼びかけた。

昭和一五年九月一二日、一三日、日本野球連盟から新綱領が発表された。

一、我ガ連盟ハ日本精神ニ即スル日本野球ノ確立ヲ期ス
一、我ガ連盟ハ野球ノ神髄タル闊達敢闘協同団結ノ理念ヲ昂揚普及センコトヲ期ス
一、我ガ連盟ハ模範的野球試合ヲ挙行シ以テ最健全慰楽ノ提供ヲ期ス

最後まで戦うのが日本精神という理由から引き分け試合廃止。カタカナも漢字に改められ、タイガースは阪神軍（昭和一五年九月二五日）、セネタースが翼軍（昭和一五年九月二五日）、イーグルスは黒鷲軍（昭和一五年一〇月一七日）、ライオン軍は朝日軍（昭和一六年一月一七日）となった。巨人のロゴタイプ「GIANTS」が「巨」に変更され、スタルヒンは「須田博」に改名した。用語については、「プレーボール」が「仕事始メ」「タイム」が「停止」、「ゲームセット」は「試合終リ」ということになり、即刻実施された。しかも、昭和一五年のシーズンから優勝を狙う各球団のライバル関係も変わってしまった。昭和一五年のシーズンから巨人―大阪タイガースの覇権争奪の時代ではなくなっていた。球団の名称を変えた阪神軍は昭和一五年に主力の景浦、門前が応召され、すでに前年にはエース西村が退団しており、海内無双の獣王の力を誇った時代から主力のほとんどが戦争によっ

て応召され失い、完全な戦力低下だった。それでも、昭和一五年度の阪神軍は六四勝四七敗三分で勝率・六三四と戦力低下にもかかわらず二位と健闘した。だが、翌一六年になると四一勝四四敗。勝率・四八八で五位に低迷した。

第一次黄金時代を迎えた巨人軍と優勝争いを演じる各球団の熱戦の時代、灰田勝彦がステージでハワイアンを歌っていた時のことだった。軍人、国粋的右翼から発砲を受けたのだ。また、灰田が歌った野球ソングの《燦めく星座》は日米戦争がだいぶ進んだ頃、陸軍からクレームをつけられた。〈男純情の愛の星の色〉の「星」は陸軍の象徴である。それを女を思って歌う流行歌に使うとはけしからんというお叱りの言葉を受けた。さらに〈思いこんだら命かけ〉の詩句が問題となった。女を思い込んで命がけとはなにごとかというお叱りである。男子の命はただ国家に捧げ奉るものであり、この火急の時代なんたる不謹慎ということで改訂が命令された。命令に従わなければ、灰田勝彦の歌唱を全面的に禁止するという厳しい告知なので、ビクターは改訂盤を発売した。

第四章　戦争のさなか

日系人選手の帰国

昭和一五年九月二七日、日独伊三国同盟が締結された。日本が北部仏印に進駐してから数日後のことだった。これは、アメリカを非常に刺激するものであり、日米対立を決定的なものにしてしまった。一〇月一二日、翼賛運動は、大政翼賛会に結実した。だが、それは単なる上意下達機関になってしまい近衛の思惑からは、大きく乖離してしまった。大政翼賛会の発表式から一カ月後、「紀元二千六百年」の式典が一一月一〇日から一四日までの五日間を費やして行われた。

昭和一五年一〇月三一日、フロリダ、ユニオン、国華、帝都などの東京市内のダンスホールが閉鎖された。モダニズムを基調にした自由主義の享楽の風潮が消えたのである。ダンスホールが欧米式でけしからんというなら、野球はアメリカのスポーツであり、厳しい目が向けられるのは当然であった。だが、野球は、闘志溢れる男の世界であり、激しいプレーは決して軟弱なものではなかった。そのため享楽文化ほどの締め付けはまだ見られなかったのである。

レコード歌謡も、哀調趣味が色濃い感傷歌や卑猥な詩句を満載したエロ歌謡のような煽情的なものでなければ、発禁処分にはならなかった。また、灰田は戦時中も《燦めく星座》をステージでは旧盤の歌詞のまま歌っていた。

昭和一六年六月一四日、アメリカ国籍の職業野球選手を乗せた「鎌倉丸」が横浜港を出港した。亀田忠（黒鷲軍・投手）長谷川重一（黒鷲軍・投手）堀尾文人（阪神軍・外野手）亀田敏夫（阪神軍・投手）の四名である。アメリカ合衆国の命令で帰国の途についたのである。いずれも日系人二世選手だった。

亀田は四球か三振かの荒れ球の剛球投手で人気があった。カーブに鋭い落差があったが、武器はコントロールに難があるとはいえ速球である。その亀田とバッテリーを組んだイーグルス時代の捕手はバッキー・ハリスだった。亀田は昭和一三年（二六八個）と昭和一五年（二九七個）に奪三振王になっている。この間、昭和一三年（二七一個）昭和一四年（二八三個）昭和一五年（二八二個）と亀田は四死球王にもなっている。昭和一三年九月一六日の巨人戦（五対五の引き分け）において延長一四回を投げ、二〇奪三振は圧巻だった。これは最多奪三振記録として現在も破られていない。通算六八勝七八敗、防御率二・四一の成績を残した。

俊足、強肩、強打の堀尾は打率こそ低いが日本人離れしたパワーヒッターだった。昭和九年のベーブ・ルース、ルー・ゲーリックら一行を迎えての日米野球の全日本チームに参加し、昭和一〇年、東京巨人軍のアメリカ遠征にも参加した。堀尾は遠征終了後、サクラメント・セネターズ（パシフィック・コーストリーグ）と契約。アメリカに留まりメジャー入りを目指した。翌一一年、シアトル・インディアンズに移籍し、二度目のアメリカ遠征の東京巨人軍と対戦した。だが、堀尾の日系人初のメジャー入りの夢は叶わず再び日本に来て、三宅大輔の誘いに応じ阪急結成に加わった。怪童宮武三郎、和製ベーブ・ルース山下実らとクリンナップを組んだ。阪急時代に対ライオン戦（昭和一三年八月二九日）で撃ったホームランは後楽園球場のバックスクリーンを遥かに越えた打球で、戦前の同球場で打った最大級のホームランだった。センターの守備は俊足を生かし、肩も強く戦前では最高の外野手という評価を得ている。昭和一四年、堀尾は大阪タイガースに移籍し応召された主力打者の山口の穴を埋めていた。

長谷川重一（ミッドパシフィック高―イーグルス・黒鷲軍）は昭和一五年のシーズンからイーグルスに入団し主戦投手としてマウンドに立った。一二勝一一敗、防御率一・七一の成績を残した。これからの選手だっただけに惜しまれる。亀田敏夫（ミッドパシフィック高―ハワイ大中退―ハワイ朝日軍―大阪タイガース・阪神軍）は亀田忠の実弟、大阪タイガースに入団したがあまり活躍しないまま帰国した。

日系の野球選手が帰国した同年、ハワイからの留学生たちも帰国を余儀なくされた。その中にフロレンス・古上君子という女性がいた。後の灰田勝彦夫人である。彼女は昭和一五年の初夏、東京の稲田登戸にあったハワイ日系の学校に入るために来日した。灰田勝彦を日比谷公会堂のステージで観て、知人に灰田の楽屋に案内され彼を紹介された。それをきっかけに互いが知り合うようになった。その時の二人は同じハワイ生まれという以上の共感はなかった。

古上君子が帰布したのが昭和一六年二月。同年には灰田勝彦が歌うハワイアンの《南の唄（ママ・エ）》（永田哲夫・作詞／ハイラム・カエフ・作曲）が発売されている。このハワイアン歌謡は母を慕う歌だが、灰田勝彦の高音のファルセットは君子への愛の想いが託されているかのようだった。

昭和一六年一二月八日、日米開戦が勃発した。灰田は赤十字を通して君子へ愛の手紙を送り続けた。軍部から睨まれた理由にハワイアン、ジャズをバタ臭く歌っただけではなかった。敵国人に英語で手紙を送るということもあったに違いない。軍第五列監視、検閲システムの厳しい時代、当局は把握していたと思われる。

昭和一七年、抒情タンゴ歌謡の傑作《新雪》(佐伯孝夫・作詞／佐々木俊一・作曲)が発売されると、灰田は早速レコードを君子のもとへ送った。詩句にある〈若い人生に　幸あれかしと　祈る瞼に　湧く涙〉は灰田勝彦の純白の白い雪のような純愛のメッセージだったのである。

戦雲の日々

昭和一六年のシーズンは前年同様に春夏秋の三季リーグ戦に分け、各シーズン四回の総当たり戦となった。一年の総決算の勝率で優勝が決定した。巨人の三連覇が達成された。春夏秋の総決算も六二勝二二敗二分、勝率・七二〇、川上が打率・三一〇で首位打者。打点も五七打点を叩きだしタイトルを獲得した。ベストテンに巨人の選手が六人も入った。白石(打率・二六七)、中島(打率・二五五)水原(打率・二五三)吉原(打率・二五〇)、千葉(打率・二三四)。投手ではテスト入団した広瀬習一(大津商業―旭ベンベルグ―巨人)が八勝四敗の活躍をみせた。八月二一日の黒鷲戦から投げた。伸びるストレートにシュートと滑るようなカーブで一二対〇の完封勝利だった。

昭和一六年一二月八日、日本は運命の日を迎えた。ハワイ真珠湾攻撃による日米開戦である。いよいよ野球の本場の国、巨大なアメリカとの戦争に火蓋が切って落とされたのである。

昭和一七年春は、南海軍と巨人が首位を争った。南海軍の神田武夫（京都商業―南海軍）は肺病を病み血を吐きながら力投した。神田は京都商業を卒業する頃、肋膜炎に侵された。それがわかると大学、社会人チーム、プロの各球団は中等野球界随一と評判だった神田の獲得をあきらめた。だが、南海軍は神田の才能を惜しみ入団させたのである。神田は南海軍に恩義を感じ、昭和一六年に入団し二五勝をマークしたのである。

秋に入り、下関商業、明大で鳴らした剛腕藤本英雄（下関商業―明大―巨人―中部日本―巨人）が巨人に入団した。早くもその豪速球で一〇連勝をマークし勝ち星を上げていった。防御率も〇・八一とまったく相手打線を寄せ付けなかったのである。この藤本のシーズン後半からの途中入団と二一勝六敗の成績を挙げた広瀬習一の好投がなかったら、巨人の優勝はなかったであろう。二位は大洋軍（六〇勝三九敗六分）。チーム打率・一九一と低かったが、四〇勝の最多勝に輝くエース野口二郎の怪腕がこのシーズンも凄かった。精密機械のようなコントロールで安定感のある快速球が冴えた。この野口と名古屋軍の西沢道夫（七勝一一敗）は昭和一七年五月二四日、後楽園球場で行われた大洋軍対名古屋軍第五回戦で延長二八回を投げ合った。九回の表に名古屋軍の古川清蔵が放ったツーランホームランで四対四の同点となり、延長戦に入った。これによって、日本野球史に輝く大試合となったのである。

この年の最優秀防御率は一・〇一の朝日軍の林安夫（一宮中―朝日軍）だった。林は長身からの快速球を投げ三二勝二二敗、防御率一・〇一の成績で早くも才能を開花させたのである。昭和一七年の首位打者は呉昌征（＊本名・呉波、昭和一八年に「昌征」と改名、嘉義農林―巨人―阪神軍―大阪タイガース―毎日）が打率・二八六を打ち、翌年も打率・三〇〇を打ち二年連続のタイトルを獲得した。ホームラン王は八本を放った名古屋軍の古川清蔵。打点王は巨人の中島が六〇打点でタイトルを獲得した。

昭和一八年に入ると、太平洋戦争における日本軍の戦況が思わしくなくなってきた。一月二日、ニューギニアのブナで日本軍の全滅、二月一日、ガダルカナル島撤退開始（七日）、四月一八日、連合艦隊司令長官山本五十六がソロモン諸島ブーゲンビル島上空で戦死、五月二九日、アッツ島の日本軍守備隊全滅。戦局は芳しくなかったのである。こうなると、敵性スポーツである野球に対しても排撃の声も俄に高く成り始めた。昭和一八年三月五日、日本野球連盟から通達された野球用語から米英語の使用禁止もそのような動きへの対応策であった。

昭和一八年というシーズンは、職業野球という世界が組織的興行が可能な最後の年であった。なぜなら、「日本職業野球連盟」「日本野球連盟」という名称で運営できる最後の年だからである。

終焉の日まで

昭和一八年のシーズンは、藤本英雄の剛腕が唸り、巨人は快調なスタートだった。また、新鋭青田昇（滝川中―巨人―阪急―巨人―大洋松竹・洋松・大洋）の打棒も冴え、盗塁五四個と塁上を走りまくった「人間機関車」・健脚呉昌征らの活躍が目立った。因みに盗塁王はへそ伝の異名を持つ名手・山田伝（エリグローブ高―スタンクトン大和―アラメダ児野オールスターズ―阪急）。阪急の山田は五六個を記録し打率も・二七二、ホームランも二本打った。藤本は三四勝で最多勝利。藤本は防御率〇・七三（最優秀防御率）という驚異的な数字を残した。巨人の堂々たるエースに成長した。呉は打率・三〇〇で首位打者に前年に続き輝き、青田は打率・二二三だが四二打点を叩きだし打点王を野口明と分け合った。このシーズンから、南海軍の別所が本格的に投げ出し一四勝をマーク。また、朝日軍には夏の甲子園大会優勝投手、海草中学の真田重蔵（海草中―朝日軍・パシフィック・太陽・大陽―松竹―大阪タイガース）が入団し一三勝を上げた。朝日軍は二〇勝一一敗の林と一三勝をマークした真田の両投手では優勝を狙ったが三位だった（＊四一勝三六敗で阪神軍と並び三位）。

昭和一八年の阪神軍に戦地から待望の主力組が帰還してきた。往年の名選手が揃ったのである。藤村富美男、御園生崇男、景浦将、山口政信、門前真佐人、「海内無双」の猛者たちが甲子園に登場した。だが、長い軍隊生活ですっかり体力が衰え、往時の力が消えていた。試合では栄光に泥を塗るような見るも無残なプレーが目立った。それでも、若林の二四勝一五敗は阪神軍三位の原動力となった。

昭和一八年一〇月一二日、後楽園球場において、石丸進一がシーズンの終盤に戦前最後の無安打無得点試合（ノーヒットノーラン）を記録した。石丸の堂々たるピッチングが冴え名古屋軍は対大和戦を五対〇で降した。石丸の快挙は沢村栄治が記録してから一八人目である。石丸はこのシーズンの成績は二〇勝一二敗。三番の桝を筆頭に、前年ホームラン王の古川、ベストテン三位の吉田猪佐喜（熊本工業―門司鉄道管理局―名古屋軍・産業軍―松竹）、新鋭の飯塚（小鶴）らの強力打線を中心にした名古屋軍のチーム成績は四二勝二九敗七分で優勝の巨人についで二位だった。応召のために各チームの戦力が低下していたとはいえ、立派なチーム成績である。

戦前の最後の昭和一九年度・日本職業野球の優勝は阪神軍だった。春夏総計して二七勝六敗二分、勝率・八一八。春の公式戦は一一勝三敗一分と巨人と首位を分け合ったが、夏は一六勝三敗一分と八勝一一敗一分の巨人を引き離し首位に立った。巨人の優勝争いからの脱落は外国籍の須田博の出場停止が大きかった。

戦局の厳しい状況のため、秋季リーグ戦は中止となった。九月九日から日本野球総進軍優勝第一回大会が甲子園で開催された。一七日、後楽園に移って第一回東京大会が挙行された。九月二四日、西宮球場で第二回大会が開催され、これが日本プロ野球最後の公式戦であり解散大会となった。監督兼エースの若林が三五試合中三二試合に登板し二二勝四敗と大活躍した。防御率も一・五六、勝率も八一四と申し分のない活躍で最高殊勲選手となった。打線も藤村の打棒が復活し打率・三一五をマークし打点も二五打点（打点王）を叩きだし、猛虎打線の主軸となった。この職業野球最後のシーズン大阪タイガースの猛人三塁手藤村富美男が誕生した。戦後長嶋茂雄に大きな影響を与えた藤村の素地が作られたのである。だが、藤村は九月に再び応召され戦場へ向かった。

帰らぬ球聖たち

職業野球が誕生したのが、昭和一一年、翌年には日中戦争が勃発し、選手たちは、早速、つぎつぎと応召され、死地に赴いたのである。太平戦争が始まり、戦局が思わしくなくなると、野球は適性スポーツとして槍玉にあげられた。そして、排撃から抹殺へと、まさにそれは風雪の野球受難の歴史の始まりでもあった。

球音が途絶える中、野球選手の応召は、ますます激しくなった。彼らは、バット、ボールを銃に替え、野球における勝負魂、日々の練習で培った精神を日本的精神風土と戦争の敢闘精神に置き換えながら、日本プロ野球の復活と繁栄を願い、戦場に赴いたのである。

太平洋戦争の玉砕地といえば、サイパン島がまず挙げられる。この地で消息を絶ったのが、鬼頭数雄外野手。歩兵第一三五連隊陸軍兵長の肩書のまま、艦砲射撃が降り注ぐ鉄量と米軍の猛爆撃の中に消えていった。戦死の詳細は不明である。生死の境界を彷徨する鬼頭の胸中に去来したのは、川上（巨人）との激しい首位打者争いであり、中京商業時代の夏の甲子園三連覇の栄光ではなかったか。

サイパン陥落後は、アメリカの反攻の矛先はフィリピンに向けられていた。フィリピン戦線では、あの全盛期の沢村栄治とライバル関係にあった景浦将が戦死している。松山商業時代は春の選抜優勝、夏の甲子園準優勝。立教では豪打を欲しいままにし、その後、大阪タイガースの四番打者として君臨した。豪打を揮い、剛球投手としてマウンドに登り、三塁手、外野手とオールラウンドにプレーし、景浦は「海内無双」・タイガースの要であった。伝統の対巨人戦の第一号本塁打は、全盛期の沢村栄治から打ったものであり、日本野球史に燦然と輝く一打でもあった。昭和一一年度は、春、打点王、秋は首位打者に輝いた。

昭和一八年一一月一三日から後楽園と甲子園で東西対抗戦が計六試合が行われた。東軍が圧倒的な強さを見せた。何しろ、三四勝の藤本（巨人）と二五勝の野口（西鉄）に加え、進境著しい二〇勝投手の石丸進一がいて、予想は東軍の有利は動くことはなかった。結果は東軍の五勝一敗。大敗を喫した西軍のなかで、戦地から帰還した阪神軍の強打者景浦が後楽園で二試合連続ホーマーを放った。景浦は、夏の頃から試合に出るようになっていた。四年半の軍隊生活のブランクからようやく立ち直った豪快なホームランだった。

景浦の一打は、劣勢だった西軍、特に阪神ファンを狂喜させた。大打者の貫禄を見せた一打だった。だが、まもなく、景浦は再び応召された。景浦の命日は、昭和二〇年五月二〇日。フィリピン戦線（カラングラン）で胸部貫通統創と戦死公報には記されているが、一説によると、炎天下にマラリアの高熱を押して、戦友のために食糧徴発に向かったまま、山中で行方不明になったと伝えられている。タイガースの背番号6は戦後のプロ野球には姿を見せることがなかったのである。

景浦のライバルといえば、沢村栄治である。沢村は戦争の悲劇的犠牲者であった。軍隊の手榴弾投げで肩を破壊され、オーバースローから投げ下ろすスピードボールであのアメリカ大リーグチームをきりきり舞いさせた怪腕を失ったのである。沢村は、復帰後、サイドスローから投げ、コントロールを軸に技巧派投手として復活した。ここに天才投手沢村栄治の真骨頂があった。だが、二度目の応召は、そのコントロールさえも奪った。

沢村栄治は応召されるたびに、投手生命を擦り減らしていた。昭和一八年一月、フィリピンのミンダナオ島から生還したとき、沢村はもはや投手としては廃人同然になっていたのだ。昭和一九年二月、完全に投手生命を失った沢村は巨人軍を解雇された。そして、三度目の応召で還らぬ人になったのである。

昭和一九年一二月二日、沢村を乗せた輸送船は、フィリピンへ向かう途中に敵潜水艦の手によって沈められた。沢村が乗っていた輸送船は屋久島西方で沈められたが、獲物を仕留めた米潜水艦の水兵たちは、一〇年前、自国のベーブ・ルース、ルー・ゲーリックらをキリキリまいさせた沢村栄治が沈み行く船の中にいたとは、思いもよらなかったであろう。

また、そのおよそ五カ月前には、柔軟な身体をいかした自在な捕球技術から「タコ足一塁手」という称号をもらったイーグルスの中河美芳も、フィリピンのルソン島へ向かう途中、輸送船が敵潜水艦によって沈められ戦死した。

昭和一七年春、一宮中学から朝日軍に入団した林安夫（一宮中―朝日軍）もフィリピンの戦場で帰らぬ人となった。林は快速球・制球力兼備の投手として鳴らし、昭和一六年の春の選抜では準優勝投手に輝いた。この大会には巨漢の剛球投手・滝川中学の別所毅彦が出場しており、剛球別所と大会随一の快速球の林が話題の投手でもあった。林はプロ入り後、抜群のコントロールを生かして、朝日軍のエースとして投げた。新人で三二勝二二敗、防御率一・〇一の驚異的な活躍だった。奇才の監督竹内愛一の指導もあり、入団即若き大エースの称号を手にしたのである。だが、林もやがて応召されフィリピンの戦場で散華していった。惜しい選手の一人でもある。

戦場において敗走ほど、惨めなものはない。その中でも、ビルマの戦線の敗走は苛酷を極め、日本軍の悲愴な姿は強烈である。豪雨と炎熱が交互に襲うジャングルで、肉体がボロボロに破壊され、泥のなかに息絶えて行く兵士の中に巨人軍の名捕手・吉原正喜はいた。吉原は、異郷のビルマの地で朽ち果て、後楽園球場に戻ってくることはなかった。撤退中の吉原の部隊は敵の追撃を振り切りながら、重い速射砲を牽引しての撤退だった。困難を極めた。勾配のある泥の道は緩慢に動く。ところどころ、その流れが行き倒れの死体によって堰き止められていた。

第一八師団は、インドウ地区に後退の後、その主力はカーサ、バーモ、ナンカン道を通過してナンカン周辺に集まっていた。そして、その一部が鉄道によってラシオを経てナンカン周辺に集中し、印支連絡路を遮断するためにミートキーナ方面の敵に対して防戦体制に入っていた。

吉原の部隊も早く合流しなければならい。焦るばかりであった。泥濘みの中、クリークが分からず、四七ミリの速射砲が深い溝に落ちてしまった。よろめきながら牽引していた兵士数人が同時に溝に落ちてしまったのだ。速射砲もろともにクリークに落ちた部下を助けようとした吉原を敵戦闘機の機銃掃射が襲いかかった。このとき、吉原は右足の親指を打ち抜かれてしまった。

歩けなくなった吉原は部下には先に行けと命令し、自分はジャングルに一人残った。それから、しばらくして、後退中の別の部隊の兵士二人が吉原を見つけた。兵士らは久留米連隊の時分に吉原を知っていた。勿論、吉原が巨人の選手であることも分かっていた。

吉原は、すっかり衰弱していた。頑丈な肉体と精悍な顔はもうすでに無くなっていたのだ。二人の兵士は吉原に「ビルマ春菊」と名付けられた野草で作った汁と少しばかりの固くなっていた飯を食べさせた。

吉原は二人の兵士に礼をのべ、立ち上がり再び歩きだそうとした。出血は止まっていたが、靴は赤く染まっていた。兵士らは味方の部隊が後から来るのでここで待つように言ったが、吉原は部下たちが待っているからと言って、木の丈をもらい歩きだした。激痛が走った。だが、よろめきながら、痛みを堪え何度も膝をつきながら歩こうとした。そのとき、吉原は生への執着を再確認した。生きて再び後楽園のグラウンドに立つのだと勇気を奮い立たせたのである。

昭和一九年一〇月、北ビルマの雨季が明けた。鉛色の厚い雲がビルマの空から消えたのだ。死の谷と云われ人間の生命が途絶えたフーコン渓谷から北ビルマの要衝、ミートキーナ、そして、雲南において地獄の戦場が展開したが、闘将吉原正喜は猛捕の炎となり、激戦のビルマの空を眺めながら黄泉へ旅立って行った。

どこの戦場も激闘であることはかわりない。沖縄戦は、そのなかでももっとも熾烈な日米の総力がぶつかった戦いだった。

六月に入ると、「独立混成第四四旅団」の生き残りと「独立混成第一五連隊」で編成された「球部隊」は摩文仁海岸に追い詰められた。降り注ぐ弾丸の雨、その機銃の弾雨をくぐり抜け、死線を突破しようとした一兵士がいた。後方部隊にいる三九歳の老兵である。その兵士は巨人軍の二度にわたるアメリカ遠征で、驚異の韋駄天ぶりを発揮し、鮮烈な印象をあたえた田部武雄である。三九歳の老兵・田部武雄は何を思って摩文仁の海岸を走り抜けようとしたのか。田部に機銃を浴びせたアメリカ兵は、田部がアメリカ遠征で一〇九試合中一〇五盗塁を決めたことなど知るよしもない。

田部武雄は、広陵中学を中退し満州で野球の武者修行をし、大連実業団の攻守の要となり活躍した。復学した広陵中学で春の選抜準優勝、そして、明大へと進み神宮のヒーローとなった。卒業後、創成期の都市対抗野球でも活躍した。

巨人軍の前身大日本東京野球倶楽部（東京巨人軍）でリードオフマンを務め、第一、二回アメリカ遠征で活躍し、すでにのべたが、一回目のアメリカ遠征では一〇九試合で一〇五盗塁の驚異的な記録を残した。だが、プロ野球開幕直前に彼は巨人軍から忽然と姿を消した。というよりも、追放されたのである。したがって、日本のプロ野球の公式記録には田部武雄の名前はない。しかし、野球人としての最高の栄誉である野球殿堂の銅版のレリーフに幻の天才プレーヤーとしての田部武雄の記憶が刻まれている。

この肖像から読み取れる鮮烈な印象、田部武雄の疾風隼の如くスピード感溢れる走塁、打撃の鋭さ、アクティブな躍動感に溢れたフィールディング、すべてのプレーにおける読みの心理的な深さ、正確な状況判断、決定の大胆さは、日本の野球史に永遠に記憶されることになったのである。その栄光とともに沖縄の摩文仁海岸で散って行った。また、田部とともに巨人軍の一員としてアメリカ遠征に参加した倉信雄も沖縄で戦死している。

「玉砕」という言葉は、あの太平洋戦争の性格をまざまざと物語ってあまりあるが、「特攻」はそれと並ぶ言葉である。あの特別攻撃隊の一員として、散って行ったプロ野球選手にも少なからずいる。

特攻機が今日も飛び立って行く。目指すはアメリカ機動艦隊のいる沖縄の海である。昭和二〇年五月一一日、「菊水第六号作戦」に名古屋軍のエースだった石丸進一は特攻隊員として参加した。昭和二〇年五月一一日朝午前四時、ようやく明るくなってきた頃、野里小学校の校庭にはこの日出撃する数十名の特攻隊員が整列していた。

基地を飛び立つ前、石丸は同僚の元法大一塁手本田耕一を相手に、三〇分以上もピッチングをやった。石丸は一球一球丁寧にミットに目がけて投げた。石丸が投げるボールは入隊前と比べていささかも衰えがない。むしろ、スピードが増したと錯覚するぐらいだった。厚い胸板、どっしりとした腰回り、鋭く振られる腕、もうこの勇姿を後楽園で見せることはないのだ。

石丸が投げるボールを受ける本田からは元気の良い「ストライク」の声が発せられた。夜明けの澄み切った空にその声が響き渡ったのだ。石丸の脳裏に甦るのは栄光のマウンドである。

石丸は、投げるたびに一瞬だけ軽く目をとじて、野球に打ち込んだ青春の日々を思い出した。少年の頃、兄藤吉に野球の手ほどきを受けたこと、母校の名誉をかけた佐賀商と佐賀中の闘志を燃やした対校戦、最後に後楽園での大和戦でのノーヒットノーランの瞬間の感激がよぎった。我が青春に悔い成しと思うと、涙がとめどなく流れた。そして、最後の一球を本田のミットに渾身の力を込めて投げたのである。

午前六時五五分、指揮官の西田機に続いて、二番機の石丸機が飛び立った。アメリカ機動艦隊撃滅の勝利を期して零戦五二型に五〇〇キロ爆弾を装備しての離陸だった。石丸は、遺書には「もう一度後楽園球場で投手板に立ちたいとも思いますが」と自分の本音を書いていた。だが、石丸は野球への未練を残し、操縦席で白球を握りしめていたのではなかった。たとえ、二四歳の短き人生であっても、野球によって充実した青春への満足と野球への感謝である。そして、愛する家族、郷土、祖国を護るため、たとえ戦争に負けても日本国と大和民族の存続を願い己の死を持って大義に殉じたのである。愛国の志高く殉国の精神は崇高であった。

石丸は操縦桿とは反対の手で白球を握り締めこの感触を最後まで忘れようとしなかった。離陸し地上が眼下に見えたとき、まず鉢巻きを捨て、次ぎにグローブを、そして、最後に白球を基地の大地に捨てた。石丸を乗せた還らぬ特攻機は、遥か沖縄の空の彼方へ消えていったのである。

特攻で戦死した球聖は、石丸以外にもいた。昭和一八年、小諸商業から朝日軍に入団した渡辺静がいる。昭和二〇年六月六日、第一六五振武隊として、飛燕に乗り込み沖縄洋上で散華した。彼は、己の日誌へ「野球生活八年間、わが心鍛えしものは野球かな、日本野球団朝日軍　渡辺静」と記し、最後にバットとグローブ、そして、白球の絵を書いていた。その心情は、石丸進一と共通するものがあった。

戦後のプロ野球のプレイボールは、昭和二〇年一一月二三日に開催された「東西対抗戦」と云われている。日本の職業野球は不死鳥のように復活したのだ。それ以来、日本のプロ野球の繁栄は戦争の時代とは比較にならないほどの発展を見たのである。

戦前のプロ野球はそれに比べると酷いものだった。いつ応召され、地獄の戦場に送られるかわからない。だが、選手たちは日々努力し精一杯プレーをして多くの野球ファンを魅了した。彼らは、いつの日か平和な時代が再び来ることを願い、戦場に赴き散華していったのである。

そのような戦場へ散っていった名選手たちの戦争史を通じて、あの戦いは一体何だったのか、勇猛果敢な戦い、戦争の非道と悲惨、行動様式における愚かさへの批判を踏まえ、野球史に記された感動のドラマの記憶は永遠に刻まれているのである。

戦後七六年経った今、現代の平和な時代に生きる我々は、彼らの尊い死が戦後日本のプロ野球の繁栄の礎になったことを決して忘れてはならないのである。

第五章　リンゴの唄　青バットの大下弘

野球との別れ

大下の青バットは虹がかかるように美しく青い空に向かってホームランを描く。その青バットの色は《リンゴの唄》（サトウ・ハチロー・作詞／万城目正・作曲）の〈だまって見ている青い空〉のくだりがヒントとなっていた。

赤いリンゴに　口びるよせて
だまってみている　青い空
リンゴはなんにも　いわないけれど
リンゴの気持は　よくわかる
リンゴ可愛いや可愛いやリンゴ

この詩句を作詞したサトウ・ハチローは大下につぎのような一篇の詩を捧げている。

とにもかくにも
日本野球に咲いた新しい花
美しき鳥　すばらしい人気
子供ッぽい顔
はじらいを浮かべた目
どうして彼からホームランが出るか
それが不思議なほど　不思議な存在

天才打者大下弘が《リンゴの唄》の詩句に魅かれるのには理由があった。大下は高雄商業時代、野球部と文芸部員を兼ねていた。そこで詩を書いていたということだから驚きである。当時、大下が通っていた高雄商業の校長河合譲はユニークなモダニストで、校内に喫茶店風な娯楽施設を作り、ネオン燈が輝き、壁には油絵、館内にはクラシックレコードが流れ、生徒にモダン空間を満喫させていた。

大下はテラスで澄み切った空を眺めながら詩作にふけった。彼の詩想の主調には青い空があった。真青な澄んだ空には夢がある。希望もある。夢と希望の虹をポエムとして心象のカンバスに描けるからだ。文学青年の一面があったのだ。この頃、将来の夢は野球をやりながら詩や小説を書くことだった。彼の愛読書はツルゲーネフの『猟人日記』、アンドレ・ジッドの『狭き門』、日本の作家では石坂洋次郎を好んで読んだ。この文芸部時代、大下は『大谷刑部一代記』と題して短編を書いている。関ケ原の戦いで石田三成を立てて戦った大谷吉継をモデルにした歴史小説だった。大下はロマンチックな人生設計を描く少年だったのである。

大下弘は大正一一年一二月一五日、神戸市神戸区三宮町一丁目三ノ二番地に生まれた。大下が野球のボールを握ったのは神戸小学校四年生の時だった。昭和一一年、大下は神戸の街を後にし、高千穂丸という船に乗り海原を越えて母が待つ台湾へ向かったのだ。台湾といえば、《リンゴの唄》を歌った並木路子は浅草生まれの台湾育ちである。戦後歌謡曲の象徴となる《リンゴの唄》の詩句〈だまって見ている青い空〉と戦後のホームランブームの象徴となる大下の青バットの関係を考えれば、これも何かの縁である。

大下は、翌一二年、新設された高雄商業に入学し、早速、野球部に入った。高雄商業は大下のワンマンチームだった。主将、エースで四番。だが、甲子園には一度も出場できなかった。三年のとき、強豪、嘉義農林に一対〇で惜敗。四年のときは準決勝で嘉義農林にまたしても敗れた。昭和一六年、最終学年の五年のとき、大下のワンマンチームの高雄商業は甲子園に出場できる最後ののぞみをかけて嘉義農林に挑んだがその壁は厚かった。

昭和一七年の春、明治大学に大下弘が高雄商業から入学し野球部の門を叩いた。当時、台北交通団の総監督が明大ＯＢの渡辺大陸（神戸二中―明大）で、大下の才能を高く評価していた。渡辺大陸は神戸二中から明治に入り、剛球投手として活躍した名投手である。その渡辺の誘いで明治に進学することに決めたのである。

東京、杉並区和泉にある明大の代田橋のグラウンドにこの新人が立った。日米開戦によって、戦雲の色は濃かったが、明大野球部には昭和一二年春からの四連覇の栄光の余韻が漂っていた。大下が入学した昭和一七年春、明治は優勝した。春はリーグ戦形式を保持できたが、秋は一回総当たりの対抗戦だった。春、剛腕藤本英雄の剛速球が冴え、立教戦ではノーヒットノーランを記録。藤本は全試合に登板し九勝一敗の成績で優勝の原動力となった。だが、秋は戦争の影響によって、エースの藤本以下、河西俊雄（明石中）、林義一（徳島商業）、松井勲（中京商業）、阿瀬泰次郎（海南中）、宮本利学（徳島商業）ら主力が繰り上げ卒業となり、大きな戦力ダウンとなった。この主力が抜けた穴埋めを大下以下新人たちが担うのである。

大下は新人の打撃練習で早くもその素質に溢れた打撃を披露した。大下の打球が初夏の青空に小さくすいこまれるように美しい放物線を描きながら飛んでゆく。明大ナインの誰もがその弧の美しさに見とれた。右翼フェンス一〇メートル向こうの合宿所の屋根に直撃する。まるで、高射砲のように打球が飛んでゆくのだ。大下弘のニックネームの「ポンちゃん」の由来がここにあった。

昭和一八年、アメリカ軍は、空に海に陸に激しい攻防戦を繰り広げたガダルカナル戦に勝利し、今度は、中部太平洋から日本本土攻略を目指す戦略を立て、マキン、タワラ、クェゼリン、ルオット、サイパン、テニアン、グアムと、太平洋の島々で玉砕戦が展開した。それが美しく、潔く砕け散る戦死の象徴として学業に励む学生たちの運命にも覆いかぶさってくる。ペンを銃に代えて戦場へ突き進む途が待っていたのである。大下弘の野球の青春譜が終焉したのである。ちなみに彼のリーグ戦経験は最後の立教戦に出場したのみである。もし戦時でなくまだ平和な時代の華やかな東京六大学野球の時代ならば、確実に大下弘の活躍は歴史に刻まれたであろう。

昭和一八年に入ると、戦局の悪化に伴い下級将校の不足も顕著になった。三月二九日、文部省から「戦時学徒体育訓練実施要綱」が発布され、この通達によって、武道以外のスポーツが禁止され、六大学野球連盟は四月二八日、正式に文部省へリーグ戦を中止する旨を伝えた。これによって大下は公式の東京六大学野球のリーグ戦にほとんど出場しないまま、バットを銃に代えて明治神宮国立競技場を行進するのである。

同年一〇月二日、兵役法が改正され、在学徴集延期臨時特例が公布された。徴兵猶予の停止によって大学・専門学校に在学中の徴兵適齢文科系学生を軍へ召集することが始まったのである。

学徒たちは、御召しが来るまでは国家のために学業に励むことが最良の道であると教えられてきた。学徒も自らそう考えていた。学業に邁進しそれをもって国運に奉ずることが自らの使命であると信じでいたのだ。だが、敵アメリカの反抗の嵐による戦局の悪化と国家存亡の危機が迫ると、その状況は一変した。敵の攻撃への憤りと敵愾心は彼らの心情を揺さぶったのだ。そして、その高ぶる精神を激戦の続く遠き戦場に馳せることになった。もはや、一刻の猶予も許されぬ状況となったのだ。国家存亡の危機を迎えた今、彼らの進むべき道は戦場なのである。

学徒動員

秋の深まりを感じさせる一〇月二一日、小雨降る明治神宮外苑競技場で武運長久を祈願する「文部省主催出陣学徒壮行会」が挙行された。内閣総理大臣東条英機、海軍大臣島田繁太郎、文部大臣岡部長景が臨席し、関東地方の各大学・専門学校から召集された学生で同競技場は埋め尽くされた。彼らは制服帽に執銃、帯剣という戦場への決意を象徴する武装姿で、神宮外苑の落ち葉を踏みながら、隊列行進の開始を待っていた。この学徒のなかには先日の一六日、出陣学徒壮行会早慶戦を最後に神宮に別れを告げたメンバーもいた。

秋雨は冷たく降る。その雨足がしだいに強くなった。雨に打たれる学徒たちの胸中にはそれぞれの思いがあったに違いない。戸山学校軍楽隊の指揮棒の一閃が振られた。競技場の観覧席の右翼には学友、級友を送る学生、先輩を送る中学生徒、左翼を埋める女子専門学校、女学校の生徒たちに見守られながら、「分列行進曲」の演奏に合わせて東京帝国大学の校旗を先頭に出陣学徒兵学生の隊列行進が始まったのである。

明治大学予科二年生の大下弘はこの「分列行進曲」のなかに三八式歩兵銃をかついで行進していた。降りしきる雨は、感激的な隊形を鼓舞するかのようにますます激しくなる。冷たい秋雨に打たれながら苛烈に展開する行進は、国家存亡の危機を打開すべき戦場へまっしぐらに突き進んでいた。今、大東亜決戦の時を迎え、学徒の尽忠の至誠を傾けたその決意は高揚する一方で、烈しく降る雨の中の堂々の行進はしだいに悲壮感が溢れ出していた。

この悲壮感は一体何だったのか。「学問をもって自己の生命とし、学をもって国に報ずるの決心」(『きけわだつみのこえ』)は堅く強靭なものであっても、戦場からふたたび帰り、書物を手にすることがはたしていつの日になるのかを考えれば、何ともいえない寂寥を感じることは無理もなかった。それを思うと、降りしきる雨は感激の涙というよりは学業の志しを半ばにする無念と永遠の別れの哀しみのそれのようにも思われた。

学徒らは壮行会を終えると徴兵検査を受け、昭和一八年一二月、陸海軍に入隊し戦場へと出征して行った。学徒を鼓舞する歌が国民合唱として放送された。《学徒空の進軍》という歌である。〈闘い今ぞたけなわの　鉄血たぎる決戦が〉という戦場へ向かう使命感を強調した文語調の歌詞である。《鈴懸の径》の甘い青春の感傷と哀愁とはあまりにも違っている。

戦場へ決死の思いで向かう学徒にはもはや仄かな学窓の夢、ロマン、《鈴懸の径》が歌う〈夢はかえるよ　鈴懸の径〉という青春への郷愁が完全に断ち切られていた。東条の訓辞にも「仇なす敵を撃破して皇運を扶翼し」と示されたように、彼らの精神内部には已の青春の夢は消えうせ、国家の未来永劫を願いその礎となり戦場での奮闘の決意のみが支配していたのである。

大下は姫路三四連隊に配属された。一二月一日、教育隊に入隊。白鷺城下の兵舎に入った。朝五時に起床し、歩兵連隊砲を引っ張りながら厳しい訓練の日々を送った。将来の幹部といえども最初は二等兵である。古参兵からのビンタを喰らい陰湿な制裁に耐えたのである。

大下は教育隊の訓練が終わると航空隊を志願した。訓練のために軽井沢へ行く。滑空訓練、計器飛行や座学の学習を六カ月間施され、群馬県新田に移動した。ここでの操縦訓練は熾烈を極めた。朝から晩までの飛行訓練は命懸けだった。僅かなミスでも命を落とす危険がある。神経の消耗も激しく肉体の疲労は頂点に達していた。大下はこれを乗り越え、適性検査をパスし戦闘機要員となった。

高度な戦闘訓練は福島県矢吹にある陸軍飛行学校で行われた。九七式戦闘機を使用して横転、逆転等の訓練に明け暮れた。会津盆地の湖水を眼下に見下ろしながらの危険を伴う厳しい訓練を積み、ようやく戦闘機乗りとしての力量がついたのである。

埼玉県豊岡航空士官学校所属・陸軍・隼の戦闘機搭乗員に戦後彗星の如く登場した大下弘がいた。帝都防衛のために大下がいる部隊は北海道の八雲から移動してきたのである。

昭和二〇年五月、陸軍飛行少尉大下弘は陸軍特別攻撃隊・振武隊に編成された。五月一一日、海軍鹿屋基地から飛び立った戦爆三七機で編成された特攻隊に名古屋軍の石丸進一がいた。石丸は海軍の沖縄戦における菊水作戦で散っていたのである。

大下は覚悟を決めていた。だが、大下の部隊には出撃命令が発令されなかった。もし、大下の部隊に出撃命令が出されて、特攻で戦死したとするならば、戦後のプロ野球も大きく変わってきたであろう。ホームラン時代の到来も遅れたに違いない。なにしろ、大下は、初めてプロ野球で二〇本のホームランを打ったバッターである。戦後の復活したプロ野球に大きな歴史をつくった。明日のプロ選手を夢見る多くの野球小僧たちを感動させたのである。

セネタース入団

日本の降伏が伝えられた日、鈴木貫太郎内閣は総辞職した。かわって、我が国唯一の皇族内閣東久邇宮稔彦内閣が成立した。この内閣の意味は日本軍隊の武装解除を円滑に遂行し、天皇＝国体の崩壊によって予想される敗戦の混乱を「国体護持」の名の下に抑制することにあった。だが「一億総懺悔」を掲げ、この度の戦争は国民全体が総反省し懺悔しなければならないと説いたことからもこの内閣の性格を窺うことができる。同年一〇月、ＧＨＱが治安維持法、特別高等警察の廃止、共産党員らの政治犯の釈放を指令（人権指令）、天皇に対する自由討論を奨励し、内務省解体を含めた要求に応えることができず東久邇宮内閣は総辞職した。

次いで内閣を組織した幣原喜重郎はかつて協調外交で米英にもその名が知られており、マッカーサーは幣原喜重郎内閣に五大改革指令（婦人解放・労働組合の奨励・教育の自由主義化・圧政的諸制度の廃止・経済の民主化）を口頭で指示した。

昭和二〇年九月初旬、大下は将校行李ひとつを背負って、豊岡陸軍航空士官学校をあとにした。復員した日、大下の足は廃墟の風景となった東京の姿に唖然としながら、明大の和泉校舎に向かっていた。

昭和二〇年九月三〇日、明大野球部は再出発した。この戦後の新しい時代の出発に名監督の谷沢監督が復帰してくれることを期待したが、闘病生活のためできなかった。

戦後再出発した明大野球部の名簿には大下は一塁手として記されている。明大のグラウンドに再び「ポンちゃん」という言葉が飛び交うようになったのである。大下のフリーバッティングがその言葉を復活させたのだ。大下のバットでとらえられた打球は右翼フェンスを越え、松林に空高く弧を描きながら消えて行く。澄んだ秋空に吸い込まれるようにライナー性の打球かと一瞬、思わせるが空高く舞い上がり、まるで虹を描くように美しい放物線となるのである。打球の軌道も美しいが大下の流れるようなフォームも美しく華麗だった。大下のニックネームが完全に定着したのもこの頃だった。

昭和二一年、東京六大学野球が復活した。同年五月一九日、明治と東大（帝大）戦が上井草球場で開始された。神宮球場がＧＨＱによって接収されていたので、土日は上井草球場、ウイークデーは後楽園が使用された。春のリーグ戦、明治は戦力が整備されておらず、四位。秋はこのシーズンから陣容も揃い三位に食い込んだ。明治の中村茂が打率・四二〇で首位打者に輝いた。

この戦後の明大野球部の船出の試合に大下は出場していなかった。明大の主力は、戦後のプロ野球界で活躍した小川善治（千葉商業―明大―大映）、杉下茂（帝京商業―明大―中日）、土屋亨（松本商業―明大―南海―中日）、ホームラン王にもなった常見昇（桐生中―明大―東急―阪急）、宝山省二（広島商業―明大―近鉄―東映）、磯田憲一（広島商業―明大―コロムビア―広島）らがいたが、大下の名前は明大野球部から消えていた。

理由は、昭和二〇年一〇月、大下は、セネタースの横沢三郎（荏原中―明大―大毎球団―東京倶楽部―セネタース）から入団の誘いを受け、一一月に入るとすぐに同球団と契約したからだ（正式には一二月一六日）。この時、明大からは大下の他に、守備に定評のあったショートの清水喜一郎（京王商業―明大―セネタース）、大型捕手の貫井丞治（京王商業―明大―セネタース）が入団した。

大下はセネタースに入団すると、早速、本格的に練習に入った。監督の横沢は、大下を明大のグラウンドでキャッチボールをする姿しか見ていなかった。まだ、実際のバッティングを見ていなかったのである。噂では相当凄いバッターと聞いていたが、肩が強いので投手でも使えるかもという認識しかなかった。ところが、大宮球場で横沢は大下の打撃を見て衝撃を受けるのである。

大下の打球は滑らかなバットスイングから弾けるように飛び、打球が上がったかと思うと、虹のように美しく弧を描きフェンスの向こうの林のなかに吸い込まれていった。横沢は大下の自然体から繰り出す打球を見て驚いた。和製ベーブ・ルースの称号をもつ左打者山下実は柔軟性がありパワーに溢れていたが、この左バッターのフォームは実に美しい。その華麗なフォームで打球を遠くに飛ばす。

大宮球場の場外は林になっている。そこに打球が消えていくのである。

大下をスカウトしたセネタースの監督横沢三郎はこの大下のバッティングに強烈な印象を受けた。四番には慶應時代のスラッガーであり、一〇〇万ドル内野陣の一画を占めた一塁手の飯島滋弥（千葉中―慶大―日立航空―セネタース―東急・急映―大映―南海）が座ることになっている。横沢はこれで飯島の前を打つバッターが確保できたと思った。大下の二〇本が目立つが、飯島は昭和二一年のシーズン、打率・三一二をマークし、ホームランも一二本打っている。後に東映のコーチになり、大杉勝男（関西高―東映・日拓・日本ハム―ヤクルト）に向かって言った「月に向かって打て」は名言であり、この言葉によって大杉がホームランバッターに成長したことは戦後プロ野球史の伝えるところでもある。

横沢のオーダーが固まって来た。一番、横沢、二番、鈴木、三番、大下、四番、飯島、五番、長持と上位打線の構想はほぼ決まった。そして、投手陣は白木義一郎を中心にテスト入団の新人の黒尾重明（都立化学工業―セネタース―東急・急映―近鉄）も使えるメドが立ち整備されつつあった。ちなみに白木は昭和二一年のシーズン三〇勝二二敗で最多勝を手にし、黒尾は一〇勝一七敗の成績だった。

戦後プロ野球の復活となる東西対抗戦が開催されることが決定すると、横沢は東軍の監督となり、まだ無名の新人大下弘を東軍のメンバーに押しこむことに成功した。これが大下の運命を大きく変えることになるのである。

セネタースからは白木義一郎、飯島滋弥が東軍に選ばれた。白木も飯島と同様に戦前の慶應で活躍した神宮のスタープレーヤーである。東軍を指揮する横沢は明大を中退させて入団させた大下を東軍に加えたのである。これが戦後の日本プロ野球の新しい歴史を創ることになるのだ。

リンゴの唄の誕生

敗戦という混乱の中で、安堵と不安が交錯した。そのような複雑な民衆心理に一瞬咲いた明るさが《リンゴの唄》（サトウ・ハチロー・作詞／万城目正・作曲）だった。とはいえ、虚脱感から脱し、希望へとそれを転換させたい感情とは裏腹に、やがてくる占領統治への不安と恐怖、社会の混乱と無秩序への心理的な重圧が交錯し、歌の明るさを素直に受け入れられなかったことも事実といえよう。《リンゴの唄》は松竹映画『そよかぜ』の主題歌である。この映画は本土決戦を目前に戦意高揚を目的に企画された。だが、終戦によって内容が変更された。主人公は浅草のレビュー小屋の楽屋娘。そこの楽団のアイドル的存在だった。楽団のメンバーに支えられながら人気歌手になるという平凡なものになった。とはいえ、この映画が並木路子という戦後を象徴するスターを生み出すことになる。

並木路子は、大正一〇年九月三〇日、浅草生まれ、台湾で幼年期を過ごした。当時の並木は、SKD所属の中堅スターだった。彼女は、あの東京大空襲で母を失った。自分は隅田川に飛び込み、間一髪助かった。母の死体は芝・増上寺の収容所で確認した。悲しみを押し殺して一人で骨にして埋葬した。父は南方で亡くなり、長兄は千島北方で戦死している。私生活では彼女が戦禍を一身に背負っていた。

並木は昭和二〇年四月、大陸の慰問団に参加した。出発の日、東京駅で「祖国よさようなら」と思いながら、水道の水を飲んだ。七月末に帰国。そして、八月一五日、並木は一人で終戦を迎えた。並木路子は、敗戦という状況のなか生きる希望を持って歌ったのである。

作詞のサトウ・ハチローは、すでに戦時中、この《リンゴの唄》の詩想を練っていたそうだ。戦争が終ったら、空襲もなく澄んだ青空を見上げて明るく歌える歌を作ろうと思っていたのである。そして、戦争が終わった。サトウ・ハチローはリンゴの香りに終戦の喜びをかみしめ、まさか、サトウ・ハチロー自身もこの《リンゴの唄》の詩句が赤バットの川上、青バットの大下につながるとは夢にも思わなかったであろう。

映画『そよかぜ』の撮影のとき、《リンゴの唄》は未完成だった。並木は歌う場面では《丘を越えて》を口ぱくで歌った。後に出来上がった作品に《リンゴの唄》をかぶせた。『そよかぜ』は、GHQ検閲第一号映画である。公開は昭和二〇年一〇月一一日。その後NHKの『希望音楽会』（東京芝・飛行館）で並木路子の歌声が電波に乗った。すると、まもなくNHKに《リンゴの唄》への多くの投書が集まった。戦争中のラジオからは空襲警報と戦果の虚報を聞くだけだった。だが、明るい前奏で始まり、甘酸っぱい感傷を含んだ《リンゴの唄》が流れると、大衆は戦後の流行歌史・歌謡曲の時代の幕開けを実感することができたのである。

《リンゴの唄》のレコードは霧島昇と並木路子によってコロムビアで吹込まれた。レコードは昭和二一年一月新譜で発売された。レコードから流れる歌声は明るかった。もう空襲に脅えることはない。青空を見上げることができる喜びに満ちていた。この青空に虹をかけるように大下の放つ打球は高々と舞い上がるのである。

昭和二一年三月、並木路子は松竹を辞め、コロムビアの専属歌手になった。並木は松竹少女歌劇の幹部スターになっていただけに、周囲からも惜しむ声もあった。だが、あれだけ、歌が爆発的に流行すれば、歌手の途を選択しなければならなくなっていた。

ＮＨＫの『希望音楽会』（飛行館／昭和二〇年一二月一〇日）で並木路子の歌声がすでに電波に乗っており、ＮＨＫに《リンゴの唄》への投書が寄せられていた。並木路子はこの《リンゴの唄》しか持ち歌がないのでこれを放送のたびに毎回歌った。

明るい前奏が人々に生きながらえた喜びと戦争からの解放感をあたえる。歌からマイナーコードになり、安堵感を保ちながら曲想が感傷的になる。スリーコーラスに入るとふたたび、明朗な前奏に戻る。希望が湧いてくる。ラジオから、健康的な青空に響くようなリズミカルな前奏で始まり、人々の心を癒す甘酸っぱい感傷を含んだ《リンゴの唄》が流れると、人々は平和と希望を感じた。戦後の流行歌史の幕開けだった。そして、戦後のプロ野球界は大下弘という天才バッターの登場によってプレイボールとなったのである。

東西対抗戦

戦後の歌謡曲の歴史は《リンゴの唄》で開幕したが、戦後の日本のプロ野球の開幕は昭和二〇年一一月二三日の東西対抗戦である。東軍の先発は巨人のエース藤本英雄、西軍は阪急の笠松実（興国商業―阪急―広島）。大下はセネタースと契約を済ませており、東軍の一塁手五番で登場した。大下の周りはすでに戦前の日本野球界で活躍した面々が揃っていた。

試合は西軍が一回の表、藤村富美男、鶴岡一人の連打で一点を先取し先手をとった。一回の裏、大下に初打席が回ってきた。大下は笠松からライト前ヒットを放った。二塁から巨人の千葉がホームへと駆け抜けた。この回東軍は三点を挙げた。

三回裏、再び大下に打席が回ってきた。ランナー二、三塁のチャンスだった。大下は笠松の初球を捉えた。打球はライトの岡村俊昭（平安中―日大―南海軍・近畿日本軍・南海）の頭上を遙かに越えフェンスに直撃した。大下は三塁にすべり込んだ。逆転の三塁打である。

大下の打撃を見たスタンドからどよめきがおきた。戦前の職業野球では見たことのない選手である。同じ左打者でも川上とは違うタイプの打者である。だが、その当たりは凄い。まだ、球界では無名の大下はこの右中間を大きくやぶる三塁打を含む三安打を放ち鮮烈なデビューを飾った。この大下の青空に向かって虹を描くような打球は戦後の日本野球の幕開けでもあった。

さて、東西対抗戦だが、舞台は西宮球場に移った。この日も大下の打棒は冴えた。三回表、東軍一死満塁のチャンスで大下は西軍の丸山二三雄（京阪商業―南海軍・近畿日本軍・グレートリング・南海―中日―大洋）から二塁打を放った。第三打席目はライト前にヒット。そして、九回表、大下は打席に入った。一死二塁。大下が打った打球は虹のような放物線を描きながらライトスタンドへ吸い込まれた。この打球が戦後初の外野席に飛び込んだホームランである。神宮球場での第一戦に放った藤村富美男のホームランはセンターの転倒によるランニングホームランであり、正真正銘のホームランは大下が「だまって見ている青い空」に向かって放った一打だった。この一打が戦後のプロ野球を象徴するホームランとなったのである。

戦後初めて開催された東西対抗戦で大下は最優秀選手に選ばれた。一五打数八安打一二打点、二塁打二本、三塁打一本、ホームラン一本と放ち、打率・五三三の高打率をマークした。この東西対抗戦はまさに大下のために舞台が用意されたようなものだった。

昭和二一年四月二七日、プロ野球の開幕日となった。セネタースは飯島滋弥を主将に大下含め一八人でスタートした。巨人―セネタース戦がプレイボールとなった。これが大下弘の日本プロ野球公式戦のデビューである。試合は一二対〇で巨人の圧勝だった。大下は開幕デビュー戦四打数ノーヒットだった。東西対抗戦で彗星のごとく現れ快打を放った大下だが、その後、第二戦もノーヒットに終わった。開幕戦四連戦が終わり一四打数一安打と不振だった。大下の不振はそのままチームの成績に反映されていた。

大下はホームランを期待したファンから一転して罵声を浴びるようになった。五月三日、太洋戦でライトオーバーの三塁打を打ったが、スイングが粗く三振を三個喫した。一一日の巨人戦でもヒットこそ放ったが生彩を欠いていた。だが、六月二日の中部日本の林から大下は待望のホームランを放った。

大下はカウント一―二の後の内角寄りの甘いボールを見逃さなかった。打った打球は青い空に虹のような弧を描いてスタンドに放り込まれたのだ。これが大下の公式戦第一号ホームランだった。開幕から二〇試合目に放った満塁ホームランである。この日の大下は七打数四安打五打点と猛打を揮った。この日から、大下はスランプという暗いトンネルから脱し、青い空にホームランの虹を描き始めるのである。

八月三一日、大下が金星戦で放ったホームランは戦前の中島治康、ハリスが打ちたてたホームラン記録に並ぶ一一号ホームランだった。この快挙は戦後の新しいプロ野球の新たな一ページでもあった。

大下が戦前のホームラン記録を塗り替えることは時間の問題であった。それを見ようと野球ファンは球場に詰めかけた。九月五日、中部日本戦で一二号、一三号と、いとも簡単に抜き去った。このホームラン記録を更新して以来、ファンの関心は大下が今シーズン何本のホームランを打つかということに移っていた。大下は初秋を迎えると俄然と流れるようなフォームから華麗に打ちだした。

九月五日、中部日本戦で二本のホームランを打ち、七日、大洋戦でも二本のホームランを打った。完全にホームラン王への独走態勢に入った。いずれも美しく弧を描きながら、空高く舞いあがってスタンドに飛び込んで行った。そして、一一月五日、大下の待望の二〇号ホームランが飛び出した。後楽園の巨人との第一戦のことだった。五回裏、先頭打者の飯島が四球で歩いた。ここで四番の大下がゆっくりとバッターボックスに入った。マウンド上には先発中尾に代わった川崎徳次(久留米商業—南海—巨人—西鉄)がいた。

大下は川崎の投げる外角低目の速球を内に引き付けて流れるようなスイングでとらえた。打球はレフト方向と高々と舞い上がった。放物線を描きスタンドに飛び込んだのだ。日本の戦後プロ野球の発展を約束するようなホームランだった。

セネタースは白木が好投し、大下が華麗に放ったホームランで四対一でセネタースが巨人を降した。これによって自動的に近畿グレートリングの優勝となり、昭和二一年度の日本プロ野球の幕が閉じた。最高殊勲選手は近畿のプレーイングマネジャーの鶴岡一人、首位打者は阪神の金田正泰(平安中—阪神軍—大阪タイガース)、打率・三四七は立派な成績だった。大下は二〇本のホームラン記録を樹立し文句なしのホームラン王に輝いた。打率・二八一、打点・七四は新人としてはこれも立派な成績だった。

昭和二二年四月一八日、戦後二年目のプロ野球が開幕した。このシーズンから大下と巨人の川上が対比されるようになった。柔らかい身体から生まれる華麗な大きなスイング、ファンを魅了する華やかな笑顔、それに対して川上は一種独特の風格、まるで剣豪のような気迫と老練な打撃技術であり、対照的だった。スランプに苦悶しそこからはい上がる努力と気迫、バッターボックスでの緊張と余裕、大下はスランプのときいつもと変わらぬ笑顔と暗雲を笑い飛ばす明朗さ、戦前からの伝統と風格の川上と虹を描くようにホームランを放つ戦後の新たなシンボルとなった大下はあまりにも違っていた。

青い空とホームラン—青バットの大下

ペナントレースの開幕戦、後楽園球場のファンは大下が握るバットに注目した。大下が手にしていたのは青バットだった。なぜ、大下が青バットを使用したかといえば、鈴木惣太郎から戦前川上が赤バットを使っていたことを話され、それがきっかけだった。

大下は最初色塗りバットを鈴木から勧められて、一瞬、黒バットを思いついたが、新しい時代に向けて復興しようとする日本を象徴する色ということで青を想い浮べた。また、それには冒頭でものべたように当時流行していた《リンゴの唄》がヒントとなった。

大下は蓄音機（器）、ラジオから流れる並木路子が歌う《リンゴの唄》の〈だまってみている青い空〉という詩句に感動した。あの青空には無限の夢と希望がある。そして、学徒出陣前に明大の代田橋のグラウンドでポンポンポンと高射砲のように青い空に向かって打ち上げた青春時代を思い出した。また、同時に哀しみも思い出す。多くの友が先の戦争で散っていった。あの青バットにはいろいろな意味が込められていた。青空に向かって打つことが自分の天命だと思った。死んでいった者の分まで自分は生きる。そして、青空に向かって打つのだ。

こうして、大下は、戦後彗星のごとく現れた。虹がかかるように天空に向かって、学徒動員で戦場に赴き散っていった者、また、無念にも再びグラウンドに立つことがなかった明大野球部の先輩たちの分までホームランを量産したのである。それはある明大野球部の先輩が憑依したかのようだった。

大下は特攻隊の生き残りだが、明大の先輩、大打者加藤三郎（岐阜商業―明大）も特攻で沖縄の海に散華した。加藤三郎は岐阜商業で野村清（岐阜商業―明大―セネタース―毎日）とバッテリーを組み、中等野球界で活躍。兄の加藤春雄（岐阜商業―明大）も岐阜商業から明大に入り、四連覇の中心バッターだった。弟の加藤三郎は昭和一四年、岐阜商業から明大野球部に入り、リストを効かした柔軟なバッティングで早くも頭角を現し、中心打者となった。この加藤三郎がもし戦後のプロ野球に登場していたら、その歴史が確実に変わったとも云われている。それほどの大打者だった。

大下はその加藤三郎が身体に乗り移ったかのように打ちまくった。明大の関係者たちは異口同音に大下のバッティングを見て、「加藤三郎の再来」と語っていた。大下はこの明大の先輩大打者をはじめ先の大戦で散っていた野球部の仲間の分まで生きて打たなければならない運命だったのである。

昭和二二年の大下は打率・三一五で首位打者になった。ホームランも前年の二〇本には及ばなかったが一七本をスタンドに放って本塁打王も手にした。

一リーグ時代の打撃三部門のバットマンレースはつぎのとおり。

昭和二一（一九四六）年
首位打者・金田正康（打率・三四七）
ホームラン王・大下弘（二〇本）
打点王・山本一人（九五打点）
昭和二二（一九四七）年
首位打者・大下弘（打率三一五）
ホームラン王・大下弘（一七本）
打点王・藤村富美男（七一打点）
昭和二三（一九四八）年
首位打者・青田昇（打率・三〇六）
ホームラン王・青田昇／川上哲治（二五本）
打点王・藤村富美男（一〇八打点）
昭和二四（一九四九）年
首位打者・小鶴誠（打率・三六一）
ホームラン王・藤村富美男（四六本）
打点王・藤村富美男（一四二打点）

この一リーグ時代のバットマンレースは青バットの大下に始まり、赤バットの川上、もの干し竿バットの藤村富美男、青田昇を中心に展開していたことがわかる。そこに小鶴誠、西沢道夫、別当薫（甲陽中―慶大―オール大阪―大阪タイガース―毎日）が参入し戦後のプロ野球が盛り上がるのである。

そして二リーグ分裂後、パリーグの最初の首位打者は大下だった。打率・三三九。翌年には打率・三八三と驚異的なアベレージで連続首位打者になった。しかも、本塁打王（二六本）の二冠王だった。

大下の放つ打球は青空に吸い込まれていったのだ。弾丸ライナーの赤バットの川上と高く弧を描いてホームランを打つ青バットの大下は戦後復活したプロ野球の象徴であった。ファンは大下のホームランに熱狂したのである。

一方、並木路子は毎日のようにＮＨＫラジオで《リンゴの唄》を歌った。映画が公開された頃、まだ、歌がレコードに吹込まれていなかったので、並木が放送で歌うしかなかったのである。ある夕暮れ、中野の寮に帰るとき、どこからともなく《リンゴの唄》の口笛が聴こえてきた。それは秋の夜風にのってとても爽やかだった。

作詞のサトウ・ハチローは、すでに戦時中、この《リンゴの唄》の詩想を練っていたそうだ。戦争が終わり、空襲もなく澄んだ青空を見上げて明るく歌える歌を作ろうと思っていたのである。リンゴの香りに喜びをかみしめ、若さに濡れるようなリンゴの瞳と乙女の希望に重ねながら作詞したのである。そして、サトウ・ハチローは青い空に虹のような美しいアーチをかける男をみた。彼は青バットを持っていた。大下弘である。もう一度、サトウ・ハチローに天才大下弘を語ってもらう。

日本の野球の打撃人を五人あげるとすれば、
　川上、大下、中西、長嶋、王。
三人にしぼるとすれば、
　大下、中西、長嶋。
そして、たった独り選ぶとすれば、
　大下弘。

第六章　東京ブギウギ――藤村富美男

不死身のミスター・タイガース

戦後の日本の爆発音はブギのリズムである。このリズムで生まれ変わった男が藤村富美男である。

東京ブギウギ　リズムウキウキ
心ズキズキ　ワクワク
海を渡り響くは　東京ブギウギ
ブギの踊りは　世界の踊り
二人の夢のあのうた
口笛吹こう　恋とブギのメロディー
燃ゆる心のうた　甘い恋の歌声に
君と踊ろよ　今宵も月の下で
東京ブギウギ　リズムウキウキ

心ズキズキ　ワクワク
世紀のうた心のうた　東京ブギウギ
ヘーイ

藤村富美男は大阪タイガースの戦前からのスター選手であり、その名は中等野球時代から全国に轟いていた。だが、笠置シズ子のブギを聞いて変身するまでの途は決して平坦ではなかった。とはいえ、幸運な男でもあった。

藤村は無念にも戦場で散っていた巨人・阪神の名選手と比較してあまりにも対照的だった。戦場で生死の境をさまよい、そこから無事生還し、戦後のプロ野球を支えたのは藤村富美男だけである。

職業野球に身を投じた藤村は四月二九日、大阪タイガース最初の公式戦、名古屋金鯱軍戦に登板し完封勝利で華々しくデビュー戦を飾っている。藤村はやがて打撃にも非凡な才能を示し、昭和一一年秋季大会ではホームラン王に輝いている。翌一二年に入ると、藤村は投手兼任とはいえ、二番・二塁手として景浦將、松木謙治郎、山口政信らと猛打タイガース打線の中心打者として活躍した。大阪タイガースの連覇の中心だった。だが、昭和一四年、藤村に不運が襲った。死臭が漂う戦場への応召である。

昭和一四年一月、藤村は故郷の広島師団歩兵第一一連隊に入営した。四月、中国戦線の青島へ赴いた。やがて、藤村は中国の南寧では最前戦に立ち何度も死にかけた。だが、運が良かった。中国の華南で谷に転落し、左大腿部に重傷を負った。軍医の決断で手術を断行し、なんとか切断を免れた。野球生命をとりとめたのである。

太平洋戦争が始まると、藤村はマレー作戦に参加。日本は、開戦とともにシンゴラ、パタニ、コタバルの三地点からマレー半島に上陸しマレー突進作戦の火ぶたが切って落とされていた。マレー半島上陸地点・コタバルにおける英軍の抗戦は非常に激しかった。コタバルでは上陸作戦が困難を極めた。高波と強風に加えて、ヤシ林の後方に位置しているイギリス軍の鉄譲網陣地が行く手を遮っており、また、激しい機関銃と大砲の一斉射撃で上陸後もなかなか前進できなかったのだ。

佗美兵団長自ら陣頭指揮に立ち、突撃隊を叱咤し敵陣に突入した。そして、イギリス軍のトーチカを粉砕し海岸防御線を切り崩したのである。この上陸作戦でイギリス戦闘機の攻撃で淡路丸が撃沈され、太平洋戦争船舶撃沈第一号となった。

翌日午前一一時三〇分、日本軍はコタバルに侵入しこれを占領した。シンゴラ、バタニへの上陸作戦も成功し、一路南下の態勢をとったのである。ここに山下中将の「電錐作戦」と言われたマレー突進作戦が敢行された。堅固とみなされていたジットラ・ラインも僅か一日で突破し、また、銀輪部隊を編成しハイスピードの猛突進を展開したのである。《勇む銀輪》という自転車部隊を讃えた歌も作られるほどだった。だが、非常な困難を極めていた。兵士の負担も極限に達していたが、マレー半島上陸から五五日でジョホールバールに到達し、昭和一七年二月一五日、日本軍はそのシンガポールを陥落させたのである。

藤村は、クアラルンプール近郊のジャングルでは英国軍の至近弾を浴びたが、戦友が身代わりになって助かった。戦友の肉片は飛び散り、藤村も砕け散ったそれをもろに浴びた。シンガポールでは、英国軍の砲弾の嵐をくぐりぬけ、電話線をつなぐ作業をやった。シンガポール陥落後、ジャワから輸送船で地獄の島ニューギニアへ。だが、米潜水艦の攻撃を受け、海に投げ出された。フカのいる海を半日泳いでアンボン島にたどり着き助かった。もし、地獄の島ニューギニアに行っていたら、藤村は生還できたかどうかは分からない。

藤村はそこで除隊命令を受けた。内地帰還となったのだ。アンボン島からスラバヤへ、そして、シンガポールから下関まで半年かけて帰国した。藤村はこのとき二七歳だった。二〇代前半の野球人生を戦争によって奪われていた。

戦後、藤村富美男は復活した。不死身のミスタータイガースは不死鳥のようによみがえったのだ。藤村は昭和二〇年一一月二三日に行われた戦後初のプロ野球公式戦、明治神宮球場の東西対抗戦に西軍三番で先発出場した。藤村の戦後がスタートした。五回表に東軍の白木義一郎から放ったセンターオーバーのランニングホームランは、戦後のプロ野球初本塁打といわれている。藤村は懸命に走った。そのランニングは戦後プロ野球の開幕を告げるものであった。

リーグ戦が再開した昭和二一(一九四六)年には監督を兼任。チームは再出発ということで、球団名が「阪神軍」から「大阪タイガース」に戻った。六月には一四連勝と首位に立ったが、藤村が八月に入り、身内の不幸が続き戦列を離れたことが響き、結局、三八歳の鉄腕投手若林の復帰もあったとはいえ、鶴岡一人を中心にまとまった近畿グレートリングに優勝をさらわれる結果となった。戦後プロ野球の覇者は別所毅彦(滝川中―南海―巨人)、清水秀雄(米子中―明大―南海―中部日本・中日―大洋・洋松・松竹)の投手陣に筒井敬三(海南中―横浜専門―グレートリング・南海―高橋ユニオンズ―大映―東映)、河西俊雄らの俊敏俊足の選手を中心にした近畿グレートリングだったのである。

戦後の藤村の打棒は冴え、タイガースの猛打線の中軸に座り、打率・三二三を残した。チームは主力がなかなか復帰せず、藤村はチームの投手陣の台所事情の厳しさから、投手としても度々登板した。この年、一三勝二敗。戦前から投手としても通算七六試合登板、三四勝一一敗、防御率二・三四。また、チームは優勝こそ逃したが、金田正泰が一〇五試合の全試合に出場し、打率・三四七の高打率で首位打者に輝いた。因みに大阪タイガースのチーム打率は二八八、首位打者の金田を筆頭に藤村、土井垣らが三割を打った。

昭和二二年、タイガースに朗報が舞い込んだ。甲子園球場の米軍接収解除が届いたのだ。甲子園が大阪タイガースの手にもどり、同チームは、戦前からの猛虎打線の伝統を受け継ぎ戦後もダイナマイト打線の威力を発揮した。

この年、大阪の成器商業、専修大学時代を通じて剛球投手の評判の高かった梶岡忠義(成器商業―専大―中央工業―大阪タイガース)が入団し、これによって大阪タイガースの投手陣が充実した。強化された投手陣を擁し、若林(二六勝一二敗)、御園生(一八勝六敗)、新人の梶岡(二二勝八敗)らが力投した。打線は前年から猛打による破壊力は衰えなかった。大下に首位打者こそ譲ったが打率・三一一の金田を筆頭に塚本(打率・三〇〇)、本堂(打率・二八三)、藤村(打率・二七四)が続き、その猛打の爆発的な得点力は他球団の投手陣を震え上がらせ、脅威だった。

藤村は火のついたダイナマイトの爆発音のような猛打大阪タイガース打線の中心であり、七一打点を叩き打点王に輝くなど昭和二二年の優勝の立役者だった。日刊スポーツがこの猛打線を「ダイナマイト打線」と書きたてると、リードされた試合でそろそろ反撃に出ようとするとき、ベンチで藤村が、ダイナマイトに火を点けるという意味で丸めた新聞紙に火を点けて振り回したエピソードも残されている。二位の中部日本ドラゴンズに一一・五ゲーム差をつけての優勝である。ライバルの巨人軍は五位。

ブギの女王・笠置シヅ子

昭和二二年の秋、ブギの流行が爆発した。敗戦という国民の虚脱感を吹き飛ばすかのようだった。昭和二二年一〇月、大阪の梅田劇場で笠置シズ子（後に「シヅ子」）によって《東京ブギウギ》（鈴木勝・作詞／服部良一・作曲）が歌われた。広いステージを大胆な踊りをつけて歌いあげたのである。また、同年一〇月一四日から翌月一四日にかけて数寄屋橋・「日劇」で開かれた『踊る漫画祭』のショーでも《東京ブギウギ》の歌が飛び出した。その年の暮れにコロムビアからレコードが発売された。翌年の初頭から猛烈にレコードがブギのリズムに合わせるかのように売れ出した。まさに、その笠置の歌声とブギのリズムは荒廃の虚脱感を吹き飛ばすようなエネルギーの爆発音だった。この年は、水泳の古橋広之進の世界記録の樹立と《東京ブギウギ》が明るい話題を提供した。

笠置シヅ子は大正三年八月二五日、香川県の生まれ。本名、龜井靜子、大阪松竹楽劇部出身。昭和九年、三笠靜子でコロムビアから《戀のステップ》（高橋掬太郎・作詞／服部ヘンリー・作曲）を歌いデビュー。翌年東京の松竹少女歌劇（SSK）と大阪のOSSKが合同して結成された「松竹楽劇団」の主役になり、そこで服部良一の知遇を得てジャズ歌手として活動した。戦前、コロムビアで《セントルイス・ブルース》などをレコードに吹込んだが、レコード歌手としての本格的な活躍は戦後からである。服部・笠置コンビは《ヘイヘイブギ》（藤浦洸・作詞／服部良一・作曲）《ジャングル・ブギー》（黒澤明・作詞／服部良一・作曲）が次々ヒットした。これは歌謡界への新たな挑戦であり、センセーショナルな出来事でもあった。服部・笠置コンビのブギは《買物ブギー》（村雨まさを・作詞／服部良一・作曲）で頂点に達したのである。

笠置シヅ子が歌う《東京ブギウギ》をステージで見て衝撃を受けたのが藤村富美男だった。近藤唯之の『戦後プロ野球50年』によると、「第36代横綱羽黒岩政司（立浪部屋）、笠置シズ子、藤村富美男による座談会が東京・銀座で企画され、藤村は「笠置シズ子」についてはほとんど予備知識がなかったので、座談会の話のネタ作りのために実演を観たのがきっかけだった。藤村にしてみれば軽い気分だったのだ。ところが、藤村に衝撃が走った。

戦後のダイナマイト打線の中核バッター、藤村富美男は、東京遠征にいくと必ず日劇に足を運び、笠置が地元大阪の梅田の劇場にくれば、真っ先に行ってステージにかぶりつくようにして見ながら笠置のブギを聴いていた。舞台で体を張って踊り歌う笠置のステージを観るたびに藤村は昂奮した。この〈東京ブギウギ　リズムうきうき　心ずきずき　わくわく〉と野性味たっぷりに歌って踊る笠置の躍動感こそ、今のプロ野球には必要なのだ。大観衆を湧かせるためのダイナマイトの爆発には身体のすべて使ったブギの躍動はもってこいだった。

藤村は笠置の影響から野球にエンターテイメントを持ち込んだ。笠置のステージを観てからの藤村は変わった。グラウンドで観客を湧かせるプレーを披露した。打席内でストライクと判定されると、藤村はバッターボックスをはずしオーバーゼスチァーで審判にかみつく。そのパフォーマンスに大観衆がどっと湧く。カーブをわざと見逃して、とても打てそうがないと両手を上げて、お手上げ状態のパフォーマンスを見せる。相手投手は藤村が打てそうもないと見ると、三振を取りにカーブを投げてくる、そこを藤村は右中間に弾き返すのである。そして、派手な走塁で二塁ベースに滑り込むのである。

昭和二三年、後藤次男（熊本工業―法大―大阪タイガース）、金田正泰、呉昌征（嘉義農林―巨人―大阪タイガース―毎日）、土井垣武（米子中―大阪タイガース―毎日―東映―阪急）、本堂保次（日新商業―大阪タイガース―大陽―大阪タイガース―毎日）、藤村らが連なる阪神のダイナマイト打線にオール大阪から別当薫（甲陽中―慶大―オール大阪―大阪タイガース―毎日）が加わり、さらに威力を増した。《大阪タイガースの歌》の如くまさに闘志溌溂の猛虎軍団だった。そして、ショーマンに変身した藤村の姿が甲子園に登場したのである。

観客は、藤村の演技（パフォーマンス）を喜び、藤村のショーマンぶりに熱狂した。また、こんなこともあった。後楽園にタイガースの黄金軍団がやって来る。巨人とタイガースの黄金カードを見るために後楽園のスタンドは双方のファンで埋め尽くされ、熱気に溢れている。

巨人のフリーバッテングが終わりにさしかかった頃、三塁側のタイガースベンチから、タイガースナインが一斉に飛び出す。外野へ向かって走り出すのだ。すると、三塁側を埋め尽くすタイガースファンから拍手が沸き起こる。だが、その拍手が途中でやんでしまうのだ。なぜなら、理由は一つ、タイガースの看板スター背番号10をつけた男が見当たらないからだ。藤村がいないのだ。ファンはどうしたんだと訝る。藤村が欠場？まさか。一体何があったんだと、スタンドのタイガースファンは不安な心理になる。そこからどよめきが起こる。

動揺するファンのざわめきが最高潮に達した時、《大阪タイガースの歌》の〈六甲颪に　颯爽と〉という歌詞の如く、藤村がベンチから飛び出してくる。一瞬の間を置いてから飛び出すのだ。そのベンチから飛び出すタイミングが実に絶妙で良い。背番号10の藤村富美男がたったひとりベンチから飛び出すやいなや、すると前にもましての万雷の拍手がスタンドのタイガースファンから起こるのである。

藤村は後楽園を埋め尽くしているスタンドの衆目をすべて自分一人に集中させ、ナインと合流するためにゆっくりと外野へ走って行くのである。そして、藤村はもう一つ、笠置シヅ子のブギのリズムに乗って日本のプロ野球界に歴史を刻むことになるのである。

物干しざおバットの威力

ミスター・タイガース藤村富美男を変身させたもう一人の人物がいる。それは別当薫である。別当は昭和一二年春、一三年春、夏甲子園に出場、慶應義塾大学に進学し昭和一七年春のリーグ戦には打率・五〇〇で首位打者、昭和一八年一〇月一六日、最後の早慶戦にセンター、四番で出場した。戦後はオール大阪で活躍した。このように甲陽中―慶大―全大阪で猛打を欲しいままにしたこの別当の入団が藤村を大いに刺激した。長身でインテリの雰囲気を漂わせ、俊足巧打の選手で甲子園、神宮を湧かせた大物ルーキーの登場に野球ファンの関心が集まったのだ。

別当の幻の師匠はあの景浦将だった。別当は甲陽中学時代、景浦を実際にみたことがある。夏、大阪タイガースが同校のグラウンドを借りて打撃練習をした。バットを垂直に立て、左足をかなり上げてタイミングを取る。別当のバットの立て方、グリップの位置など景浦の打法の再現だった。

大阪タイガースに入団した別当は公式戦前の毎日大会（甲子園球場）、中日大会（鳴海）、読売大会（後楽園）で計九試合に出場し六本のホームランを放った。打率・四六七、打点二三は圧巻だった。

別当は藤村の前の三番を打ち、ホームランを量産した。このシーズン、別当は六月二七日、南海戦で一回レフト前ヒットを放ち出塁。だが、二盗の際、スライディングに失敗し左足骨折した。途中怪我で不出場となったが、このスマートな慶應ボーイのホームランは藤村にとってミスタータイガースの称号に暗雲をもたらし、その座を脅かすものであった。別当のこのシーズンの成績は怪我で八九試合しか出場できず、ホームラン一三本、打率・三二八、規定打席に五二打席足りずに首位打者を逃している。ちなみに首位打者は青田（打率・三〇六）。昭和二三年のシーズン終了の時点で、藤村はホームラン打者ではなかった。ちなみに、昭和二三年のシーズンは藤村のホームランは一三本。笠置シヅ子が歌った《東京ブギウギ》の頃は、まだ、藤村はホームランを量産する長距離打者ではなくあくまでも中距離ヒッターの巧打者である。戦後彗星のごとく日本プロ野球界に登場した大下の影響もあるが、やはり別当の存在が藤村をしてホームラン打者に変身させたのである。

藤村は思案を重ねた。どうすればホームランを量産できるのか。藤村といえば、遠心力の原理を利用した三七インチの「物干竿バット」があまりにも有名である。これを長く重いバットを振り抜くためにはよほどの腕力がなければならない。藤村はずばぬけた腕力があるわけではない。懐深く内に引き込みリストをいかし回転で打つ打法である。「物干竿バット」を使ってからの藤村はこのバットを持ちボールを捉える位置を前にして後の王貞治に影響を与えた変形一本足打法で右中間を中心にホームランを量産したのである。前で叩くとはいえ、突っ込まずに軸をぶれずにコマの回転のように右中間に打つ。内角は肘をたたんで三塁線を抜く。新生藤村富美男の開眼だった。
藤村は昭和二四年のシーズンは四六本と一気にホームラン記録を伸ばした。このシーズンは藤村の前を打つ三番別当との壮絶なホームランのデッドヒートはプロ野球ファンを熱狂させた。ちなみに別当は三九本。川上、青田の二五本を大きくホームラン記録を更新する成績だったのである。

昭和二三年　藤村富美男　ホームラン・一三本／打率・二九〇／打点・一〇八
昭和二四年　藤村富美男　ホームラン・四六本／打率・三三二／打点・一四二
昭和二五年　藤村富美男　ホームラン・三九本／打率・三六二／打点・一四六

藤村のホームラン量産と笠置シヅ子のブギ躍動はパラレルだった。藤村が打てば、笠置もジャズサウンドにのせてブギを踊る。昭和二四年夏、藤村が快調にホームランを量産している頃、それに歩調をあわすかのように笠置シヅ子が歌う《ホームラン・ブギ》（サトウ・ハチロー・作詞／服部良一・作曲）が発売された。作詞のサトウ・ハチローは野球の九イングスにちなみ九章まで作詞したが、ＳＰレコード盤の録音時間の関係で全部は収録できなかった。

拍手拍手
フレーフレーフレーフレーフレー

一つかんと打ちゃ　ホームラン・ブギ
広いスタンド　拍手が湧けば
飛ぶよ飛ぶ飛ぶ　はるかのはるか
空の青さよ　芝生の芝生の青さ
カットバセ　カットバセ
フレー　フレーフレー

この年、笠置は映画『銀座カンカン娘』にも主演。映画は昭和二四年八月一六日に公開された。この歌の第三章の詩句〈二人揃って　ホームランブギ　肩を並べりゃ　心も通う〉は藤村と別当のホームラン王争いのデットヒートを象徴している。まさに、藤村と別当が放つホームランと笠置が歌う躍動のリズムのブギは廃墟から立ち上がる戦後の日本の復興だったといえよう。

昭和二五年春、二リーグ分裂後の初のセリーグのペナントレースが開幕する頃、藤村富美男が歌う《僕等の野球》（サトウ・ハチロー・作詞／仁木他喜雄・作曲）がコロムビアから発売された。ミスター・タイガース、ショーマン藤村富美男に人気絶頂の童謡歌手の川田孝子が共演した。

「プレーボール」
サインがきまって　第一球

捕手はかまえる　青空高い
真直ぐ投げ込め　ストライク
しっかり行こうぜ　守りはかたい
君　僕　僕　君　みな愉快

物干竿バットでホームランを量産する真虎・猛人藤村富美男と可愛い童謡のスター少女歌手・川田孝子の組み合わせは話題になった。しかも、サトウ・ハチローの詩句にジャズ界の仁木他喜雄が作曲というこれもまた話題だった。仁木は旋律を川田が歌うことを意識して童謡風に作曲した。歌唱も川田が主体に歌い、それに藤村が添える形をとっている。

第七章　ジャイアンツ・ソング——二代目巨人軍球団歌

戦後の苦闘

戦後の巨人はいきなり第二次黄金時代の華々しい開幕ではなかった。優勝までの道程《みちのり》は険しかった。それほど巨人は弱体化していたのだ。昭和二一年四月二五日、戦後初のプロ野球公式戦開幕の予告が報じられた。四月二七日から後楽園と西宮球場の東西の球場で一斉にプレイボールとなり、一五回総当たりの一シーズン制（合計四二〇試合）で展開する日程の運びとなった。

公式戦の下馬評は阪急が高かった。野口二郎を筆頭に森弘太郎（一宮中—関大中退—名古屋鉄道管理局—阪急—東急—西日本パイレーツ）、笠松実、前川八郎、天保義夫（豊国商業—阪急）の好投手を揃え、投手陣の充実は抜きんでていた。打撃陣も青田を中心に日比野、野口明らがいて攻撃力もあった。それに対して巨人は藤本、近藤貞雄（岡崎中—法大中退—西鉄軍—巨人—中日）のみにしか頼れない投手陣の戦力は手薄の感は免れなかった。左腕の中尾輝三の復帰が見込まれているとはいえ、戦前の豪速球を失った技巧の藤本一人では厳しい状況が予想された。しかも、攻撃の中心である川上が復帰していないことも致命傷であった。

川上は郷里熊本で農業に専念し両親弟妹を養っていた。プロ野球の復活は当然知っていた。だが、川上は巨人が再三促すチームへの復帰を拒んでいた。生活保障がなければ巨人のユニフォームは着られないと支度金として三万円を要求していた。

ペナントレースが開幕するとやはり阪急が下馬評通りの強さを見せ、飛び出した。巨人は五月六日の金鯱戦で中尾が復帰した。なんとか首位と差のない三位に食いついていた。六月一三日、中島が監督兼外野手として復帰し主軸に座った。そして、ようやく川上が二七日に選手登録し翌二八日からセネタース戦から復帰した。

六月、六連勝、七連勝を含む一四勝四敗。八月後半から七連勝と、旧南海軍の近畿グレートリングと小差で優勝を争った。決戦は一一月五日の最終日のセネタース戦にまで持ち込まれた。最終戦のセネタース戦に先発した中尾のコントロールが乱れ初回からセネタース打線に痛打を浴びた。一、二回で各一点を失った。三回から移籍したばかりの川崎徳次（龍谷中―久留米商業―南海軍―巨人―西鉄）がリリーフ。これが川崎の巨人での初登板である。川崎は五回、彗星の如く現れた大下に歴史的な二〇号ツーランホームランを浴びた。これで四対〇。巨人は八回、呉、千葉のヒットで一点返したが、セネタース白木の好投で巨人は敗戦を喫したのである。優勝は近畿グレートリングにもたらされた。巨人との差は一ゲーム。近畿グレートリングは幸運だった。太平（パシフィック）が選手の復帰と帰属規定を取り決めた連盟規則違反によって試合が無効にされたおかげで、近畿グレートリングは負け試合がそれに含まれており帳消しになったからである。

優勝こそ逃したが、巨人の復活はプロ野球熱を煽った。昭和二二年のシーズンも期待されたが、投手陣は二六勝をマークしたエースの藤本が中部日本に移籍、二三勝を上げた近藤が秋のオープン戦の松山遠征の際に酔っ払った豪州兵のジープをよけ損ない溝に落ちガラスの破片で指を切って戦列を離れるという悲運が起こり、巨人に暗雲がたれこめた。

前年末に参加した川崎と戦前からの主力の中尾も名投手だが、二人だけではシーズンを乗り切ることは難しい。そこで、来シーズンを危惧した川上、平山、千葉は三原をキャンプ・コーチとして別府キャンプに招聘した。昭和二二年のプロ野球は総当たり一七回戦、人気の焦点は赤バットの川上と青バットの大下に集まった。だが、巨人はなかなか勝てなかった。開幕して間もなく八連敗。最下位に落ちると、川上、千葉ら古参選手の要請によって、昭和二二年六月六日、三原が復帰し助監督になった。三原はその後、総監督になって指揮をとり、監督の中島治康が打撃に専念することになった。チーム内が整備され、巨人は勝ちだした。七月には四位に浮上した。だが、優勝はタイガース。巨人は五六勝五九敗四引き分け、勝率・四八七で五位だった。不振のシーズンの中、エース川崎は二四勝一六敗の頑張りを見せた。打者では川上がタイガースの金田、大下と激しい首位打者争いを演じ赤バットの川上と青バットの大下がプロ野球人気を二分した。

三原は昭和二二年のオフシーズンから来年のシーズンに向けて戦力の充実を図った。藤本英雄を呼び戻し、阪急でプレーをしていた青田を帯同遠征の宇高連絡船の中で口説き落とし、巨人のユニフォームを着させた。さらに、九州の植良組のノンプロチームで燻っていた白石をもう一度巨人に引っ張って来たのである。白石は藤本と三原が茂林寺で鍛えた一人であり、三原の「もどってこい」の一声で巨人に復帰した。

翌昭和二三年は八三勝五五敗二引分けで南海に迫ったが、結局二位に終わった。ホームランバッターに転向した青田がホームランを量産した。青田は．打率・三〇六をマークし首位打者となり、二五本のホームランを打って本塁打王と二冠王を獲得した。青田はセーフティーバントを決めて、南海の山本（打率・三〇五＊旧姓・鶴岡）、急映の小鶴（打率・三〇五）と厘差の勝負に決着をつけた。川上も同数のホームラン数でホームラン王になった。青田は大下に刺激され、レフトポールを巻き込むようにして入るホームランを量産すれば、川上の弾丸ライナーも凄味を増し巨人の三、四番は相手投手にとっては実に嫌なスラッガーの二人だった。

別所の入団と「三原ポカリ事件」

昭和二三年一二月一日、南海のエース別所毅彦が巨人に入団した。これが有名な「別所引き抜き事件」へと発展した。この事件は戦前の話に遡ることになる。別所毅彦といえば、中等野球界では「泣くな別所　選抜の花」とまで謳われた剛腕の投手である。昭和一六年、滝川中学の別所は春の選抜中等野球大会で、準々決勝へ駒を進めた。対戦相手は岐阜商業。別所はその岐阜商業戦で左腕を骨折しながらも、三角巾で左手をつりながら延長一二回まで、力尽きるまで力投した。その逸話は多くのファンに感銘をあたえた。

別所は滝川中学卒業後、日大に籍を置いたが、藤本定義監督の誘いを受け巨人に入ることになっていた。ところが、神戸にいた母親に南海軍が接触し口説いて五年契約を取り付けたのである。やむなく、別所は南海軍に入団した。戦後、別所は一九勝、三〇勝、二六勝と南海のエースとして投げ抜き、二一年、二三年の二度の優勝の原動力になった。しかし、南海はこの別所の活躍に対して厚遇しなかった。

別所は他球団のスター選手並みのサラリーとマイホーム一軒を要求したが、南海の松浦代表はとりあってくれなかった。別所と南海が待遇面で拗《こじ》れている情報を巨人は入手した。武藤三徳（読売新聞社営業局長）が別所の妻のおば（銀座の料理屋・小松屋）から承諾を得て、そこで、巨人が別所の要求をのむ形で移籍させたのである。別所にしてみれば、戦前に結んだ五年契約は切れており、自由に他チームへの移籍できるので、問題はないと思っていた。ところが、南海サイドは巨人が強引に別所に付け込んでシーズン中に接触し引き抜きをやったと騒ぎを大きくした。巨人が連盟規約の有効中のシーズン中に別所に接触したかどうかは定かではない。

首位のチームのエースが二位のチームに移籍する。しかも、もし、巨人がシーズンに別所と接触したならば、これは大問題である。球界あげての騒動になるのは当然だった。

南海はこの問題を連盟に提訴した。日本野球連盟は別所を自由選手として、南海に優先交渉権をあたえた。別所の意思はあくまでも巨人入団である。結局、昭和二四年三月二八日、巨人が罰金一〇万円、南海に支払う移籍料二一万円支払い、別所が二カ月の出場停止処分を受け入れることで巨人に移籍することになったのである。

この四〇日間におよぶ騒動が、ペナントレースが始まると巨人と南海の試合において遺恨をはらむことになった。四月一二日から始まる巨人—南海三連戦はこのシーズンのハイライトとはいえ、殺気立っていた。第一戦はサブマリンの武末悉昌（筑紫中—大連高等商業—満協中央銀行—福岡銀行—杵島炭鉱─西日本鉄道─南海─西鉄─高橋ユニオンズ・トンボ）対巨人はエースの川崎、川上の劇的なサヨナラ満塁ホームランによって六対五で巨人が勝利した。翌二回戦、南海が一七安打を打ち七対六で競って勝利した。そして、第三戦、問題の事件が起きた。

九回表、巨人は四対〇でリードしていた。最終回、藤本が飯田にレフトスタンドに放り込まれた。さらに南海の攻撃が続き、堀井、木塚、筒井との連続ヒットで一点差に詰め寄った。無死、代打岡村が起用された。岡村の当たりはファーストゴロ、川上が捕って二塁へ送球、その時ランナー筒井が併殺のために二塁に入った白石とぶつかった。筒井は併殺を免れようと猛烈な勢いで白石にぶつかったのだ。この筒井のラフプレーにショートの白石が激怒した。そこへ、激情家の三原がベンチから飛び出してきて、筒井の頭を殴ったのである。これが有名な「三原ポカリ事件」である。三原は退場処分となり、日本野球連盟の裁定があるまで出場停止ということになった。

試合は巨人が四対三で勝ったが、三原はシーズン出場停止という厳しい処分となった。別所の移籍問題で連盟は巨人よりという批判があり、連盟は世間からの非難・批判をかわすために三原の問題に対しては断固として厳しい姿勢で裁定を下す方針を決定した。当然、野球ファンから三原擁護の声があがった。三原の処分を軽く短期間にすべきという声だった。確かに監督として収める立場を忘れ、突発的な事件とはいえ、意識的ではないにせよ、自ら暴力をふるう非は当然三原にはある。だが、グラウンド内は勝負の世界であり、男の感情が突発的にぶつかるトラブルは日常茶飯事、行き過ぎた行為とはいえ、ここは寛大な処分をというのが大方を占めていた。別所問題に対して巨人への制裁が軽い処分で済ませたことへの批判緩和として三原に厳罰に処するということは、三原にとっては気の毒な事であった。四月一九日、三原脩の今シーズン中の出場停止処分という最終決定が下された。

翌日の『読売新聞』には三原総監督にシーズン出場停止処分の裁定記事が掲載された。記事の内容はこの処分はアメリカ大リーグでも例がない極刑であり、このような過酷な処置は選手の気魄を喪失させるものであるということだった。

だが、三原が不在中、巨人は勝ち続けた。王者の姿を取り戻した巨人にファンは熱狂し狂気した。藤本は横にすべるように曲がるスライダーに切れを見せ、打線も川上、青田、千葉らが打ちまくり、五月二九日から出場停止処分が解け、別所がようやくマウンドに登った。剛腕の復活である。六月五日、中日戦に登板し六対一の完投勝利を収めた。川崎、藤本、中尾、別所と投手陣がようやく充実し打線と相まって他につけいるスキをあたえなかった。この時の巨人の主力投手陣は完投能力をもつ陣容だった。

昭和二四年七月二一日、一刻も早く三原がユニフォームを着てグランドに姿を現すことを願う巨人ファンのそれが連盟に届いたのかどうか分からないが、三原の処分が解除された。そして、シナリオが書かれていたかのように二人の運命が交錯した。水原茂が七年ぶりにシベリアから帰って来たのである。

水原茂の帰国

水原は終戦をソ満国境の牡丹江で迎えた。その後ソ連軍の捕虜となり、小さな町に連行されたが、そこから三〇キロ離れた荒れ果てた原野をひたすら歩かされ、たどり着いたのは鉄道工事現場だった。

移動は冬の時期にあたり、ただ黙々と雪と氷の大地を歩き続けた。そして、水原たちはバイカル湖の西約六〇〇キロに位置するタイシェットの収容所に入れられた。

水原たちの作業労働は鉄道敷設の路盤工事だった。酷寒のシベリアの大地の過酷さは水原の想像を絶していた。鉄の鶴嘴《つるはし》が氷の厚さで通らない。そのまま盛り土にしておくと夏には溶けてしまい崩れてしまうので、さらに一メートルも掘り起こし新しい土をもろ揚げしておかなければならなかった。水原は必ず生きて還って野球をするんだと、それだけを思い、想像を絶する厳寒、高粱と粟の粥、黒パン、塩汁の粗食に耐えた。

昭和二四年七月、水原は無事生きて日本に帰って来た。舞鶴の帰国収容所に二日、検査と手続きのためにそこで過ごし、二四日午前一〇半、水原は東京に到着した。七年ぶりの東京である。水原が召集令状を手したのが昭和一七年九月一日。水原は東西対抗戦に出場していた。八月二九日から三日間、後楽園球場、九月五日から七日まで西宮球場で行われ、まるで応召される水原の送別試合のような感じだった。水原も攻守に溌溂としたプレーを見せた。その後楽園球場に水原は七年ぶりに帰ってきたのである。

水原が帰国した当時、ビクターから発売された《異国の丘》（増田幸治・作詞／吉田正・作曲）が流行っていた頃で、水原の帰還を象徴していた。〈今日も暮れゆく　異国の丘に〉の詩句で始まるこの歌はシベリアからの復員兵が持ち帰ったものだが、シベリア抑留の収容所で歌われていた望郷歌（作者・不祥）だった。

ＮＨＫの「のど自慢」でこの歌が歌われ、これを聴いた作詞家の佐伯孝夫（ビクター専属）がビクター文芸部・上山敬三に連絡を取り、自ら補作してビクターから発売したのだ。歌手には竹山逸郎と「のど自慢」で歌った中村耕造が起用された。歌が猛烈に流行ると作詞・作曲者が確認された。昭和一九年に満洲から帰った八王子市の角田勘吾という人の手帳に書かれた楽譜と名前で証明されたのだ。作詞・増田幸治、作曲・吉田正。吉田はこれが歌謡界へのデビュー曲となり戦後の歌謡界に一時代を築くことになる。

国内では《異国の丘》のようなシベリア抑留をテーマにしたレコード歌謡が流行っていた。伊藤久男が歌う古賀メロディー《シベリアエレジー》（野村俊夫・作詞／古賀政男・作曲）、近江俊郎が歌う《ハバロスク小唄》（野村俊夫・作詞／島田逸平・作曲）などのシベリア歌謡が巷では流れていた。

今日も暮れゆく　異国の丘に
友よ辛かろ　切なかろ
我慢だ待ってろ　嵐が過ぎりゃ
帰る日も来る　春が来る

水原はナホトカで英彦丸に乗るとき、船員から沢村と吉原の戦死を知らされた。巨人軍の仲間の無念の死はショックでもあり、悲痛な思いだった。だが、戦場から生還した水原だが、その一方で希望もあった。それは日本プロ野球の復活だった。しかも、巨人―阪神戦には六万の観衆が集まり、その熱狂ぶりの凄まじさを船員から教えられた。水原は俄にこの事実が信じられなかった。

水原は四〇歳を迎えていたが、水原はもう一度サードベースに立ち、プレーをしたいと思った。また、東京六大学野球も復活しており、かつて水原も活躍した早慶戦も復活し神宮球場のファンは熱狂していた。ＧＨＱのマーカット少将はアメリカ文化の復権を推進したので、アメリカスポーツの象徴である野球の人気が戦前と同じように沸騰する時代が到来したのである。

昭和二四年七月二一日、三原脩の出場停止処分が解けた。その前日の二〇日夜、水原茂を乗せた英彦丸が舞鶴港沖に姿を見せた。水原はシベリアの抑留から解放され帰って来たのだ。二人の運命が交錯する。七月二四日、水原は後楽園球場に姿を現した。まるで日本プロ野球史を舞台に展開する二人の運命のシナリオが描かれているようだった。

「水原、ただいま帰ってまいりました」

後楽園の満員のスタンドに向かって挨拶をした。巨人軍の五〇年史は「日焼けした容姿、麻の白いスーツを着たかつての名三塁手は、元気よく満員のスタンドのファンにハットを振ってこたえたのだった」（『東京読売巨人軍五十年史』）と記している。大歓声が湧く。対戦相手の大映の監督は巨人軍第一期黄金時代を率いた藤本定義、かつてのチームメイトのエースのスタルヒン、そして、三原以下巨人ナインから温かい祝福、満員のスタンドからのファンの万雷の拍手。零下五〇度の酷寒のシベリアから生きて帰ってきてよかったと万感の思いが迫り、水原も感無量である。その水原に花束を渡したのが三原だった。感激している二人ともお互いに他意はない。だが、このとき知将三原脩と勝負師水原茂の運命が交錯した。誰かが仕組んだわけではない。これも歴史の必然である。日本プロ野球史の巌流島の戦いと言われた二人の熾烈な戦いはこの時から始まっていたのである。

巨人・戦後初優勝

巨人の戦後初優勝まで道程は平坦ではなかった。三原脩はつぎのようにのべている。

「覇権を握ることはむずかしい。覇権を持続することはさらにむずかしい。しかし一度失った覇権を奪回することはさらにむずかしい。巨人が覇権奪回に要した五カ年間の労苦をふりかえると今さらにながらこの言葉が切々と感じられる」(『同上』所収)

昭和二四年、三原の采配によって開幕したペナントレース、三原巨人は開幕戦の東急戦こそ落としたが、千葉は開幕戦から三試合連続ホームラン、四月一二日の南海戦では、川上が中原宏(享栄商業—阪神軍—大日本土木—南海)のカーブをとらえライトスタンド中段へ劇的なサヨナラ満塁ホームランを放つなど破竹の八連勝。同月一九日の太陽戦では二二安打一九点の圧倒的勝利、二六日の金沢の大映戦では、投手の川崎が三ホーマの九打点を記録。この試合は双方のチームで一三本ホームランが飛び出すほどの乱打戦だった。結果は一五対一三で巨人の勝利。このシーズンの序盤戦、巨人は鬼神の強さを発揮し快調だった。三原の巨人軍再編構想は成功したのだ。

三原の出場停止の間も巨人は勝ち続けた。強豪巨人の復活だった。ファンは後楽園球場に殺到した。

四月は八連勝を含む一七勝六敗、五月は一二勝八敗、同月二九日は別所の出場停止処分が解禁され、巨人の誇る完投投手団に組み込まれ、六月五日の中日戦で完投勝利。スライダーに活路を見出し、復調の兆しを見せた藤本と両輪の活躍をした。

巨人は水原が帰国した七月、一〇連勝して一六勝五敗、八月、一〇勝六敗、九月一七日、南海戦を七対六で勝った時点で二位の阪神には一五ゲームの差をつけて首位を走った。九月の巨人の成績は一二勝六敗。一〇月入って、藤本がシーズン一一連勝を対阪神戦（一〇月一日）で達成、翌日、別所が対阪神戦で通算一〇〇勝を達成した。巨人の最終成績は八五勝四八敗一引分けで、二位の阪急に一六ゲームの差をつけついにペナントを制覇したのである。巨人の優勝決定は一一月八日だった。尚、川上は一一月一〇日の南海戦で一〇〇〇本安打を達成している。

二四勝七敗の藤本英雄は横に滑るように曲がるスライダーが効果的で、巨人のエースとして君臨した。このスライダーは他球団の投手も投げるようになり、その攻略をめぐって左打者の重要性が叫ばれるようになった。それとパラレルに一塁手の守備もキーとなるのである。藤本以外の投手陣は川崎が一九勝、別所と多田文久三（高松商業―巨人―近鉄）が一四勝、中尾の一三勝、と安定した投手陣だった。

打者では川上が打率・三三〇で三位。首位打者は打率・三六一をマークした大映の小鶴誠。青田はホームラン二八本、藤村の四六本、別当の三九本には及ばなかったが、その長打は優勝に貢献した。五月一七日、長野での阪急戦、青田と川上の連続ホームランは圧巻だった。三番を打った千葉は打率・三〇七、チームの貢献度が高く、最高殊勲選手の呼び声が高かったが、ホームラン四六本を打ったタイガースの藤村に栄冠が輝いた。千葉は無冠に終わった。右打ちの名人芸、闘志あふれる軽妙な二塁手であり、攻守にわたるリードオフマンぶりは決して藤村に劣るものではなかった。
この優勝はすでにのべたように三原のチーム再編の断行が起爆剤となっていた。三原の功績は大きかったのだ。三原はシーズンに入る前に次のような方針を立てていた。

「一、冬季練習地として温泉はコンディション調性に不適当であるから温泉地を避ける。
二、練習主眼を基礎練習におく。
三、練習量を従来より多くする。
四、春の前哨戦試合を金もうけ主義からコンディション調整主義に切換える」
（前掲、『東京読売巨人軍五十年史』）

三原はキャンプインする前に選手全般には、つぎのようなことを訓示した。

「一、団体競技の精神を心に銘じて断じて個人プレーに走ってはならぬ。
二、打撃フォームを確立し、長打主義の傾向を短打主義に切換え本塁打王たらんよりも三割打者たれ。
三、観客に忠実なプレーをせよ」（『同上』）

三原は優勝の条件に人の和を強調した。チームワークをモットーにまず投手陣を整備した。藤本を中心に、川崎、中尾、多田のローテーションを作り、出場停止処分が解けて戦列に復帰した別所（五月二九日解禁）が入りそれを巧く回転させた。これによって巨人の完投投手団が誕生した。また、三原はチームプレーを呼びかけ厳しいノックを行った。

千葉の守備への徹底した姿勢、白石の逆シングル、平山の「塀ぎわの魔術師」の異名をとる好プレーなどチームプレーに磨きがかかった。チーム内はベテランの川上、主将の平山が中心にまとまった。別所が巨人に移籍するとき、千葉ら主力組が「他球団のエースを引き抜かなければ内は勝てないのか」と、三原に詰め寄った。その時、三原と千葉と間に入って宥《なだ》めたのが平山主将だった。夜は、川上、千葉、青田らが素振りを徹底し若手選手の手本となった。これらが相乗効果となり、巨人三原のペナントレースの独走の大きな要因となったのである。

巨人軍―二代目球団歌の誕生

戦後、昭和二四年一リーグ時代最後の優勝を果たした。この年の秋、優勝を祝して《ジャイアンツ・ソング》という二代目球団応援歌・球団歌が誕生した。昭和二四年九月一五日付けの『読売新聞』には「巨人軍の歌《ジャイアンツソング》入選決まる」の見出しが載った。この日の巨人は中日に七対〇と別所が完封勝利。ホームランは千葉の一三号。尚、歌詞は第四章まで掲載されているが、レコードは録音時間の関係で一、二、四章が音盤に刻まれた。

初代の球団歌《野球の王者》では三章の終わりに〈「おおお　巨人　巨人、巨人われらは巨人軍！

フレフレ」〉と「巨人」の名称が詩句になるが、戦後の二代目の方では「ジャイアンツ」が歌のタイトルに使用された記念すべき楽曲だった。

この《ジャイアンツ・ソング》の〈ジャイアンツ　ジャイアンツ／歌えよその名　おゝ　ジャイアンツ〉の詩句の響きは新鮮だった。平和国家日本の戦後という新しい時代を象徴していたのだ。そして、それは新しい王者巨人のスタートでもある。

一
わがあこがれは　白き球
真澄の空に　てりはえて
みどりの風も　さわやかに
『巨人』の旗の　なびくもと
若き生命は　いまもゆる
ジャイアンツ　ジャイアンツ
われらの　チーム
歌えよその名　おゝ　ジャイアンツ

二
わがよろこびは　白き球

希望と夢を　抱きしめて
真白く清き　ユニフォーム
『巨人』の文字も　あざやかに
若きこゝろは　いや高く
ジャイアンツ　ジャイアンツ
われらの　チーム
讃えよその名　おゝ　ジャイアンツ

四
わが楽しさは　白き球
世界の空に　虹かけて
制覇の歌を　歌わんと
『巨人』の意気は　もえあがる
若き希望の　かゞり火よ
ジャイアンツ　ジャイアンツ
われらの　チーム
叫べよその名　おゝ　ジャイアンツ

《ジャイアンツ・ソング》は応援歌・球団歌とはいえ、詩句の〈制覇の歌を　歌わんと〉とあるように巨人軍の優勝歌でもある。藤山一郎の歌声が巨人の優勝を祝しているかのように高らかに真澄の空に響き渡ったのである。

この歌の作詞は公募である。一万五五五三九編の中から、岡野青志の作品が選ばれた。これに藤浦洸が補作し米山正夫が作曲し藤山一郎がコロムビアで吹込んだ（歌詞は一、二、四番）。この年の藤山は平和への祈りを込めた《長崎の鐘》（サトウ・ハチロー・作詞／古関裕而・作曲）、戦後の民主化を象徴する青春讃歌《青い山脈》（西條八十・作詞／服部良一・作曲）のヒットを放っている。

昭和二四年九月二五日、港区芝大門のスポーツセンターで二代目の球団歌・応援歌《ジャイアンツ・ソング》の発表会が開催された。この日の巨人は南海に五対四と勝利した。勝ち投手藤本、ホームランは優勝を呼ぶかのようにスタンドに叩き込んだ青田の二七号。ペナントレース第二六節が終了した時点で巨人、七六勝三七敗一分、勝率・六七三。二位大映には一六・五ゲームの大差をつけていた。巨人の意気は燃え上がり王者の旗が靡く優勝は目前に迫っていたのだ。サンフランシスコ・シールズとの親善試合のためにペナントレースが一時中断したが、一一月から再開した。同月三日の阪急戦を二対八で落とすが、それでも二位阪急には一三・五ゲームの差をつけていた。そして、一一月八日、二位阪急が敗れ、巨人の優勝が決定した。同日、優勝を決めたにもかかわらず、優勝に浮かれ油断したのかどうかわからないが巨人は大映に一対一四と大敗している。

昭和二四年度、ペナントレースを制覇した巨人の優勝は一リーグ時代の日本プロ野球最後の優勝だった。また、闘将三原脩にとっても巨人の監督としての最初の優勝であり、最後の優勝の年でもあった。

日本球界は《ジャイアンツ・ソング》とともに新しい時代に向かって船出していた。二リーグ分立への歴史は動いていたのである。

第八章　日本野球の歌

二リーグ制の構想

巨人軍の三原体制が優勝奪還を目指しスタートした昭和二四年、社団法人日本野球連盟、報知新聞社選定の《日本野球の歌》（藤浦洸・作詞／服部良一・作曲）がコロムビアから藤山一郎の歌唱で発売された（昭和二四年七月）。これは笠置シヅ子が歌う《ホームラン・ブギ》とカップリングレコードで二リーグ構想を踏まえた野球普及ソングとして発売された。

球のこだまに　心もはれて
空がまぶしい　白い雲
野球日和だ　かがやくライン
うなるバットに　気も勇む
そうだ楽しい　日本野球

藤山一郎の青空に吸い込まれるような溌溂とした独唱に斉唱や二部合唱が彩りを添えている。三原の手腕によって打棒を揃えた黄金のラインナップに相応しい野球の王者を復活させた七月の巨人の一〇連勝を祝福しているかのようだった。また、その一方で、第二・三章の詩句にもあるように〈風もほ、えむ　ホームラン／球よ飛べ飛べ　世界の果てへ〉と、大下がもたらしたホームランブームのさなか藤村と別当の壮絶なホームラン争いを熱狂させるような歌でもあった。藤村、別当の唸るバットから放たれるホームランは愛と希望を世界の果てへ飛んで行った。

《日本野球の歌》のカップリングの《ホームラン・ブギ》では詩句に〈虎に巨人に　ロビンス阪急　鷹に東急　中日スターズ〉とあるようにまだ一リーグの八球団だった。

八つチームの　ホームラン・ブギ
虎に巨人に　ロビンス阪急
鷹に東急　中日スターズ
みんな揃って　元気な元気な選手

ちなみにロビンスはオーナーの田村駒治郎の「駒」をとって「駒鳥＝ロビンス」にした大陽ロビンス（昭和二三年「太」→「大」となり「・」がとられる）のこと。スターズは大映スターズ。同年大映スターズの主軸・小鶴誠が打率・三六一で首位打者に輝いた。投手ではスタルヒンが二七勝を挙げ九年ぶりとなる最多勝となった。藤村のホームラン王（四六本）と打点王（一四二打点）の二冠王（＊

打率・三三二、リーグ第二位）、小鶴の首位打者（打率・三六一）、藤本の防御率一・九四（最優秀防御率）、スタルヒンの最多勝（二七勝一七敗）、そして、巨人の戦後初優勝と、一リーグ時代の掉尾が昭和歌謡とともに野球史に刻まれたのである。だが、この年（昭和二四年）、日本プロ野球は二大リーグ構想をめぐって大きく揺れ動くのである。

GHQのマーカット少将（経済科学局長）は日本プロ野球に日本野球の最高権威の象徴として、コミッショーナー制を導入しようとし、そのポストに正力松太郎を就任させようと進めていた。昭和二四年二月二三日、マーカット少将立ち合いのもとに正力はコミッショナー就任を受諾した（推薦・協約書に署名。捺印）。ところが、正力は公職追放中であり、ホイットニー准将（民政局長）から追放中の正力の就任に対して疑問が呈され、正力はコミッショナーを辞任することになった。

昭和二四年四月一五日、正力は日本野球連盟名誉総裁に就任し、記者会見の席上で、三大声明を発表し、その内容にアメリカのような二大リーグ制の理想が含まれていた。正力は二リーグ制のプランを慎重に進めた。まず来年度二球団増やして一〇球団で戦い、その後二球団増やして一二球団にしてからリーグを二つ（六球団対六球団）に分けるということだった。この藤山一郎が歌う《日本野球の歌》は折からのプロ野球ブームを背景にした二大リーグ構想の推進のための野球ソングである。

この歌の各章にある〈そうだ楽しい　日本野球〉の詩句通り、エンターテインメントを求めてプロ野球には大観衆が押し寄せていた。各球団の主力選手で編成される東西対抗戦を見ても明らかだった。昭和二四年の公式戦は巨人が快調だった。強い巨人を見たさにファンが球場へと殺到した。七月には二位の阪急に九ゲームも差をつけていた。伝統の一戦であるタイガース戦は甲子園、後楽園とも大観衆で埋め尽くされていた。こうなると、プロ野球は採算がとれ、莫大な利益を生み出す事業であるという認識が生まれるのだ。

セ・リーグ、パ・リーグの成立

笠置シズ（ヅ）子が歌うB面の《ホームラン・ブギ》のおかげで《日本野球の歌》も全国に広がっていた。このシーズンは飛ぶボール（ラビットボール）の使用によって、ホームランの増産がプロ野球の魅力になっていた。藤村、別当、西沢、小鶴、大下ら豪快・華麗にスタンドにアーチをかけていたのである。

九月には巨人の独走態勢は確実となっていた。九月一七日、二位大阪タイガースに一五ゲームの差をつけ同月中旬には優勝が決定するかもしれないという状態だった。そして、野球ファンの心理は確実に巨人の断トツの強さに合せるかのように二リーグ構想の実現に向けられていた。

野球だましい　ナインを結ぶ
若い血の色　花の色
球よ飛べ飛べ　世界の果てへ
愛と希望を　のせてとべ
そうだ楽しい日本野球

正力の声明文にはすでにのべたように二大リーグ制の構想があり、各企業が加盟参加を申し出るようになった。正力構想を支持する毎日新聞（正式には九月二一日）を筆頭に近鉄（九月一四日）、西日本新聞（九月一九日）、林兼（九月二四日＊大洋漁業）星野組（九月二八日）、広島、西鉄などが新規加盟を申し入れて来た。二リーグ制への動きが活発となったのである。

野球界は賛成派と反対派でさまざまな思惑が錯綜し百鬼夜行の状態だった。新規加盟をめぐって賛成派と反対派で揺れ動いたのである。大阪タイガースは当初賛成派だったが、一一月に入り、毎日新聞への配慮（同新聞社主催の春の選抜高校野球の甲子園球場の使用）と甲子園球場を大観衆で埋める巨人戦の伝統を失うことを危惧し反対派に回った。これが後に毎日から大量の選手を引き抜かれチームの戦力ダウンになるという事態を招くことになるのである。

プロ野球の発展を願った《日本野球の歌》を企画した日本野球連盟は、大阪タイガースが反対派に回ることによって、賛成派（南海・阪急・大映・東急）と反対派（巨人・中日・大陽・大阪タイガース）で真っ二つに割れてしまった。ここにおいて、二球団を新規加盟させて一〇球団でまずはやろうという正力案（二リーグ構想の前段階）は消えてしまった。二リーグ分裂に拍車がかかったのである。

昭和二四年一一月二六日（東京会館）、ついに日本野球連盟は解散した。その解体招来によって各球団は新構想を掲げ自由意志をもって結集することになったのだ。賛成派はその当日に早くも「太平洋野球連盟」の旗幟を掲げ、従来からの二リーグ制を主張し、新リーグ結成に動く毎日が賛成派に賛同を呼びかけ太平洋野球連盟（パシフィック・リーグ）を結成した。反対派は同日にセントラル・リーグを宣言し、大陽と松竹の提携合併による「松竹ロビンス」の成立した時点において、一二月一日、巨人を中心にセントラル野球連盟（セントラル・リーグ）を結成したのである。

昭和二五年のプロ野球は「セントラルリーグ」と「パシフィックリーグ」の二大リーグ制で開幕した。「セントラルリーグ」は巨人、中日、大阪タイガース、松竹ロビンス（大陽と松竹の提携合併）の旧チームに「広島カープ」「大洋ホエールズ」「西日本パイレーツ」が加わり七球団で結成した。翌年「国鉄スワローズ」（昭和二五年一月一一日、加盟）が加わり、計八球団でリーグが構成された。これに対して「パシフィックリーグ」は南海、阪急、東急、大映の旧チームに「毎日オリオンズ」「西鉄クリッパース」「近鉄パールス」の新チームが加盟した。これによって、球団数が一気に八球団から一五球団に膨らんだ。

昭和二五年、パリーグの公式戦開幕前の三月一〇日午前一〇時、パシフィックリーグの球団の結成披露会が梅田劇場で催された。午後一時三〇分からは市中パレード、夕方の五時からは千日前の大阪劇場でナイトショーが開催された。

松竹、毎日のリーグ制覇

セントラルリーグのペナントは、松竹ロビンスが手にした。投手は三九勝を上げた真田重蔵の力投、大島信雄（岐阜商業―慶大―松竹―名古屋・中日）、江田貢一（伊丹中―阪急―ゴールドスター・金星―大陽・松竹―大洋）の両投手も良く投げた。打線は盗塁王・金山次郎（豊国商業―名古屋軍・産業軍・中部日本・中部日本ドラゴンズ―急映―大映―松竹―広島）と三村勲（飯塚商業―専大―八幡製鉄―中部日本・中部日本ドラゴンズ―急映―大映―松竹―広島）の一、二番コンビ、岩本義行（広陵中―明大―東京倶楽部―南海軍―大陽・松竹―大洋・洋松―東映）、ホームラン王と打点王の二冠王の小鶴誠（飯塚商業―八幡製鉄―名古屋軍―中部日本・中部日本ドラゴンズ―急映―大映―松竹―広島）、大岡虎雄（豊国中―八幡製鉄―大映―松竹）の水爆打線が猛打を揮った。

セリーグ優勝の栄冠は九八勝をあげた松竹ロビンスに輝いた。九八勝三五敗四引分け、勝率・七三七。これは田村駒治郎の就任要請によって監督になった小西得郎のユニークな采配によるものである。ちなみに巨人は八二勝五四敗四引分けで三位。セリーグ初の首位打者は打率・三六二で大阪タイガースの藤村富美男。速球打ちのシュアーな打撃の本来の結果だった。藤村のホームランは三九本。ホームラン王は前年の藤村の四六本を破る五一本で松竹の小鶴に輝いた。小鶴は打率・三五五をマークし打点も一六一打点を記録し同タイトルを獲得した。

昭和二五年
岩本義行　ホームラン・三九本／打率・三一九／打点・一二七
小鶴誠　ホームラン・五一本／打率・三五五／打点・一六一
大岡虎雄　ホームラン・三四本／打率・二八一／打点・一〇九

松竹のクリンナップは水爆打線と言われ、この三人の破壊力は凄まじかった。巨人は個人タイトルが無く、藤本英雄が西日本パイレーツを相手に演じた完全試合が救いだった。松竹は出足は好スタートではなかったが、六月に首位になってからは独走態勢に入った。最後は中日に九ゲームの差をつけ優勝した。

一方、パリーグは新球団の毎日オリオンズがリーグの覇権を獲得した。八一勝三四敗五引分け、勝率・七〇四。二位南海に一五ゲームの差をつけての優勝だった。

毎日オリオンズの球団社長の黒崎貞治郎は「梅木三郎」の筆名でレコード歌謡の作詞も手掛け、アルト歌手の由利あけみが〈赤い花なら曼殊沙華　オランダ屋敷に雨が降る〉と妖艶に歌う《長崎物語》、作曲者の高木東六が〈藍より青き大空に　大空にたちまち開く百千の　真白き薔薇の花模様〉の詩句に美しい旋律を施した《空の神兵》などのヒットがある。

大阪タイガースから、監督兼選手でエースの若林、主砲の別当をはじめ、俊足好打の呉昌征、捕手の土井垣、内野の要、本堂、大館勲（平安中―大日本武徳会―全京都―大阪タイガース―毎日）らが移籍し、これらの旧大阪タイガースメンバーが毎日の主力となり優勝の原動力となった。

「和製ボブ・フェラー」の左腕でエースの荒巻淳（大分商業―大分経専―星野組―毎日―阪急）が二六勝の最多勝と最優秀防御率（二・〇六）を手にして新人王を獲得した。制球力にも優れ、高めのストレートに威力があり、落差の大きなカーブをコーナーに決め、チェンジアップも速球と巧く組み合わせ緩急多彩なピチングだった。また、一八勝を挙げ勝率・八一四で最高勝率に輝いた野村武史（清も主戦投手の役割を担った。四二歳の老練若林はシーズンを通じて投手としてフル稼働はできなかったが、監督兼選手の立場で総監督の湯浅を支えチームに貢献した。

別当がホームラン王（四三本）と打点王（一〇五打点）打率・三三五（リーグ二位）と打棒を揮った。盗塁も三四個とまさにトリプルスリー（三割・三〇本・三〇盗塁）の活躍だった。殊に大下との首位打者争いのデッドヒートは凄まじく、結局、四厘差で別当は逃し三冠王にならなかった。また、二番・呉が打率・三二四でリーグ四位、一六試合連続得点を記録するなど俊足をフルにいかした。それに土井垣が打率・三二二で続き、本堂が打率・三〇六、三五歳でプロ入りの戸倉勝城（豊浦中―法大―満鉄倶楽部―大洋漁業―毎日―阪急）も開幕戦四番に座り、ホームランを放つなど、結局ホームラン二一本を打ち勝負強さを見せた。別当、戸倉、土井垣のクリンナップも攻撃力があり、毎日も《日本野球の歌》の詩句にある〈打棒をそろえた　ライナップ〉のチームだった。

毎日は五月半ばから六月にかけて投打にバランスが良く破竹の一五連勝。七月終了時点において、二位南海の九・五ゲーム差をつけた。結局、二位南海には一五ゲームの差をつけての優勝だった。

毎日―日本シリーズの栄冠

日本プロ野球史上初の日本シリーズは松竹と毎日が激突した。両チームともシーズン中はホームランの応酬という大味な試合が多かったが、短期戦になれば事情が異なり、緻密な野球に切り換えた毎日が松竹を四勝二敗で破り勝利を掴んだ。

〈第一戦　一一月二二日・神宮／三対二　毎日◯〉。毎日は老練のピッチングを見せる若林が先発。松竹はセリーグ新人王大島がマウンドに登った。両投手とも好投し投げ合い延長一二回、毎日は一死満塁のチャンスを生かし勝利した。松竹はトップの金山が六打数〇安打でブレーキとなり、水爆打線も小鶴、岩本、大岡のクリンナップが一三打数一安打と沈黙したのが大きかった。

〈第二戦　一一月二三日・後楽園／五対一　毎日◯〉。一回の攻防で勝負が決まる試合だった。松竹は一死一、三塁で水爆打線のクリンナップを迎えたが、小鶴は内角シュートで三振に倒れ、岩本を内角に落ちるシンカーで三塁ゴロ、大岡は中飛球で無得点。それに対して毎日は呉が好球を見逃さずライトスタンドへ先制ホームラン、別当、戸倉、本堂の適打で二点目を挙げ、三回にも別当の右中間二塁打、戸倉、土井垣と続き四対〇と前半で毎日が勝負を決めた。この日も小鶴、岩本、大岡の水爆打線は一一打数一安打の不振。それと対照的に毎日の主砲別当はこの日も二塁打二本を含む四打数三安打。二試合で九打数五安打と好調な打撃を見せた。それに対して、松竹は小鶴・七打数〇安打、岩本・九打数一安打、大岡・八打数一安打。両チームの主砲の差は大きかった。

〈第三戦　一一月二五日・甲子園／七対六　松竹◯〉。毎日は新人王の荒巻が途中からマウンドに登り、松竹はエースの真田重蔵が先発し両チームともエース同士の投げ合いとなった。四回、松竹は大岡のレフト前ヒットで同点に追いつき七番の荒川の右中間三塁打と真田の犠飛で四対二と逆転。七回、毎日は荒巻の自らのバットでランニングホームランを放つなど、四点を挙げ六対四と再びリードした。ところが、九回、毎日は西本のエラーに端を発し、荒巻の投打にわたる活躍にもかかわらず三村勲に左中間を破られサヨナラ負けを喫した。松竹は三連敗を免れた。

〈第四戦　一一月二六日・西宮／五対三　松竹◯〉。ようやく松竹の水爆打線に火がついた。不振の小鶴に初ヒットが生まれた。三回、小鶴をおいて岩本がシリーズ第一号ホームランを放った。四二歳の若林は老練な投球術で松竹打線を翻弄したが、岩本がついにとらえた。松竹先発の大島は縦のカーブが低めに決まり、毎日打線を八安打に押さえ完投勝利をもたらした。

〈第五戦　一一月二七日・中日／三対二　毎日◯〉。毎日は野村、松竹は真田と両投手の好投によって一点を争う投手戦になった。初回、土井垣の中前ヒットで先制。その裏、金山、三村の一、二番コンビの足を活かし同点。四回、松竹は逆転に成功。しかし、毎日は七回、九回とバント作戦の巧い戦法など野球の緻密さで勝利を手にした。九回、松竹は一、二塁間に高く上がった飛球を金山が捕球しながら一塁手の大岡と接触し落球しこれが決勝点になった。緻密なゲーム運びをした毎日に軍配が上がった試合とはいえ、やはり、ホームランの出ない水爆打線の沈黙が松竹にとっては大きかった。

〈第六戦　一一月二八日・大阪／八対七　毎日〇〉。松竹の岩本が荒巻から二回、先制のソロホーマー、三回にはツーランホームランと三対〇とリード。その裏、毎日は江田を攻め三回、先頭打者への四球と呉、別当の二塁打を含む五安打を放ち、六対三と逆転した。松竹はようやく小鶴に当たりが出てきたが、岩本が三本スタンドに叩き込む以外は小鶴、大岡にホームランが出ず、自慢の長打攻勢で相手を力でねじ伏せることができなかった。それでも地力のある松竹は八回金山のライト前ヒットで一、三塁とし、三村の中犠飛で、七対七の同点に追いつき、延長戦に入った。試合は松竹が押し気味に進めていたが、一一回の裏、名手金山のエラーが決勝点となり、松竹はサヨナラ負けを喫したのである。

昭和二六年の晩秋、日本初の日本シリーズを制覇した毎日オリオンズにテスト入団した若者がいた。高校時代は無名、川崎紡績に入社後才能が開花したがプロのスカウトの眼は届かなかった。この若者には愛唱歌がった。当時流行していたクラシック系歌謡曲の名曲《水色のワルツ》（藤浦洸・作詞／高木東六・作曲）が好きだった。本格派詩人藤浦洸の詩想は瑞々しさに溢れ、クラシックの作曲家高木東六の楽想も優雅で美しかった。無名ながらプロを目指してひたすらバットを振るこの若者の風貌には似合わない歌だが、二葉あき子の美しい声に魅了されていた。

この若者が後の毎日、大毎オリオンズにかけて形成されたミサイル打線の四番バッター山内一弘である。

第九章　野球小僧――巨人軍第二期黄金時代

水原巨人の指導体制

昭和二四年一二月三一日、巨人軍戦後初優勝の功労者三原脩は総監督に棚上げにされる。優勝監督の前代未聞の解任に等しかった。つまり総監督とは指揮権を剥奪された背広を着た監督である。現場の指揮権は水原茂が監督に就任し執ることになった。この人事に三原は腹が煮えくり返るほどの怒りを覚えたに違いない。優勝監督に対してあまりにも惨い仕打ちだった。

三原には鬱々とした日々が続いた。だが、これが三原の人生を変えることになり、日本野球史の歴史すらも変えてしまうのである。

昭和二六年一月一五日、三原総監督が辞意を表明し巨人を去った。同月一八日、西日本パイレーツは三原脩監督の就任を発表した。水原の帰国から、三原が「不信の座」を去り新天地へ向かった日、水原茂の指導体制による巨人軍の第二次黄金時代がスタートした。

昭和二六年の巨人は戦力が充実していた。投手陣は威容を誇った。エース藤本の一五勝、別所の二一勝を軸に、中尾、新鋭松田清（中野高―巨人―国鉄）は一九連勝を含む二三勝をマークし新人王に輝き、ファームから大友が一軍に昇格し一一勝の勝ち星を上げ、充実していた。大友工（大阪逓信講習所―巨人―近鉄）は異色の軟式野球出身でその才能は三原に見出されたものである。アンダーローにして投げてみろというアドバイスに開眼し、スライダー、シュートで左右のコーナーをつき、アンダースロー特有の大きなステップから繰り出す速球を軸に巨人の強力投手陣の一画を占めるようになったのである。この大友の開花は三原の置き土産でもあった。

宇野光雄（和歌山中―慶大―巨人―国鉄）がようやく肩がなおり、サードに入った。ショートには平井三郎（徳島商業―明大―オール徳島―阪急―西日本パイレーツ―巨人）が入って内野のウィーク・ポイントが埋まった。川上、千葉、宇野、平井の内野陣が揃った。打線には早稲田のスラッガー南村不可止（市岡中―早大―横浜金港クラブ―西日本パイレーツ―巨人）が加入し打線に厚みが出た。巨人は開幕戦から破竹の勢いで好守走が揃い一気に飛ばした。新人の松田が一九連勝、五月末にはもう独走態勢に入っていた。一番・与那嶺、二番・千葉、三番・青田、四番・川上、五番・宇野、六番・南村、七番・平井、八番・楠の打線は、チーム打率・二九一、まさに最強の打線だった。殊にクリンナップの一画である五番は宇野と南村で争われた。宇野は常時出場し打率・三〇三打ちベストテン一〇位に入った。西日本から移籍した南村も打率・二八三と期待通りに打ち、宇野は慶應、南村は早稲田と旺盛なライバル意識がぶつかり合い、大舞台での経験が勝負所で随所に見られた。因みに昭和二六年の巨人のチーム打率は二九一でリーグトップである。

昭和二六年、〈野球小僧に逢ったかい　男らしくて純情で〉と巨人の第二期黄金時代を告げるかのように《野球小僧が》流行した。灰田勝彦の歌は巨人の快進撃に弾みをつけたのである。マーカット少将のスポーツ政策はアメリカ文化の復権であり、当然、野球はその中心だった。野球の異常な人気沸騰はアメリカンなベースボールシンガー灰田勝彦には都合の良い時代でもあった。

昭和二六年の巨人は灰田の歌に乗るかのようにとにかく打ちまくった。弾丸ライナーの川上が打率・三七七の高打率で首位打者、青田がホームラン三二本、打点一〇五で二冠王。川上の前にいて他球団の投手陣は青田の存在は嫌だった。青田は前年のシーズン（昭和二五年）では自己最高のホームラン三三本をマークしていたが、松竹・小鶴誠の五一本にタイトルを阻まれた。青田は打率も三割（打率・三一二）をマークするなどホームランだけではなくシュアーな面も見せていた。

昭和二五（一九五〇）年
川上哲治　ホームラン・二九本／打率・三一三／打点・一一九
青田昇　ホームラン・三三本／打率・三三二／打点・一三四

昭和二六（一九五一）年
川上哲治　ホームラン・一五本／打率・三七七／打点・八一点
青田昇　ホームラン・三二本／打率・三一二／打点・一〇五

昭和二七（一九五二）年
川上哲治　ホームラン・四本／打率・三二〇／打点・八二点
青田昇　ホームラン・一八本／打率・二六〇／打点・七九

また、ハワイからやってきた与那嶺要が鮮烈なデビューをした。六月一九日の中日戦。デビュー戦の打席でいきなりセーフティーバントを三塁線に決めた。相手投手はあの杉下茂である。

与那嶺は杉下の二球目を三塁線にゆるく転がるバントを決めたのだ。俊足をとばして一塁に駆け込んだ。サードの児玉と杉下がボールを追ったが与那嶺はすでに一塁ベース上にいた。アメリカンフットボールで鍛えた体躯は迫力があった。殊に二塁、三塁を狙うベースランニングは強烈だった。

鮮烈なデビューの後、与那嶺は打ちまくった。規定打席に達しなかったとはいえ、確実シュアーなバッティングで打率・三五七の高打率をマークした。与那嶺は選球眼の抜群な打者である。ピッチャー返しを基本に球道に逆らわずに確実に打ち返す。内角はライト方向に引っ張り、外角はレフト方向へ流し打つ。アメリカンフットボールで鍛えた与那嶺のプレーはパワフルな迫力があり、スパイクの刃を見せ蹴り上げるような猛スライディングなど、スピート感溢れるアクティブな野球を日本のファンに見せつけたのである。

昭和二六年九月一二日、国鉄戦、ハワイからやって来たこの男（与那嶺）は一イニングス三盗塁という離れ技をやってのけた。六回にも単独ホームスチールを成功させているだけに与那嶺の走塁は圧巻だった。七回、バッターは二番・千葉。四球で出た与那嶺は千葉の二球目、二盗に成功する。三球目に三盗と塁上を走りまくった。そして三番の青田を迎えた。ここでその初球だった。一塁にいた千葉と三塁の与那嶺は果敢に重盗を試みた。セーフ、まさに戦前の天才盗塁王・田部武雄を思わするようなベースランニングだった。

とにかく、開幕から好守走揃った巨人は、七月の一三連勝、八月の一一連勝と圧倒的な強さを見せ独走した。七九勝二九敗六引分けで二位中日に一八ゲームをつけての優勝だった。前年優勝の松竹は内紛でチームワークが乱れ小西采配もうまくいかず、巨人独走の原因でもあった。日本シリーズでも南海を圧倒。下馬評では長打力の巨人と俊足ぞろいの塁上を走りまくるスピードの南海の対決だったが、巨人有利は動かず、その巨人のパワーが南海の機動力を上回った。南村が打率・五六三と打ちまくり、最高殊勲選手になった。

歌うベースボールシンガー戦後の灰田勝彦

戦後の歌謡曲、いや日本の流行歌の歴史において最もヒットした野球ソングスは《野球小僧》（佐伯孝夫・作詞／佐々木俊一・作曲）である。昭和二六年に制作されたミュージカル映画『歌う野球小僧』（大映／監督・渡辺邦男／昭和二六年七月一一日）の主題歌である。作詞が佐伯孝夫、作曲者は佐々木俊一である。佐伯と佐々木の二人とも戦前からビクターのヒットメーカーで《燦めく星座》をはじめレコード歌謡を彩る詩想と楽想を灰田勝彦に提供した。

野球小僧に逢ったかい
男らしくて純情で
燃える憧れスタンドで
じっと見てたよ背番号
僕のようなだね　君のよう

オオ　マイボーイ
朗らかな朗らかな　野球小僧

この野球ソングで灰田勝彦のベースボールシンガーの声価が確定した。映画には灰田勝彦が草野球チームの「小僧チーム」の投打のエースという役柄で出演し、詩句の〈凄いピッチャーでバッターで〉を演じた。また、上原謙、笠置シヅ子（歌謡学校の校長役）、伏見和子らが出演した、前年の日本シリーズを制した毎日オリオンズの別当を中心にした選手が総出演するなど話題も豊富だった。

歌もそうだが、映画も当時の少年たちに野球への憧れを強くした。灰田が〈町の空き地じゃ　売れた顔　運がよければルーキーに〉と歌うように町の空き地では少年たちが明日のスタープレーヤを夢見て野球に夢中になったのである。当時は三角ベースといった。

戦後、灰田勝彦の野球熱は一層高まった。灰田が得意とする野球は筋金入りである。巨人軍のエース別所毅彦と義兄弟の盃を交わすほどだった。「ハワイ生まれの江戸っ子」の命名は別所によるもの。灰田の投球フォームは別所直伝である。灰田は歌謡界の野球チームでは監督を兼ね、四番バッターでエース。公演先では、バンドメンバーで作った野球チームを二つに分け必ず野球の試合をワンゲームやってから、当日のリハーサルをやっていた。だからといって、音楽がいいかげんだったのではない。灰田のバンドオーケストラの入団テストには野球が上手か下手かという項目があり、それほど野球に入れ込んでいた。

パリーグの主砲・別当薫が出演して、灰田が演じるクリーニング屋の小僧にプロのレベルを思い知らせて〈運がよければ　ルーキーに〉の夢をあきらめさせるシーンでも、灰田の動きは素人の域を遥かに超えていた。だが、やはり玄人のプレーは違う。映画とはいえ、別当のプレーは流石に凄い。二リーグ分裂後毎日に移籍した昭和二五年の別当はホームラン四三本、打点一〇五、打率・三三五、首位打者こそ大下（打率・三三九）に譲り三冠王を逃したが、二冠王に輝いている。しかも、このシーズン別当は盗塁三四個をマークし、三割・四〇本・三〇盗塁を達成している。一方、大下は昭和二六年、打率・三八三（張本勲に破られるまで最高打率）をマークし、二年連続首位打者となり、ホームランは二六本を放ち、二冠王に輝いた。別当も大下も灰田勝彦が〈運がよければルーキーに〉と歌うように明らかに戦後野球界に華々しく登場したルーキーだった。

灰田は後に世界の王貞治に野球理論を得々と講義するほど野球セオリーにも煩かった。しかも、あの王の前で打撃理論を堂々と展開するのだから、相当な野球知識を持ち合わせていたのだ。灰田本人は歌手になっていなかったらプロ野球の選手になっていたと豪語していたが、映画で見る灰田の奇麗な投球フォーム、軽快な走塁、くせのないバッティングフォーム、これをみるかぎりではまんざらうそでもなさそうである。立教時代、ハワイアンバンド「モアナ・グリークラブ」のメンバーでありながら、立教サッカー部でも活躍し、昭和一一年の開催予定だったベルリンオリンピックを目指していたほどだから、彼の運動神経は抜群である。

翌二七年の『栄冠涙あり』（東映／監督・佐藤武／昭和二七年四月一〇日）では、灰田が巨人の選手に扮し、水原監督以下、川上哲治、千葉茂、別所毅彦、青田昇ら第二期黄金時代の巨人の選手が総出演し盛り上げた。さすがの灰田も本物の一流プレーの前にしてはいささか緊張気味だった。この映画は名門チームを舞台にスポーツマンシップの真髄をテーマにプロ野球の涙と青春を描いた野球映画の傑作だった。また、黄金期を満喫する巨人軍の優勝物語でもある。監督役の高田稔が出演の巨人軍選手に猛ノックするシーンがあるが、撮影中、球がなかなかバットに当たらず珍プレー続出だったとか。

映画の公開はシーズンが始まったばかりの四月一〇日。巨人は開幕戦の国鉄戦（三月二一日）を四対五で落とし、一一対一三（三月二五日・徳島）、二対三（三月二八日・倉敷）と松竹戦を連敗するなどもたついたが、四月一七日の国鉄戦で金田をKOしてから五月二六日のタイガース戦（甲子園）を五対四で降すまで破竹の勢いの八連勝。五月～六月中の一一連勝と、灰田勝彦の《野球小僧》に煽られながら、巨人は第二期黄金時代を驀進した。

巨人の快進撃と《野球小僧》

昭和二七年、巨人は史上最強チームの評判通りの戦いぶりだった。八三勝三七敗一引分けの断トツの勝率で優勝。三三勝をマークした灰田の義兄弟別所を中心としたローテーションによって投手陣が安定し、一七勝をマークした大友工が松竹ロビンス戦でノーヒットノーランを記録する快投を演じるなど投手陣の活躍が目立った。

藤本は一六勝六敗、二年目の松田は一三勝七敗。打線も打率・三四四でベストテン二位の与那嶺を筆頭に、三位、川上（打率・三二〇）、四位、南村（打率・三一五）、六位、千葉（打率・三一二）と三割バッターが並び、チーム打率・二九二（六）と撃ちまくった。その猛打でシーズンを独走した。

八月八日には結成一〇〇〇勝を祝い、しかも同月は一二連勝。一〇月三日、優勝が決定した。勝率・六九二の成績で圧倒的な強さであった。《野球小僧》の歌詞どおりに〈泣くな野球の神さまも　たまにゃ三振、エラーもする　ゲーム捨てるな頑張ろう〉とチーム一丸となって手にした優勝だった。また、詩句の〈男らしくて純情で〉は当時、巨人の三番バター「じゃじゃ馬青田」のこと、リストを効かしたホームランバッター青田昇をモデルにしたとも云われている。

青田も大下を意識してホームランバッターに転進したバッターである。昭和二二年のシーズンオフ、打撃の大改造に取り組んだ。バックネットに向かって右手でノックを打ち右手のリストを強化し身体の回転で巻き込むように打つ打法を完成させた。昭和二二年、一一本のホームラン数が翌二三年には二五本と倍増しホームラン王に輝いた。その後、二八本（昭和二四年）、三三本（昭和二五年）、三二本（昭和二六年＊ホームラン王）と灰田が〈男らしくて純情で〉と歌う《野球小僧》に乗ってホームランを量産し、巨人軍の第二次黄金時代を担ったのである。

巨人は日本シリーズでも南海を圧倒した。この年、南海は二代目球団歌・《南海ホークスの歌》を作って、《野球小僧》をヒットさせた灰田勝彦が歌ったにもかかわらず、南海ホークスは巨人の前に屈したのである。

昭和二八年の正月、NHK紅白歌合戦（当時は正月番組）で、灰田勝彦は白組大トリを務め、巨人の優勝を祝福するかのように《野球小僧》を歌った。紅組の大トリは《ホームラン・ブギ》を歌う笠置シヅ子。前年までの第一回、第二回の大トリは藤山一郎と渡辺はま子のクラシック系だったが、この年はハワイアンの灰田勝彦、ブギの笠置シヅ子とポピュラー系歌手が務めた。昭和二八年の初頭、灰田、笠置が歌う野球ソングスはいよいよ三年連続日本一を目指す巨人の第二次黄金時代を象徴するかのようだった。

《ホームラン・ブギ》が発売されてからの昭和二〇年代のホームラン王はつぎのとおり。

昭和二四（一九四九）年　一リーグ・藤村富美男・四六本
昭和二五（一九五〇）年　セ・小鶴誠　・五一本
　　　　　　　　　　　パ・別当薫　・四三本
昭和二六（一九五一）年　セ・青田昇　・三二本
　　　　　　　　　　　パ・大下弘　・二六本
昭和二七（一九五二）年　セ・杉山悟　・二七本
　　　　　　　　　　　パ・深見安博　・二五本
昭和二八（一九五三）年　セ・藤村富美男・二七本
　　　　　　　　　　　パ・中西太　・三六本
昭和二九（一九五四）年　セ・青田昇　・三一本
　　　　　　　　　　　パ・中西太　・三五本

紅白歌合戦で《野球小僧》を歌った灰田は実を言うと昭和二四、五年頃、スランプ状態だった。戦後のアメリカ文化の復権の時代を迎えながら、灰田は意外にもヒットがなかったのだ。だが、昭和二六年のヒット曲、《アルプスの牧場》（佐伯孝夫・作詞／佐々木俊一・作曲）でお得意のヨーデルを存分にいかしスランプを脱出した。そして、巨人の第二期黄金時代に沿うかのように《野球小僧》で完全復活したのだ。灰田の復活と巨人軍の第二期黄金時代の開幕はパラレルだったのである。

昭和二八年二月一五日、巨人はアメリカ・ロサンゼルス郊外のサンタマリアでキャンプを張った。このシーズンも巨人は突っ走った。八七勝二七敗一引分け。川上が打率・三四七で首位打者、大友工が二七勝六敗で投手三冠王に輝き最高殊勲選手。ベテランの藤本、別所が故障し戦列を離れた時、大友がアンダースローからの快速球とスライダーを武器に投手陣の柱となり牽引したのである。その年の秋、大友は来日したニューヨーク・ジャイアンツ戦で好投し二対一で勝利を収めた（昭和二八年一〇月三一日）。これは日本人投手として初めて米国メジャーチームから取った完投勝利である。

巨人は日本シリーズでは南海を三度退け、三連覇を達成した。だが、この年の南海は首位打者岡本を筆頭に蔭山、飯田らを中心にした幅広い打線と足の威力を存分に発揮し第七戦までもつれこみ善戦した。

第一戦（一〇月一〇日・大阪／四対三　南海◯）。延長一二回、一死満塁を迎えた南海は代打村上一治（東邦商─法大─南海）を送り、その村上のヒットによって四対三の南海のサヨナラ勝ち。第二戦（一〇月一一日・大阪／五対三　巨人◯）。巨人打線の破壊力が勝り、五対三で一勝一敗のタイ。巨人は七回、与那嶺、千葉、南村の一イニング三ホーマ（当時の新記録）で逆転し一気に引き離した。第三戦（一〇月一二日・後楽園／二対二　引分け）。シリーズ第三戦は二対二の引き分け。試合前から冷たい雨が降り注ぎ、双方とも大阪からの移動で疲労もあり、それでも両チームの気魄が激突した。

先発は巨人、別所、南海は中原宏（享栄商業―阪神軍―南海）。その中原は三回、同点に追いつくソロホームランを放つ。九回、南海の攻撃中、蔭山のカウント二―二で降雨が激しくなり、引き分けとなった。第四戦（一〇月一三日・後楽園／三対〇　巨人◯）。巨人大友のシュートがコーナーに決まり、五安打に抑えた三対〇の完封勝利。南海のチャンスは八回の筒井、蔭山の連打のみ。

第五戦（一〇月一四日・大阪／五対〇　巨人◯）。巨人は南海を降し王手をかけた。入谷正典（関西甲種商業―明大―巨人）は低めにボールを集め、南海打線を寄せ付けず見事なピッチングだった。第六戦（一〇月一五日・甲子園／二対〇　南海◯）。南海は第一戦に先発した大神武俊（博多商業―東洋高圧大牟田―南海土建―南海）が好投し、二対〇の完封勝利。大神は落ちる球と高めの高低を使って巨人打線の各打者のタイミングを巧みにはずすピッチングを展開した。第七戦（一〇月一六日・後楽園／四対二　巨人◯）。このシリーズは第七戦までもつれ込んだ。六回まで二対一で南海がリード。巨人先発別所は五回まで完全試合を達成するかのような完璧なピッチングだった。だが、松井淳（横浜専門―南海）のまさか右翼席に入る同点ホームラン。九番木塚にも左翼席に叩き込まれるホームランを浴びてしまった。だが、七回、巨人は三点を奪い、一気に逆転した。先発別所をリリーフした大友が南海打線を一安打に抑え、三年連続日本シリーズを制した。

昭和二八年一二月、巨人の別所、大阪タイガースの藤村などのプロ野球のスター総出演のミュージカルショー・『熱球の祭典』が上演された。昭和三一年三月一一日公開の野球映画『四人の誓い』（シネマプロデュース・サークル）は灰田も自ら巨人の別所ともに出演し好演した。この映画は華やかな全盛期の大学野球のスターの二人のその後の愛憎を中心にストーリーが展開する。立教の長嶋茂雄が東京六大学で打棒を揮い活躍していた頃である。

巨人の第二期黄金時代とともに流行した《野球小僧》はプロ野球の隆盛と共に昭和三〇年代に入っても根強い人気があった。灰田ほどサイドからプロ野球のPRに貢献した歌手も珍しかった。藤山一郎、伊藤久男も野球ソングは歌っている歌手の部類に入るが、野球映画出演ということになれば、ミスターベースボールマンの灰田勝彦の独壇場だった。《野球小僧》を歌いながら、客席に向かってボールを投げるときの灰田のファームは実に華麗で表情も満面の笑みを浮かべ実に豊かであった。昭和三二年の第八回紅白歌合戦で、灰田は二度目の《野球小僧》を歌っている。

すでにのべた《野球小僧》の詩句〈男らしくて純情で〉を象徴する青田昇（洋松）は前年三一年（二五本）同年三二年（二二本＊佐藤孝夫）年、連続ホームラン王に輝いている。

歌謡界はクラシック・ポピュラー系から演歌系歌謡曲が主流になり始めたが、ポピュラー系歌手の灰田は戦前からのファンに支えられ人気は衰えなかった。ヒットチャートの上位に来ることはなかったが、戦前からの灰田が歌う往時の名曲は依然として人気があったのだ。

昭和三〇年代、巨人は暗いトンネルに入った。巨人を追われた三原脩に率いられた西鉄の黄金時代が巨人に暗闇の世界をもたらした。水原の巨人は日本シリーズにおいて三連敗を喫するのである。

また、灰田も昭和三〇年代の巨人の暗いトンネル時代、ビクターのヒットチャートの看板歌手の座を降りることになる。ビクターは《野球小僧》の作曲者、佐々木俊一から都会派ムード歌謡の吉田正にヒットメーカーの看板作曲家の地位も変更となった。当然、それとパラレルに歌手も変わる。フランク永井がジャズのフィーリングをいかして《有楽町で逢いましょう》（佐伯孝夫・作詞／吉田正・作曲）

をヒットさせ都会派ムード歌謡の時代をもたらした。野球ソングスの世界では意外とレコード吹込みが多い藤山一郎も昭和二九年七月レコード会社（コロムビア）の専属に終止符を打ち、ＮＨＫ専属となり、東京放送管弦楽団の常任指揮者になる。コロムビアは船村徹、遠藤実らの演歌路線となり、美空ひばり、島倉千代子、村田英雄らの演歌系歌手が主流となった。キングも望郷演歌の春日八郎、ふるさと演歌の三橋美智也の演歌系歌謡曲を売り出した。テイチクは石原裕次郎、三波春夫の時代である。

時代は高度経済成長期に入っており、野球界も歌謡界も新しい時代を求めだしていた。歌謡界もヒットチャートから戦前派が退くことになるが、野球界も戦前派のスターたちも球界を去ることになる。川上哲治、千葉茂、藤本英雄、青田昇、別所毅彦、若林忠志、藤村富美男、大下弘、西沢道夫、小鶴誠、別当薫らが球界を去る時代も間近に迫っていた。杉下茂、金田正一、山内一弘、中西太、豊田泰光、稲尾和久、野村克也、長嶋茂雄、杉浦忠、村山実、王貞治、張本勲らの時代がやってくるのである。

第十章　中日ドラゴンズの歌

球団歌の誕生と中日球団小史

中日初優勝の昭和二九年の野球界の話題はジョー・ディマジオとマリリン・モンロー夫妻の来日だった。そして、早稲田の名ショート広岡達朗（呉三津田高―早大―巨人）をはじめ、松商学園から堀内庄（松商学園―巨人）中央学院高校の安原政俊（中央学院―巨人）松本深志高校の三塁手土屋正孝（松本深志高―巨人―国鉄―阪神）など大量の巨人軍の新人たちの入団、巨人軍の第一次、第二次キャンプに集合した。本来ならそこには印旛の怪童といわれた高卒ルーキーが参加する予定だった。この選手は前年の大宮球場で観衆の度肝を抜くバックスクリーンに大ホームランを叩きこんだ佐倉一高の選手だった。名前は長嶋茂雄。だが、彼は巨人の誘いに応じることなく、全国にスカウト網を張りめぐらす立教大学野球部のスカウト担当・小野秀夫（富士製鉄室蘭）の縁で、しかも野球部監督の砂押邦信（水戸商業―立大―小口工作所）の強引なＯＢへの説得によって、長嶋は立教大学に進学した。もし、長嶋がこの巨人軍のキャンプに姿を現していたとしたら、日本のプロ野球のその後の歴史も大きく変わっていたであろう。実はこの長嶋茂雄は中日とは縁があった。これは後でのべることにする。

昭和二九年、エース杉下茂の怪腕がうなりを上げ、猛威を奮い出した。魔球と言われたフォークボールである。それは快速球と同じ速さで投げ込まれ、縦にストンと落ち、地面に叩きつけられるのである。この魔球によって、杉下茂という投手には他の投手にはないある勲章があった。それは記録ではない。どういうことかと言うとつまり打ち込まれたことがない投手ということだ。その称号は杉下には相応しかった。

中日ドラゴンズがセリーグのペナントレースを制し、日本シリーズも制覇し日本一になった。監督の天地俊一（下野中―明大）は感無量だった。この中日の初優勝を高らかに讃えたのが《中日ドラゴンズの歌》（小島情・作詞／サトウ・ハチロー・補作／古関裕而・作曲）である。中部日本新聞社による中日の初代球団歌の歌詞公募は昭和二四年に始まった。

作曲は野球ソングスの世界では定評のある古関裕而。カップリングは《私のドラゴンズ》（田中順二・作詞／藤浦洸・補作／古関裕而・作曲）。名古屋タイムズが歌詞を一般公募し、入選作品を藤浦洸が補作詞、古関裕而が作曲した。安西愛子が歌った。

古関裕而の作曲の手による初代中日ドラゴンズの球団歌が昭和二四年に誕生した（レコード発売は昭和二五年五月・コロムビア）。二リーグ制を見据えて中部日本新聞社が歌詞を公募し、応募作品から小島情の作品が選ばれ、それをサトウ・ハチローが補作した。レコードは伊藤久男の歌唱でコロムビアから発売された。伊藤久男のダイナミックでロマン的な熱唱は球団歌に相応しかった。

青雲たかく　翔け昇り

龍は希望の　旭に躍る
おゝ　溌溂と　青春の
君は闘志に　燃えて起つ
晴れの首途の　血はたぎる
いざ行けわれらの　ドラゴンズ

この球団歌は詩句の歌い出しの「青雲たかく」から「あおぐも」とい別称が付けられた。中日の球団設立も戦前と古い。中日の前身は名古屋軍である。成立は昭和一一年一月一五日、親会社は『新愛知新聞社』。河野安通志（横浜商業─明学大─早大）を総監督に、池田豊を監督にすえ、中京商業の芳賀直一（中京商業─名古屋軍）、明治大学の中根之（第一神港商業─明大─名古屋軍＊昭和一一年秋季リーグ、プロ野球初の首位打者・打率・三七六）、昭和六年の日米野球でも活躍した桝嘉一（同志社中─明大─名古屋軍・産業軍）、日系人の高橋吉雄（ミッドパシフィック高─ワシントン大中退─ハワイ朝日─名古屋軍─イーグルス・黒鷲軍・大和軍＊昭和一二年秋、六本を打ちホームラン王）、ハーバード・ノース、バッキー・ハリスの外国人バッテリーらを主力にチームを編成した。

戦前は大沢清（神奈川商工─国学院─名古屋軍・中部日本・中部日本ドラゴンズ・中日─東急─大洋─広島）、西沢道夫（名古屋軍─中部日本─ゴールドスター・金星─中日）昭和一六年のホームラン王（八本）の服部受弘（岡崎中─日大─名古屋軍・中部日本・中部日本ドラゴンズ・中日）、石丸進一（佐賀商業─名古屋軍）、小鶴誠、金山次郎、松尾幸造（京都師範─名古屋軍・産業軍・中部日本ドランゴンズ)、村松幸雄(掛川中—名古屋軍)らを輩出したが、優勝には手が届かなかった。

名古屋軍といえば、石丸進一を忘れてはならない。昭和二〇年五月一一日、「菊水第六号作戦」に名古屋軍のエースだった石丸進一は特攻隊員として参加した。基地を飛び立つ前、石丸は同僚の元法大一塁手本田耕一を相手に、三〇分以上もピッチングをやった。石丸が投げるボールを受ける本田からは元気の良い「ストライク」の声が発せられた。夜明けの澄み切った空にその声が響き渡ったのだ。石丸の脳裏に甦るのは栄光のマンウンドである。

石丸は、投げるたびに一瞬だけ軽く目をとじて、野球に打ち込んだ青春の日々を思い出した。最後に後楽園での大和戦のノーヒットノーランの瞬間の感激がよぎった。我が青春に悔い成しと思うと、涙がとめどなく流れた。そして、最後の一球を本田のミットに渾身の力を込めて投げたのである。

昭和二一年、中部日本として再スタートする。小鶴、古川ら赤嶺派の退団で戦力が低下するが、昭和二三年、天地俊一を技術顧問に迎え、昭和二三年入団の杉山悟(岡崎中—ユタカ産業—中日—国鉄—近鉄)が翌年に三一本のホームランを放ち、主力打者に成長した。西沢道夫とクリンナップを組み、昭和二七年には二七本のホームランで本塁打王になった。

戦後の中日を語るうえで、西沢道夫の存在は重要である。西沢は、昭和一一年一二月、名古屋軍のテストを受けて一五歳で入団した。一八二センチの長身を生かし投手としてスターとした。昭和一五年には二〇勝をあげ主力投手となった。昭和一七年五月二四日、大洋軍の野口二郎と延長二八回を投げ合い、球史に残る力投だった。同年にはノーヒットノーランを記録し、翌年応召された。

戦後、西沢は打者に転向した。昭和二一年、中部日本軍に復帰、一時、中日を離れたが、復帰し、ホームランバッターに変身した。昭和二四年三九本、翌二五年には四六本（シーズン満塁ホームラン五本の日本記録達成）、松竹・小鶴の五一本に及ばず本塁打王のタイトルを逃した。タイガースの藤村、別当、松竹の小鶴、東急の大下、そして、中日の西沢と、彼らの描くホームランアーチは戦後のホームラン時代を象徴し多くの野球ファンを魅了した。

さて、昭和二四年、球団歌も誕生し、同年には天知俊一が監督に就任し、南海から土屋亨、阪急から野口明（中京商業―明大中退―セネタース―大洋軍・西鉄軍―阪急―中日）ら明大の後輩が加わり、天知の下、「和」をスローガンにして団結した。これが中日ドラゴンズの基礎ベースとなった。翌昭和二五年二リーグ分裂後、中日は投打が噛み合い八九勝をあげ、松竹についで二位の成績だった。松竹には九ゲームの差をつけられたとはいえ、充実したシーズンだった。

ベストナインには一塁手西沢が川上を抑えて選ばれている。昭和二六年、球団名が名古屋ドラゴンズ（名鉄と中日新聞社の隔年経営）になり、同年中日球場が新装完成した。昭和二七年の西沢はシュアーな打撃もみせ、打率・三五三で首位打者に輝き、同時に九八打点を叩きだし打点王も獲得した。名実ともに球界を代表する打者に成長したのである。ちなみに中日は同チームの杉山が二七本をスタンドに放ちホームラン王となり、同チームで打撃タイトル三冠を独占した。打撃ばかりではなく、山崎善平（府立一二中―明大―大洋―中日）が同年六月三日、大洋戦において一試合六盗塁を記録した。チーム成績は三位だったが、攻撃の破壊力がありながら投手陣の層が薄く、三二勝の杉下に頼る厳しい台所事情が優勝を逃した要因だった。

昭和二九年、中日新聞社の経営一本化が決定し中日ドラゴンズとなった。監督には天知俊一が復帰し、「天知一家」と称されるようにチームの結束力が図られた。投手陣はエース杉下茂、石川克彦（岡崎高—中日）、トップバッターに俊足好打の本多逸郎（犬山高—中日）が定着し、児玉利一（大分商業—明大—全大分—中日—大洋）、西沢道夫、杉山悟のクリンナップは強力打線だった。

フォークボールの伝授—杉下茂

中日の歴史は杉下茂の活躍なくしては語ることができない。昭和二四年、フォークボールで日本野球界を席捲した杉下茂が入団した。その後の杉下の活躍が巨人の第二次黄金時代のV四を潰し、フォークボールという魔球を自由自在に操り中日の初優勝に貢献し日本プロ野球史に新たな歴史の一ページを刻むのである。

監督の天知と杉下は帝京商業時代からの師弟関係である。杉下は日本野球史に燦然と輝く名投手だが、最初から投手だったわけではない。帝京商業時代は打力の良さを買われて四番の一塁手。戦後、社会人チームのいすゞ自動車で本格的に投手となった。その後、明大専門部に進むが、明大の本科には進まずプロの世界に入った。

初登板の東急セネタース戦で大下を三打席連続三振に打ち取ってセンセーショナルなデビューを飾った。大下は杉下の投げた速球を捉え打球はスタンドに飛んでいったと思ったが、ボールはバットに当たらず消えていた。ボールは明らかに落下していた。縦に落ちるカーブでなければ、落ちるシンカーでもない。これらは変化球だから、はっきりと分かる。だが、杉下が投げたボールは消えるのだ。

速球と同じスピードで落下する。大下は杉下が投げたボールの変化が信じられなかった。

直球と同じ速さで投げ、落下する。まさに魔球である。このとき杉下は人差し指と中指の第二関節でしっかり挟み、この魔球と言われたフォークボールをすでに自由自在に操り、決め球に使えるレベルにまで技術アップしていたのである。この天才バッター大下を三振に打ち取った瞬間から、日本野球史におけるフォークボールの神様の歴史の始まりでもあった。

杉下がフォークボールを知ったのは岡山県立琴浦商業にコーチに行っていたときである。東谷夏樹にナックルを教えていたところ、それを見かけた天知俊一からフォークボールの存在を教えられたことに杉下のフォークボール人生が始まる。では天知はどこでこの魔球を知ったのだろうか。それは近藤唯之の『戦後プロ野球50年』によると、大正時代に遡る。大正一一年一〇月三〇日、米大リーグ選抜チームが来日した。早稲田、慶應、明治などが対戦し一七試合を消化した。このときレッドソックスのエース、全米チームのエースでもあるハーブ・ペノックが一一月一五日の明大戦（芝浦球場）で捕手の天知に伝授したのである。試合前のブルペンで天知はペノックの投球を受け素朴な疑問をこの右腕の大投手にぶつけた。

「ストーンと落下するこのボールは何ですか」

「これはフォークボールと言って、人差し指と中指で挟んで投げる変化球だ」

ペノックはその投げ方を試合前にボールを受けてくれた天知に教えたのである。相手のチームのエースのボールを試合前に受けるなど現代では想像できないが、とにかくこの日が日本におけるフォークボール伝来の記念すべき日だったのである。

戦後、天知は手の平、二二・八センチ（手首から中指まで）の杉下に教えた。人差し指と中指の第二関節に挟んで投げる。杉下はこれをマスターするのにそう時間がかからなかった。

フォークボールをマスターした杉下は早速、立教二回戦（昭和二三年四月二五日）で投げてみた。二対二で迎えた、八回の表、打者山崎弘に対してカウント一―一からの三球目、捕手の安藤邦夫のサインはフォークボール。杉下の投げたフォークは三塁内野安打となった。明治の三塁手の宝山省二は打球は三塁戦に切れてファウルになると思い追わなかった。ところが打球は三塁線上で止まって内野安打となった。杉下はゲンが悪いと思い、それ以後、フォークボールを投げることをしなかった。杉下が東京六大学でフォークボールを投げたのはこの立教戦の山崎に投げた一球だけである。

中日に入った杉下はデビュー戦にすでにのべたとおり、大下には実験的に投げてみた。結果、三連続三振を奪った。杉下のフォークボールの威力が証明されたのである。杉下は自信を深め、その威力に磨きをかけていたが、デビュー戦後、実戦ではほとんど投げることをしなかった。おそらく、杉下はナックルも投げていたので、その違いがはっきりするまではフォークボールの多投を控えたのだろう。だが、巨人の戦後の黄金時代を迎えてその勢いを阻止するためにはこの魔球の威力が必要だった。なにしろ、トップにアベレージヒッターの与那嶺、好打の千葉、ホームラン王の青田（昭和二八年から洋松に移籍）、弾丸ライナーの川上と続く打線は驚異であり、勝率を七割台を超える強力チームである。昭和二六年から二八年のV三時代の巨人の成績は試合数三五九、二四九勝一〇三敗七分け、勝率・

七〇七で驚異的な勝率だった。これに中日のエース杉下茂はフォークボールという魔球を操りながら挑むのである。

杉下茂と金田正一の対決

昭和二五年から杉下の快進撃が始まった。同年、痛めた肩も復調し、投げ始めたフォークボールの威力によって変化球が冴え、速球も球威があり、最多奪三振をマークした。翌二六年（最多勝）から二年連続沢村賞を受賞。二七勝（昭和二五年）、二八勝（昭和二六年）、三二勝（昭和二七年）二三勝（昭和二八年）と、殊に国鉄の金田正一（享栄商業中退—国鉄—巨人）との投げ合いは凄かった。何しろ、一点が命取りの試合だったからだ。左右の違いこそあれ、どちらも長身の本格派投手である。魔球フォークボールを武器に速球と変化球のコンビネーションで投げる杉下と左腕からしなるように投げおろす金田の速球と大きな縦のカーブの投げ合いは迫力があった。

杉下の右腕と金田の左腕の速球勝負は白熱の投手戦を演じた。フォークボール対縦の割れるようなカーブは打者にとってはどちらも魔球だった。金田は昭和三〇年の日米野球でミッキー・マントルを三打席連続三振に打ち取った時も、快速球に加え、縦に鋭く落ちる魔球のカーブが決め球だった。しかも、杉下も金田も抜群のコントロールを誇っていた。二人とも力で押すだけではなく、巧緻な投球術も持ち合わせていたのである。

昭和三〇年五月一〇日、杉下は国鉄戦、一対〇のスコアで金田に投げ勝ちノーヒットノーランを達成した。走者は四球で金田の出塁のみの準完全試合だった。凄まじい投手戦の均衡を破ったのが七回、杉山のホームラン。これが決勝点になった。投球数九八球、打者二八人、奪三振一三個、与四球一、内野ゴロ七、内野フライ四、外野フライ三が杉下の投球内容だった。

金田はこの時の敗戦の口惜しさを忘れなかった。今度は金田の番である。昭和三二年八月二一日、金田は中日戦で杉下と再び投げ合い、一対〇で完全試合を達成した。

杉下は全盛期が去っていたが大投手の貫禄は健在だった。金田はここ数日体調を崩していたが、中日先発杉下と聞いて気合が入った。好敵手でもあり畏敬する先輩でもある。二人の投げ合いによってスコアボードには〇が続いた。杉下の巧緻な配給と大投手の貫禄が国鉄打線を完全に封じ込んだ。一方、金田は速球とカーブが冴えた。八回が終わった金田は無安打無四球の完全試合だった。そして、国鉄打線が金田の大記録を助け、その均衡を破った。そして、九回の表の中日の攻撃を迎えた。

九回表、中日、代打酒井敏明（桑名高―早大―中日）のハーフスイングの判定（球審・稲田茂）をめぐって、試合が中断し（一五分で一応収まったが結局四五分の中断）、天知監督は稲田主審に猛烈な抗議。中日ファンがグラウンドへ雪崩れ込むなどあわや放棄試合かと思われたが、試合再開、ここからの金田の投球が凄かった。牧野茂（愛知商業―明大―中日）、代打の太田を連続の三球三振にしとめ大記録を達成したのである。投球数・八八、内野ゴロ・八、内野フライ・三、外野フライ・六、奪三振・一〇個、金田の一七九勝目の勝利だった。この二人の投手戦は一九五〇年代の名勝負として球史に刻まれている。

中日はこの金田の完全試合を喫した敗戦を契機に四月一八日以来、守り通してきた首位から転落し、結局、三位に終わった。七〇勝五七敗、勝率・五五〇。杉下の成績は一〇勝七敗、球威の衰えが目立っていた。
金田正一は昭和二五年、享栄商業を中退して国鉄スワローズに入団（現ヤクルト）。プロに入って、凄いと思った投手が巨人の別所、そして中日の杉下だった。金田はデビューの年こそ八勝だったが、翌年から二二勝をマークし一四年連続二〇勝がスタートする。だが、その金田が最多勝を手にするのが杉下が下り坂になった昭和三二年である。これは意外だった。昭和三二年のシーズン、金田は二八勝をマークした。この最多勝を手にするまで彼の前に立ちはだかったのが昭和二〇年代の杉下だった。

昭和二六（一九五一）年
杉下茂　二八勝
金田正一　二二勝
昭和二七（一九五二）年
杉下茂　三二勝
金田正一　二四勝
昭和二八（一九五三）年
杉下茂　二三勝
金田正一　二三勝
昭和二九（一九五四）年
杉下茂　三二勝

金田正一　二三勝
昭和三〇（一九五五）年
杉下茂　二六勝
金田正一　二九勝
昭和三一（一九五六）年
杉下茂　一四勝
金田正一　二五勝
昭和三二（一九五七）年
杉下茂　一〇勝
金田正一　二八勝

金田は最多奪三振こそ一〇回も手にしていたが、最多勝だけはそうはいかず、タイトルをなかなか手にできなかった。たしかに彼のいる国鉄は弱小球団のため敗戦も多かった。しかし、最多勝のタイトルに手が届かなかったのは、やはり昭和二〇年代の最盛期を誇った杉下の存在が大きかったといえる。

昭和二〇年代から三〇年代にかけて日本プロ野球界の速球王、金田正一の愛唱歌が美空ひばりの《リンゴ追分》（小沢不二夫・作詞／米山正夫・作曲）だったことは有名である。

昭和二七年一一月、ラジオ東京の開局を記念して放送されたラジオドラマ『リンゴ園の少女』の挿入歌として製作された。同年に『リンゴ園の少女』がひばりの主演によって映画化された時も主題歌として歌われた。金田がプロで活躍し始めた頃であり、金田自身も〈リンゴの花びらが　風に散ったよな〉と口ずさみながらマウンドに登った。ハングリー魂を燃やす金田にとってひばりの歌は人生の応援歌だったのである。

セリーグの制覇

昭和二九年一月一四日、中日新聞社が経営となり、球団名が「名古屋ドラゴンズ」から「中日ドラゴンズ」となる。中日のスタートである。このシーズン、中日は巨人との首位攻防戦を制し初の栄冠を手にした。

天知采配で一つにまとまった中日の最大の強敵は三年連続セリーグ優勝と日本一に輝いた巨人である。中日は四月二四日、延長一六回の末、四対三で逆転サヨナラ勝で巨人を降し、対巨人戦において好調なスタートを切った。七月、投打のバランスがよくなった。中日はシーズンの前半は杉山、児玉、本多らが主力が故障、主軸の西沢のスランプで不調だったが、オールスター戦あたりから、三番に入った西沢のバットが復調し、児玉、杉山の打線は凄みがあった。主砲の西沢は結局、このシーズンは打率・三四一の高打率だった（本塁打一六本、打点・八〇）。ちなみに首位打者は巨人の与那嶺、打率・三六一で獲得した。

新人の空谷泰（松山商業―中日＊「入札入団」で有名）が力投しチーム力が増し首位攻防戦に躍り出た。エース杉下が速球とフォークボールを中心にした組み立てで力投し、巨人戦六勝一敗と巨人を振り切った。

名古屋球場では《ドラゴンズの歌》が高らかに中日の初優勝を祝福し高らかに歌われた。ファンは竜の雄叫びに酔いしれたのである。

歓呼を浴びて　撃ち捲る
球はみどりの　颪に飛ぶ
おゝ　名を惜しむ　若き胸
君の火を吐く　殊勲打に
肩に腕に　誇りあれ
いざ打てわれらの　ドラゴンズ

杉下は今シーズンをフォークボールで戦後の黄金時代を迎えた巨人の四連覇を阻んだ。殊に巨人の四番川上は対杉下において四六打数八安打と打率・一七四しか打てなかった。川上の「キャッチャーが捕れないボールをバッターが打てるか」は名言である。しかも、川上は選球眼の良いバッターである。じっくりと慎重にボールを見るバッターでもある。その川上が対杉下においては初球、二球目から打ちにいっているのである。なぜ、慎重な打撃の神様川上がこれほどまでに打ち急ぐのか。なぜなら、追い込まれるとフォークボールで三振するからである。それほど杉下のフォークボールはあの川上に恐怖の心理をあたえていたのである。中日の初優勝がかかっていたこの年、杉下と川上の対決は中日球団史に深く刻まれた。

杉下の速球は国鉄の速球王・金田に匹敵する。杉下が投げるフォークボールはそのスピードで落ちる。ストライクと思い振ると落下し打てない。しかも、時折ナックルも投げる。どちらも落下する変化球なので区別がつかない。さらに杉下のカーブは鋭くスライダーのように横に曲がる。縦に曲がるカーブも多投するので、この二種類のカーブが外角低めに決まるのだから打者にとっては打ちづらくお手あげである。

昭和二九年、杉下の右腕は絶頂期を迎えた。巨人戦は一一勝をマークした。八月、杉下は国鉄、阪神、巨人戦に七連投の獅子奮迅の快投を見せた。九月下旬の巨人ダブルヘッダーの杉下は連投し見事に勝利した。このシーズンが終わってみると、三二勝の最多勝は当然であり、最高勝率、最優秀防御率、最多奪三振、最多完封の投手五冠王に輝いた。三度目の沢村賞にも輝き、投手五冠王も含めてこのタイトルの総なめは前人未踏の快挙である。

打線では俊足好打の本多がトップを打ち、好打者原田徳光（中京商業―明大―東洋産業―中日）を二番に加え、三番の西沢が打率・三四一、ホームラン一六本と打棒を発揮した。西沢とクリンナップを打つ児玉（日本シリーズでは四番）、今シーズンは主に五番を打つ杉山が二八ホーマー、九一打点を叩きだし、打点王となる。中日のクリンナップは強力だった。まさに歓呼を浴びて打棒を揮い、打球は青空に吸い込まれていった。

一方、パリーグの覇者は三原脩が率いる新鋭の西鉄ライオンズである。西村貞朗（琴平高―西鉄）、河村久文（別府緑丘高―東洋高圧大牟田―西鉄―広島）、大津守（明善高―西日本鉄道―西鉄―近鉄）、ベテランの川崎を中心に、打線も三一本を打ちホームランキングに輝く中西の前後を関口清治（台北工業―全武生―信州化学―巨人―西日本パイレーツ―西鉄―阪急）、大下、豊田で固め中距離、長距離打者を揃えていた。チーム本塁打一三四本を放ち、その重量打線が爆発しペナントレースを制した。こうなると、西鉄打線が果たしてフォークボールの杉下を打ち込めるかどうかがポイントであり、西鉄打線対杉下の対決がシリーズの明暗を分けることになった。この西鉄打線で杉下のフォークボールと対決したことがあるのは大下だけである。

昭和二九年一〇月三〇日、中日対西鉄の日本シリーズが開幕した。このシリーズはやはり西鉄打線対杉下の戦いでもあった。予想はオープン戦で対中日戦四連勝の西鉄有利の下馬評だった。だが、これは参考にならない。あくまでもオープン戦は調整であり、公式戦とは明らかに違う。杉下が見事に西鉄打線をねじ伏せるか、それともホームラン王の中西、天才打者大下、新鋭豊田、好打の関口らが杉下を打ち込むのか、日本シリーズの開幕をファンは待ち望んでいた。

日本シリーズ初優勝

日本シリーズが開幕した。第一戦（一〇月三〇日・中日／五対一　中日◯）。中日先発エースの杉下、西鉄は西村。杉下は快速球とフォークボールで、トップの今久留主淳（嘉義農林―全鹿児島―星野組―毎日―西鉄）、豊田、中西と三者三振に打ち取り好スタートを切った。西鉄ベンチは杉下の魔球の威力に静まりかえった。

先取点は中日が初回に取った。その裏、本多がヒットで出塁。原田の送りバントがヒットとなり、西沢凡退の後、児玉が歩いて満塁。杉山の右前ヒットで、俊足の本多が還った。三回の表、日比野武(東邦商―阪急―西日本パイレーツ―西鉄)が杉下からホームランを放ち同点。中日は点がとれず、七回、児玉が二塁打で出塁するが、追加点にならなかった。八回表、日比野の左中間の当たりを快速を飛ばして本多がファインプレーで好捕。翌日の新聞には奇跡の美技と見出しがついた。これがなければ、流れは西鉄に傾いていた。これで中日は勢いに乗る。その裏、四番の西沢、左前安打。五番、児玉のツーランが飛び出し、逆転。杉山、死球の後、二死満塁から岡島博治（伏見高―立命大中退―中日―阪急―国鉄・サンケイ―東映）が代わった川崎から右前安打を放ち追加点をあげ、さらに二盗に成功。杉下の当たりがショート内野安打となり、岡島がホームイン、五点目を上げ、中日が先勝した。

西鉄打線は四安打の一二個の三振と杉下の右腕に完敗だった。新人豊田は三個の三振、中西、大下は三振二つ。全く、西鉄打線は杉下のフォークボールに手が出ず、力でねじ伏せられたのである。

第二戦(一〇月三一日・中日/五対四　中日〇)。西鉄の拙守と継投策の遅れが連敗の最大の原因だった。中日の打線は主軸の西沢に五回裏にツーランが飛び出した。外角一杯に来たストレートを右翼席へ豪快に運んだ。中日は六回に木村の右翼線二塁打で加点。この回に計三点をあげた。石川の好投を杉下が救援し、中日は二連勝を勝ち取った。第三戦（一一月二日・平和台/五対〇　西鉄〇)。西鉄先発河村が好投。カーブを外角低めに決め、シュートで詰まらせ当たっている中日打線を抑えた。中日は大島が先発したが、西鉄打線に打ち込まれた。初回、大下の右中間ヒットでまず先取点。四回には日比野がシリーズ第二号ツーランで加点。八回には仰木の左翼線二塁打を皮切りに三点を上げ西鉄が初勝利した。

第四戦（一一月三日・平和台／三対〇　西鉄◯）。西鉄打線が杉下からまともな当たりがなかったとはいえ、一一安打を放ち打ち勝った。これで二勝二敗のタイとなった。西鉄先発川崎は四回までわずか一安打。とくにシュートのコントロールが良かった。第五戦（一一月四日・平和台／三対二　中日◯）。第四戦に続いて第五戦も杉下が連投。この背水の陣がチームに活を入れ、それが功を奏した。初回、レフト線二塁打で塁にでた本多は原田のバントで三進。四番西沢の当たりは二塁後方へのフライ、仰木彬（東筑高―西鉄）の後方補給の間隙を衝いた好走塁で一点先取。本多の快足に仰木はすっかり翻弄されてしまった。

二回、西鉄は豊田の左前ヒットで日比野が生還し同点とした。だが、西鉄は杉下を攻略できず、九回、原田の左翼線三塁打、西沢の左前ヒットで加点。西鉄は九回裏、日比野のシリーズ第三号が飛び出したが、三対二で中日が勝利した。

第六戦（一一月六日・中日／四対一　西鉄◯）。中日は杉下を温存。先取点は中日が三回に豊田の悪送球をきっかけに石川が二進し、本多のテキサスヒットでまず一点。六回、中西の内野安打、大下左前ヒット、日比野中前ヒットと三連打で同点にし、その後豊田の二塁打で逆転した。七回には中西の犠牲フライで四対一としほぼ勝利を手中にした。

このシリーズはそもそも西鉄打線と杉下との対立が焦点である。前日の逆転勝利の勢いをもって、中西、大下、関口、日比野、豊田と並ぶ強力打線の西鉄は杉下攻略に燃えていた。杉下は中二日の休養で登板。回復不十分とみられていたが、魔球のフォークボールに絶対の自信をもっていた。第七戦（一一月七日・中日／一対〇　中日◯）。第一戦は大振りの西鉄打線に対して高めの速球を振らせ、フォークボールで仕留め一二三振を奪った。だが、この第七戦では杉下はカーブを外角低めに決め、フォークボールで三振を取るという組み立てで西鉄打線を抑えた。三振は三個と少ないが、打たれたヒットは僅か三安打。杉下が完全に西鉄打線をねじ伏せたシリーズといえた。中日は七回に井上の左中間を破る三塁打によって決勝点を上げ、中日が西鉄を降し日本一を決めた。

明るき空に　こだまして
凱歌とどろく　雲の端《はて》
お丶　ほとばしる　感激に
君が目指せる　栄冠も
微笑みた丶えて　近づきぬ
いざ勝て　われらの　ドラゴンズ

翌昭和三〇年、中日は巨人にゲーム差一五をつけられ二位。もし、このシーズン、立教からまだ無名の大学生二人を入団させていたら、後半、優勝争いができたかもしれなかった。その立教の学生とはあの長嶋茂雄と杉浦忠である。当時、立教野球部は昭和三〇年春のリーグ戦の閉幕後、砂押排斥運動が起こり、その輪が広がり野球部は揺れていた。長嶋は砂押によってそのダイヤモンドの原石を磨かれた選手である。当時高校球界では無名の存在だった杉浦も砂押にその才能を見出され、立教に入れた経緯がある。この砂押監督排斥運動は大学総長も乗り出すほどの騒動であり、二人は砂押がいない野球部に見切りをつけたのである。

長嶋と杉浦は中日の球団事務所を訪ねた。なぜ、中日なのか、それは長嶋の親友杉浦が愛知県の誉母高校（現・豊田西高校）出身だからである。ところが、二人は高校時代は甲子園の出場が無く全くの無名で、立教でも一年生からリーグ戦に出ているとはいえ、その存在は日本プロ野球界の耳目には届いていなかった。中日のフロントは「まだ学生だから、もっと実績を積んでからプロを考えなさい」と言って門前払いの態度だった。後で監督の野口明ら現場首脳部がこの事実を聞いて激怒。中日は大きなチャンスを逃したのである。この時、中日が長嶋と杉浦を入団させていたら、中日の球団史はおろか日本のプロ野球の歴史も大きく変わっていたであろう。

第十一章　西鉄ライオンズの歌

三原脩の巨人軍追放

巨人と西鉄の戦いはシベリア抑留から帰国し巨人監督に復帰した水原茂と巨人の総監督の座を追われた三原脩の巌流島のそれでもある。最強の西鉄ライオンズの誕生は三原脩が巨人を去ったことから戦いの舞台の幕が開けた。したがって、この西鉄の黄金時代はこの二人のライバル関係からのべなければその歴史は始まらない。

水原と三原はどちらも野球王国高松の出身である。水原茂は高松商業時代、大正一五年、昭和二年と二度の全国制覇。この年、四国の高松で水原と三原は顔を合わせた。最上級生の水原に三原のいた高松中学はノーヒットノーランを喫し惨敗した。この時、三原は控えでベンチから見た水原の快投は非常に強烈な印象を三原に刻んだ。翌年、水原は慶應に進学する。三原は昭和三年の夏の甲子園で準決勝まで進出したが、無念の雨のコールド負け。早大進学後は二塁手で一年生から出場。だが、早慶戦での水原茂との初対決は水原に軽く捻られた。ところが昭和六年春の早慶二回戦（六月一四日）で慶應水原を相手に劇的なホームスチールをやってのけた。

マウンド上の水原の足があがると、その瞬間、三原は三塁ベースを離れる。するとその三原の動きを察した左打者の弘世がそれを予測し、さっとバッターボックスの後ろへ引く。三原は脱兎のごとくホームを衝いた。三原は手から滑り込み審判のジャッジはセーフ。超満員の神宮は大歓声が湧きどよめいた。早稲田の応援席からは新応援歌《紺碧の空》が高らかに響く。まさに早慶戦のクライマックスだった。そして、三原と水原はベーブ・ルースを一行を迎え打つ巨人軍の母体となる全日本チームに参加。巨人に入団後、水原と三原は一、二番を組み第一期黄金時代へと向かうのである。

三原は戦後のガタガタだった巨人を再建に尽力を果たした。激情家で理論家。精密機械のように権謀術数、奇策縦横を駆使しその勝負哲学は三原魔術と人は呼んだ。だが、戦後の三原の巨人軍再建は順風満帆ではなかった。

昭和二四年七月二一日、三原の出場停止処分が解除された。その前日の七月二〇日、水原は舞鶴の港に上陸した。長いシベリアでの抑留生活から水原茂が帰ってきたのだ。二四日、麻の白いスーツを着たかつての名三塁手は元気よく満員のスタンドのファンに挨拶した。水原に花束を手渡したのは三原だった。

三原は昭和二四年一二月三一日、水原が実戦指揮の監督に就任することを告げられ、自分は総監督として全体を見渡す役目を申し渡された。三原の手腕でチーム力をアップさせ昭和二四年に優勝したにもかかわらず、不本意にもシベリア抑留から生還した水原に監督の座を譲ることになったのである。

なぜ、戦後初優勝に巨人を導いた最大の功労者三原が監督の座を追われ、水原が監督になったのであろうか。確かに、水原は昭和一一年から一七年まで、巨人の名三塁手であり、主将を務め応召された年は最高殊勲選手になり、人望もあり将来の監督候補だった。戦後のシベリア抑留という不運への同情もあったが、それだけではなかった。これは三原の徹底したスター重視主義が中堅以下の選手の反発を買ったことから始まった。「反三原」の空気が広まっていたのだ。しかも、昭和二四年夏から秋にかけて、球界に新加入を求める団体組織が殺到し、ついに大リーグのように二リーグ制に移行する動きが顕著となり野球界は騒然とし始めていた。旧球団、新球団とも選手の引き抜きをめぐって百鬼夜行の状況だった。シーズンも終わりになると球団の上層部が暗躍し選手の思惑もあり錯綜し混迷を極めた。

昭和二四年一一月二六日、日本野球連盟は解散し、新球団賛成派、南海、阪急、東急を中心に太平洋野球連盟（パシフィック・リーグ）、反対派の巨人、タイガース（最初は賛成派）、中日を中心にセントラル野球連盟（セントラル・リーグ）が結成された。これによって、選手の争奪戦は熾烈を極め、泥仕合的な様相を呈した。二リーグ制の発端を作ったマーカット少将はその混乱を収拾するために「不正引き抜きの一掃」を呼びかけたが、球団、選手の暗躍と思惑を規制することはできなかった。

この売り手市場の時代、三原のスター重視主義の下で冷遇され喘いでいる控え選手らは他球団への移籍を望んでいた。彼らなら他球団では十分に主力選手として活躍の場がある。そこで、移る前にシベリア抑留という水原への同情を使って担ぎあげ、三原にひと泡吹かしてやろうということになった。そこから、水原待望論が本格的に動き出した。投手の中尾碩志（輝三）の音頭取りで排斥連判状が成立し、巨人軍再建の最大の功労者三原脩は監督の座から追いやられたのである（幻の連判状事件）。

昭和二四年一二月三一日、三原は実践にはたずさわらない総監督（背広の総監督）となり、翌年シーズンから水原が実戦指揮する監督（グラウンドの監督）となりベンチで采配を振るうことになった。この人事を断行した球団としては選手の造反や引き抜きによる移籍の混乱を収拾し、新時代の二リーグ時代に臨む体制を固めたかったのである。

確かに三原は戦前の話に戻るが、藤本監督の助監督として第一期黄金時代の基礎を作った。しかし、昭和一三年、その三原は巨人と一度訣別している。それは、三原が報知新聞社に入社したことである。この『報知新聞』は現在の読売新聞社傘下の『スポーツ報知』ではなく、読売とは全く別組織（三木武吉社長）の新聞社だった。三原が巨人の親会社である読売新聞社ではなく、報知新聞を選んだところに、巨人との訣別の意味が実はあったのである。

藤本はアメリカ帰りをひけらかす巨人を鍛え直すために三顧の礼を尽くして三原を巨人に迎えたと自著でも書いているが、三原の本音は早稲田の先輩藤本を手助けするために巨人に復帰したのであり、巨人軍首脳陣や親会社の読売に対しては嫌悪感を持っていた。

巨人は、読売に悪感情を持っている三原が去った後、水原主将を中心にスタルヒン、川上、千葉、吉原の活躍で昭和一四年から五年連続巨人は優勝し日本野球の王者になる。選手レベルでは水原中心の巨人だった。したがって、水原は三原に代わって藤本監督を補佐しチームをまとめ上げた実績があった。巨人としては水原の方が三原よりも巨人における貢献度が高く選手実績も高いということなのである。

そして、戦後に話を戻せば、昭和二五年、二リーグ分裂後のセリーグに加盟した巨人の指揮権は水原にあり、背広の総監督三原は何もすることが無く、球団事務所に通いただ碁を打つというひがない日々を送っていた。悶々とした日々が続いたのだ。これは三原にとっては筆舌しがたい屈辱であり不快極まりないことであった。

運命の電話

その年のオフ、電話が一本三原に入った。電話の主は九州の地方チームからだった。仲介は西鉄に巨人から紳士的移籍をした川崎徳次である。西日本パイレーツ（セリーグ六位）が球団維持が厳しいのでパリーグの西鉄クリッパース（パリーグ五位）と合併の話が進行中で、是非、三原に来てほしいとのことだった。川崎の話を聞いて、三原は背広の総監督から采配を奮うグラウンドの監督に戻りたかった。川崎は三原の心境の変化を球団上層部に報告した。

三原はこの誘いを受諾し巨人を去ることになった。水原巨人を打倒することを誓い、九州に向かったのである。

翌昭和二六年一月三〇日、西日本パイレーツがセリーグを脱退した。西鉄クリッパースと西日本パイレーツが合併を宣言した。福岡市民から新球団の名称を公募した西鉄ライオンズとなった。これを記念して《西鉄ライオンズの歌》（サトウ・ハチロー・作詞／藤山一郎・作曲）が作られたのである。作詞は野球ソングスの作詞でお馴染みのサトウ・ハチロー、氏は西鉄クリッパースの球団歌である《西鉄野球団歌（西鉄クリッパーズの歌）》（サトウ・ハチロー・作詞／古賀政男・作曲）からの縁である。この西鉄クリッパースの球団歌の詩句には〈筑紫野に玄界灘／大宰府の梅が香／不知火の有明海よ阿蘇の火山よ〉と郷土色の色彩が色濃く盛り込まれていた。作曲は九州福岡県三潴郡田口村（現大川市）

出身の日本歌謡界の重鎮・古賀政男。

《西鉄ライオンズの歌》の作曲は国民的名歌手の藤山一郎である。藤山は〈ゆするたてがみ〉の詩句からメジャー→マイナーへの途中転調を施しながら若い力が漲る重厚なメロディーに仕上げている。この球団歌は昭和二六年七月二九日、大阪球場で発表会が開催され、熱狂的なファンに迎えられた。

起てり　起ちたり　ライオンズ　ライオンズ
ゆするたてがみ　光に照りて　金色まばゆき　王者の姿
九州全土の声援うけて　空を仰ぎて　勝利を誓う
ライオンズ　ライオンズ　おお西鉄ライオンズ

九州を代表する球団ということで「九州全土」という詩句が入り、殊に三番の歌詞には「阿蘇のけむり」「筑紫の海」「薩摩の日向」と九州の地名が盛り込まれ、《西鉄野球団歌》同様に西鉄が郷土色の色彩の濃い九州唯一のプロ野球チームであることが強く意識されていた。この球団応援歌は流行歌ではないが、平和台に熱狂するライオンズファンには広く歌われた歌である。

この西鉄を強力なチームに育て上げたのが、魔術師三原脩である。三原は巨人打倒戦略として人材確保に力を注いだ。素質のある高校卒の選手を一から鍛えあげることにした。巨人時代のスター重視主義ではなく、選手の個性をいかしその発掘に力を注いだ。もっとも、当時の西鉄にはスター性を重視するほどの選手はいなかったのだが。

早稲田進学を打ち出していた中西太が昭和二七年西鉄に入団した。入団早々、その怪童ぶりを発揮した。中西が入団してまもない頃、三月の大洋とのオープン戦（鹿児島・鴨池球場）のことである。中西の打った打球がセンターに飛んだ。センターは平山菊二。センター正面のライナーかと思い、二、三歩前に前進しようとしたが、打球の加速を見て慌てて背走した。打球が急激に浮き上がり、バックスクリーンへ飛び込んだ。センターの平山ばかりでなく両チームの選手は中西の打球に絶句した。この年、中西はホームランこそ一二本だが、新人王に輝き、翌年からはその怪童ぶりを発揮しホームランを豪快に量産した。パリーグのホームラン王は別当、大下時代から中西、前年入団の山内一弘（起工工業―川島紡績―毎日―大毎―阪神―広島）の時代へ移る。

昭和二八年、豊田泰光（水戸商業―西鉄―国鉄・産経アトムズ）が水戸商業から入団し、新人で二七ホーマーを放ち脅威の二番バッターに定着した。この豊田の入団が三原の描いていた流線形打線を完成させた。昭和三一年には稲尾が入団し、二一勝をマークしエースにのし上がり新人王に輝いた。大下弘、中西太、豊田泰光らを中心にし強力打線が形成され黄金軍団を形成した。

昭和二九年、西鉄は開幕一一連勝の好スタートを切った。西村、河村、大津、川崎と安定したピッチングを展開し、打線もホームラン王の中西、大下、関口、豊田が打ちまくり、ホームランも一四三本と両リーグ最高記録を打ちたてパリーグを制覇した。

一方、セリーグは三原の遺産で四連覇を狙う水原巨人が魔球を操る杉下茂、西沢道夫、杉山悟、児玉利一らの強力打線を擁する中日の前にペナントレースの覇権争いで敗れた。日本シリーズで西鉄と戦うが、下馬評は西鉄有利だった。三原も自信があった。だが、三原は杉下を見ていない。実際のフォークボールの威力が一体どれほどなのか知らなかった。杉下を擁する中日に日本シリーズで西鉄は敗れたのである。

西鉄黄金時代の前夜

巨人首脳陣は戦後の第二期黄金時代の黄昏を感じていた。水原の補佐役に戦前の第一期黄金時代を率いた藤本定義を招こうとしたが、その案は立ち消えた。昭和三〇年二月二五日、巨人軍は中南米へ遠征に旅立った。同地で転戦し成績は八勝一八敗。中南米野球のパワーが繰り出す長打力に圧倒され、パワー不足を痛感した。確かに巨人は川上をはじめ、千葉、与那嶺、広岡などヒットの職人はいる。センター前ヒット、一、二塁間を抜くヒット、テキサスヒットなど、チャンスはいつでも作れる。そこに長打力が増せば、巨人の黄金時代は安泰だ。

シーズン開幕の序盤戦は巨人は出足こそ悪かったが五月に入ると九連勝、その五月、新戦力のエンディー宮本(ボールドワン高―巨人―国鉄)が羽田空港に降りた。丸太棒のような太い腕のエンディー宮本は陸軍選抜軍の強打者である。早くもデビュー戦(五月七日、阪神戦)で同点二ランを放った。水原の「グラウンドに出たら野人に、背広を着たら紳士になれ」の言葉通りの結果だった。

六月には一三連勝と独走体制に入った。終わってみれば、九二勝三七敗一引分けで優勝だった。

ペナントレースにおいてベテラン陣は活躍した。川上は五度目の首位打者(打率・三三八)、四度目の打点王に輝き、与那嶺も打ちまくり川上と首位打者争いを演じた(打率・三一一で打撃成績四位)。

また、下位打線も平井が打率・二八〇、岩本堯（田辺高―早大―大洋）が打率・二六六と好機によく打った。

川上と与那嶺の首位打者争いはつぎのとおり。

昭和二八（一九五三）年
　川上哲治　打率・三〇七
　与那嶺要　打率・三四四
昭和二九（一九五四）年
　川上哲治　打率・三二二
　与那嶺要　打率・三六一
昭和三〇（一九五五）年
　川上哲治　打率・三三八
　与那嶺要　打率・三一一
昭和三一（一九五六）年
　川上哲治　打率・三二七
　与那嶺要　打率・三三八
昭和三二（一九五七）年
　川上哲治　打率・二八四

与那嶺要　打率・三四三

巨人の投手陣の軸は別所だった。そのエースの別所は、二三勝をマークし防御率一位、大友が三〇勝で最多勝と勝率一位、左腕の中尾も一六勝と巨人の投手陣も安定した力を見せた。このシーズンは大友が七月に入団六年目で通算一〇〇勝、八月一〇日、中尾が大洋戦で通算二〇〇勝、優勝を決めた後の一〇月一一日、ベテラン藤本が広島最終戦で通算二〇〇勝を達成するなど新旧の記録達成の年でもあった。

昭和三〇年度の日本シリーズでは打倒巨人に執念を燃やす鶴岡が率いる南海が巨人を追い込んだ。巨人は第一戦こそ四対一で勝ったが、第二、三、四戦と落とし三連敗。南海に大手をかけられた。だが、巨人は一気に優勝へ向かおうとする南海を若い力を中心にしたオーダーで臨み、第五戦から三番に起用された藤尾茂（鳴尾高―巨人）の初回の三ランのホームランでツキを呼び九対五で降した。後は波に乗り第六、七戦に勝利し日本一をもぎ取ったのである。たしかに昭和三〇年、巨人は藤尾ら若手の活躍で南海を破り日本一の栄光の座に就いた。しかし、第二期黄金時代の終わりが告げられていた。翌年から西鉄の快進撃が始まり、巨人は暗雲を経験するのだ。

昭和三一年、巨人の苦闘の時代が始まった。セリーグのペナントレースは八二勝四四敗五引分けで制した。三四歳の別所が二七勝一五敗の成績で最高殊勲選手、与那嶺が打率・三三八で首位打者、エンディ宮本が六九打点を叩き出し打点王に輝いた。個人記録は申し分がなかった。そして、西鉄との日本シリーズに臨んだのである。

西鉄は南海との激しいペナントレースを展開し〇・五ゲーム差（勝率三厘差）で優勝した。戦力的には中西、大下、豊田、関口らの猛打線と、新人稲尾和久（緑丘高―西鉄）の活躍に加え、西村、島原の投手陣の踏ん張りが見られた。若手とベテランの新旧交代に悩む巨人とは対照的にこれからの若い力が漲っていたのである。

個人記録では中西がホームラン王（二九本）と打点王（九五打点）、最優秀選手、豊田が首位打者（打率・三二五）。このシーズンのパリーグの首位打者争いのデッドヒートは熾烈を極めた。最終戦を前にして、中西・三二四六、豊田・三二五一とその差は僅か六毛。最終戦次第ではどちらが首位打者の栄冠に輝くか分からなかった。もし中西が首位打者になればすでにホームラン二九本、打点九五打点とほぼ手中に収めていただけに三冠王に輝くことになる。結局、最終戦は二人とも欠場し、首位打者のタイトルは豊田が手にした。

首位打者を逃したが、中西は昭和三〇年から四年連続三割をマークしホームラン王ばかりだけでなく、首位打者争いも常に演じていた。

昭和三〇（一九五五）年　首位打者・中西太　打率・三三二
昭和三一（一九五六）年　首位打者・豊田泰光　打率・三二五
昭和三二（一九五七）年　首位打者・山内一弘　打率・三三一
昭和三三（一九五八）年　首位打者・中西太　打率・三一三

また、西鉄投手陣では島原が最高勝率、新人稲尾が最高防御率、新人王を獲得した。日本シリーズで巨人は西鉄と初めて対戦する。しかし、そこには水原茂と三原脩の日本野球史を彩る因縁があった。高松商業（水原）対高松中学（三原）、早慶戦を舞台にした両雄の対決、巨人軍第一期黄金時代の一、二番コンビ、戦後、シベリアから生還し巨人軍の監督に復帰した水原、そのために巨人軍を追われた三原。まさに運命の交錯であり、巌流島の戦いを思わせた。だが、昭和三一年以後、巨人は西鉄に日本シリーズにおいて三連敗を喫するのである。巨人の苦闘の時代が始まった。

西鉄の日本シリーズの制覇

昭和三一年、巌流島の戦いの火蓋が切って落とされた。第一戦（一〇月一〇日・後楽園／四対〇巨人◯）。巨人が四対〇と完勝しまずシリーズの先手を取った。巨人先発大友のスライダーと内角を鋭く抉るようなシュートに翻弄され、強打の西鉄打線は沈黙した。巨人は西鉄先発川崎の安定を欠いた立ち上がりを攻め、宮本、川上の長短打、藤尾のレフト前ヒットで初回に二点を先取した。二回も代わった西村を攻め、広岡、与那嶺の長短打で二点を追加した。西鉄は九回表、玉造陽二（水戸一高—西鉄）、豊田の短長打でようやく得点圏に走者を送ったが、期待の中西は三振に倒れゲームセットとなった。

第二戦（一〇月一一日・後楽園／六対三　西鉄◯）。は巨人は別所が先発したが、瞬間風速二〇メートルの風に煽られて、思うようなピッチングができず、四回裏、三塁線内野安打の豊田を土屋の悪送球で二進後、中西がセンター前に火の出るような当たりのヒットを放ち同点。これに別所は気落ちしがっくりとなった。二死後、関口に三球続けてのカーブをとらえられ、ツーランホームランを浴びてついに逆転を許した。五回裏、別所は自らのバットでホームランを打ち意地を見せ、一点差に詰め寄った。だが、六回表、別所はついに西鉄打線にノックアウトされた。豊田、中西の連打を浴び、マウンドを降りたのだ。

西鉄打線は代わってマウンドに登った堀内庄に対してベテラン大下のセンター前ヒット、代打中谷準志（和歌山商業—ライオン軍・朝日軍・パシフィック・太陽・大陽—阪急—西鉄）のレフト前ヒットで二点を追加し、西鉄は巨人を突き放した。その裏、川上が巧く流してレフトにホームランを放ち二点差にしたが、八回、中西が豪快にレフトスタンドにあわや場外に飛んでゆくかのような大ホームランを三人目の安原から放ち、これで六対三となった。五回からは稲尾をリリーフしマウンドに登っていた島原がカーブ、シュートで内外角を揺さぶり、川上にホームランこそ許したが逃げ切った。

第三戦（一〇月一三日・平和台／五対四　西鉄〇）。巨人の先発堀内の大きくタテに曲がるカーブに西鉄打線は手こずった。五回まで僅か三安打。だが、六回裏、玉造、豊田が短長打で一、三塁とし、中西が犠牲フライを打ち、一対四にした。八回、六回から堀内をリリーフしてマウンドに登った別所から豊田がツーランホームランを放ち、一点差に迫った。別所は第二戦のKOの屈辱を晴らそうと気負いが見られ冷静さを失ったピッチングだった。豊田がカーブに弱いことを衝くのは良いが、別所自身己のキレの悪さを忘れての失投だった。

その後の西鉄の攻撃は迫力があった。別所は中西を歩かせ、大下にはセンター前に痛打され、大友と交代した。ここで三原はスクイズを敢行しまず同点。稲尾のライト前ヒットを加倉井が悪送球し、これが決勝点になった。巨人は三回から西村を救援した河村を打てなかった。河村は巨人打線を封じ込め七回まで一安打に抑えるピッチングをした。巨人は二回に広岡のスリーランホームランで四点先取したにもかかわらず、河村の好投の前にその後の追加点を奪えなかった。河村の好投が打線の奮起を呼び、それが勝利の要因でもあった。

第四戦（一〇月一四日・平和台／四対〇　西鉄〇）。巨人は拙攻によって悉くチャンスをつぶした。それに対して西鉄はようやく大友を打ち崩した。西鉄打線は速球を武器に左右に鋭く食い込んでくるスライダーとシュートをよく選球した。五回の裏、西鉄は日比野がセンター前ヒット、稲尾がライト前ヒットと続き、玉造内野安打によって満塁のチャンスを迎えた。ここで打席に立った河野昭修（修猷館高―早大中退―西鉄）はシュートに狙いを絞った。狙いが的中しセンタ前に打ち返し二点を先取した。八回、大友の後の左腕の中尾から、中西がレフトスタンドへツーランホームランをまたしても豪快に叩き込んだ。稲尾が四回からリリーフでマウンドに登っており、打者一二人を手玉に取った。ヒットは藤尾の二安打のみに押さえシリーズ二勝目をあげた。

第五戦（一〇月一五日・平和台／一二対七　巨人〇）。第五戦は両軍一五安打を放つ打撃戦が展開し巨人が一二対七で乱打戦を制し雪辱した。巨人は王者のプライドを見せ、再逆転を演じ後楽園に帰ることができた。西鉄は関口の一試合二ホーマーというシリーズ・タイ記録にもかかわらず、稲尾の連投が裏目に出た。五回表二死、平井のヒット、十時啓視（岩国高―巨人―近鉄）が四球で歩き、三原監督は稲尾をマウンドに送ったが、それが大誤算だった。リリーフとはいえ、昨日の疲労が残っており、広岡、岩本、坂崎に連打を浴びた。同点に追いつかれたところで島原幸雄（松山東高中退―西鉄）に代えたが、与那嶺のヒットで巨人は五点を奪い五対二と逆転した。西鉄は六回裏、関口がこの試合二本目のホームランを放った。この回、三点を取って同点。七回裏、中西、豊田、大下、関口の四連打で一点、今久留主の適打で七対五とリードした。だが、巨人は八回、樋笠一夫（高松中―広島鉄道局―三井鉱山美唄―広島―巨人）、宮本のヒットでまず一点。平井のタイムリーが出て同点した。更に、代打加倉井がヒット、続く土屋の二塁打がとび出し巨人は一挙五点を奪い、九回に二点を追加し乱戦に終止符が打たれた。終盤の七点が大きかった。

巨人は、中西、豊田、大下、関口らを抑え込む投手が不在だった。第六戦（一〇月一七日・後楽園／五対一　西鉄〇）。巨人は背水の陣をもって挑んだが、その中心である別所が一回ももたずに崩れては話にならない。これでは敗戦はやむをえない。初回に大下の右中間二塁打、関口のセンターオーバーの二塁打がとび出し四点を取られてはもはや試合の行方は決定的であった。三回には、関口がシリーズ四本目のホームランで五対〇とした。

西鉄の稲尾は中一日休みの登板で、切れのある速球とシュートも冴え、カーブのコントロールも安定し絶妙のピッチングで巨人打線を完全に抑えきった。六回に岩本に一発を浴びたが、与えたヒットは四安打の完投勝利だった。巨人は過去日本シリーズで四度制覇したが、初めてパリーグのチームに敗れた。西鉄の若いパワーに捻じ伏せられたようなものだった。

打てり　打ちたり　ライオンズ　ライオンズ
威風堂々　正しく強く　常に忘れぬ　王者の微笑

春の霞も　真夏の雲も　秋の夕日も　こぞりて讃う
ライオンズ　ライオンズ　おお西鉄ライオンズ

西鉄の連覇

昭和三二年、巨人はよろめきながら七四勝五三敗三引分けで優勝した。与那嶺が打率・三四三で二年連続首位打者を獲得し最高殊勲選手、エンディー宮本が七八打点を記録し打点王に輝き、一八本のホームランを打った広岡らの活躍が目立った。しかし、チームとしては新旧の交代もうまくゆかず、戦力の低下は否めなかった。殊に打撃の神様川上は打率・二八四と八年連続三割に終止符を打った。

西鉄はエース稲尾の活躍が目覚ましく、二〇連勝の新記録に加えて六八試合に登板し、三五勝をマークし、勝率・八四五、防御率一・七三の驚異的な数字を上げＭＶＰに輝いた。稲尾の最多勝、勝率、防御率の投手部門独占は当然である。打線も、自慢の強力打線が爆発し、中西（打点王・一〇〇打点）、豊田、大下、関口らの打棒が凄まじい破壊力を見せた。打撃一〇傑に五人（中西、大下、関口、豊田、高倉）が入るなど二位南海に七ゲームの差をつけてペナントを制した。第二期黄金時代の主力の衰えが目立つ巨人とは対照的だった。

日本シリーズは二年連続、水原・巨人と三原・西鉄の顔合わせとなり激突した。だが、西鉄が引分けを挟んで四連勝し巨人を降した。とはいえ全試合、一点差の試合で巨人は一勝もできなかったが、一方的に敗れたわけではなかった。第一、二戦は、水原の投手交代のタイミングを誤ったことが敗因だった。

第一戦（一〇月二六日・平和台／三対二　西鉄〇）。巨人の先発義原武敏（米子東高―巨人―近鉄）は三回まで大下から仰木まで四連続三振を奪うなどパーフェクトピッチング。四回、一点を取られた段階で、水原は交代を考えたが、義原が「もう一回」と懇願し続投させた。これが敗戦の要因となった。結局、豊田に一発を浴びる結果となった。西鉄の稲尾は九安打を打たれながらも一一個の三振を奪い完投した。

第二戦（一〇月二七日・平和台／二対一　西鉄〇）は西鉄・河村と巨人・堀内の好投による投手戦が展開した。だが、三安打無四球、投球数も僅か七二球の堀内を交代したことが河野のライト前ヒットによるサヨナラ負けを喫する原因となった。第一戦の投手交代の遅れで失ったとはいえ、なぜ、好投する堀内を藤田に代える必要があるのか、それに対する非難は多かった。

第三戦一〇月三〇日・後楽園／五対四　西鉄〇）。巨人は五対四の一点差で敗れた。西鉄は一球たりとも配球のミスを逃さない。西鉄のお家芸であるホームランによる長打攻勢の勝利だった。六回、好投する義原から、大下が外角高めに甘く入ったストレートをレフトへ流してツーランホームランを放った。七回には豊田が初球を叩きセンターオーバーの三塁打。センターの与那嶺にしては珍しく足を滑らせてスタートが遅れたとはいえ、打球の当たりは凄かった。八回表、関口が藤田からライトスタンへ運び、五対二とリードした。その裏、エンディー宮本がライトスタンドへツーランを放ったが、結局、一点差に泣き巨人は敗れた。

第四戦（一〇月三一日・後楽園／〇対〇　引分け）。第四戦は〇対〇の引分け。西鉄・河村と島原、巨人・木戸と堀内の四投手の好投が目立つ試合だった。第五戦（一一月一日・後楽園／六対五　西鉄〇）。

第五戦は六対五で四勝をあげ土付かずの西鉄が日本一に輝いた。巨人先発の別所は脳貧血を起こし一回もたず降板。巨人が三対二のリードで迎えた六回、西鉄は和田博実（臼杵高―西鉄）が満塁でランニングホームランを放ち、一挙四点を上げ逆転。巨人は八回裏、川上がソロホーマー、エンディー宮本がセンター前ヒットで出塁し、代打広岡が左中間に二塁打を放ち一点差に追い上げた。しかし、河村を救援した島原に抑えられ、西鉄のシリーズ二連覇が決定したのである。

このように昭和三二年の巨人は日本シリーズで西鉄に完敗した。〇勝四敗一引き分け。巨人は、打撃の神様川上、二年連続の首位打者の与那嶺、打点王のエディー宮本の打棒に期待したが、鉄腕稲尾の前に沈黙したのである。

勝てり　勝ちたり　ライオンズ　ライオンズ
凱歌とどろき　あふるる涙　いさをかおれる　王者の冠
阿蘇のけむりも　筑紫の海も　薩摩日向の草木も祝う
ライオンズ　ライオンズ　おお西鉄ライオンズ

西鉄の日本シリーズ二連覇の秋、東京六大学野球では立教の長嶋茂雄が戦前宮武三郎、呉明捷（嘉義農林―早大）の持っていた通算七本のホームラン記録を八本に塗り替えた。神宮球場のレフトスタンドに突き刺さったホームランは新しい野球の歴史のスタートでもあった。やがて、長嶋は巨人に入団し日本プロ野球界に登場するのである。そして、西鉄の若いエース、稲尾との対決を日本シリーズにおいて迎えることになる。

　昭和三三年三月四日、西鉄の二連覇を記念して、《西鉄ライオンズの歌》がＲＫＢ毎日放送のスタジオで中西、稲尾ら西鉄の主力選手によってレコーディングされた。二番のソロは豊田が歌った。豊田の歌声を聴いてみると素直に歌っている。おそらく作曲者の藤山一郎の歌唱指導を受けたのではなかろうか。野武士のイメージとは異なるストレートな唱法である。

第十二章　鈴懸の径——長嶋茂雄の青春

去りゆく学窓

歌謡界のベースボールマンは灰田勝彦の人気は衰えていなかった。灰田勝彦は昭和三二年暮れの第八回紅白歌合戦では上半身野球のユニフォームで《野球小僧》を歌った。この灰田の《野球小僧》はすでに巨人に入団は決まっていた長嶋茂雄というスーパースターを日本のプロ野球界に迎えるかのような歌声だった。

灰田勝彦と長嶋茂雄は立教の先輩後輩の間柄である。長嶋の結婚式では立教の仲間と校歌を高らかに歌っている。長嶋とは親交が深かった。長嶋も灰田が立教の先輩ということもあって、彼の戦前のヒット曲・《鈴懸の径》（佐伯孝夫・作詞／灰田晴彦・作曲）を愛唱歌にしていた。

《鈴懸の径》は戦前の歌である。舞台はこの歌の製作に関わった作詞、作曲、歌唱者、ディレクターの母校の学び舎とその学生街の周辺である。しかも、時代が太平洋戦争中の立教大学とくれば、その時代が戦後においても反映され、ますます抒情歌に色濃く滲む感傷・憂愁のメロディーがキャンパスを彩っていたのである。長嶋は昭和二九年春、立教に入学するがこの《鈴懸の径》の抒情を感じていた。野球部の猛練習の合い間に授業で訪れたキャンパス内においてチャペルの鐘を聞きながらその感傷に浸ることが度々あった。

立教大学野球部が正式に五大学リーグ戦（東大はまだ加盟せず）に参加したのは大正一〇年の秋のリーグ戦である。当時はまだ神宮球場がなく駒沢球場で試合が行われた。明治と法政と対戦したがいずれも完敗だった。昭和六年秋、辻猛、菊谷正一の好投によって創部以来初優勝を遂げ、ようやく立教も強豪チームの仲間入りを果たすことができた。この年の日米野球で大リーグのオールスター軍団と〇対七の好試合を演じた。

五回まで〇対二と全米チームがリード。結局試合は〇対七の完封負け。立教は前半、制球力抜群のエース辻の好投が光ったとはいえ、カニングハムに完全に押さえられた。打線も中島、国友、山城、三浦、百瀬と必死に食らいついたが、決定打を放つことができなかった。しかし、全米オールスターチームに日本の大学の単独チームが七対〇ということは大健闘である。

昭和七年の春、学生野球は揺れていた。前年の「八十川ボーク事件」に続いて、波瀾の年であった。早稲田が五月一〇日、「現在の六大学リーグ野球連盟は、純粋なる学生スポーツの精神を違背するところ多く」と六大学リーグ脱退を表明した。これより以前、立教大学がアメリカ遠征に旅立っており、リーグ戦は四大学で争われた。

立教はアメリカ各地の大学チームと対戦した。六月下旬に帰国した。二〇戦して一〇勝一〇敗の成績だった。ワシントン大（〇対一、六対四）、シカゴ大（三対五）、オハイオ大（一対二）、ミシガン大（九対一二）、ヒルデール大（一対四）、エール大（八対一）、スタンフォード大（三対九）の成績だった。だが、立教は縦のカーブを駆使したエース菊谷が首位打者（打率・三七〇）に輝いたにもかかわらず、秋のリーグ戦は不振に終わった。優勝は法政が二度目の栄冠に輝いた。

昭和八年春、松山商業から景浦将（将）が入学し早くも主軸を打ち投手兼右翼でリーグ戦に登場した。春のシーズン、立教は新人景浦の加入とエース菊谷の投打に活躍によって一〇勝四敗一引分けで明治を勝率で上回り優勝した。その後、立教は昭和一〇年秋、早稲田二回戦はエース若原を打ちこみ五点を奪い八対五とリードしながら、早稲田に追撃を許し三度めの優勝の栄冠を逸した。立教にとっては惜しまれる敗戦だった。その後、立教は投打に活躍する西郷準（鹿児島二中―立大＊西郷隆盛の孫）の活躍もあったが、優勝できなかった。

鈴懸の径

学窓を去り戦場へ赴く学徒たちの心情を歌い、また、彼らが学舎を後にしながら〈友と語らん、鈴懸の径〉と口ずさんだ青春の哀歌が《鈴懸の径》（佐伯孝夫・作詞／灰田晴彦・作曲）だった。これは、昭和一七年一〇月、ビクターの新譜レコードで発売された。歌唱は青春歌手の灰田勝彦、作詞は佐伯孝夫、作曲は灰田晴彦だった。旋律は感傷的でありながら甘いムードがあった。

作詞の佐伯孝夫は秋も深まった時期に一枚の葉を拾った。やさしく微笑みながら拾ったのだ。プラタナスの葉は舗道の街路樹についている青い時は何も変てつもない葉であるが、秋の深まりとともにロマンチックなそれになる。プラタナスの葉は日本名で「鈴懸」と言う。秋になるとその昔、山伏が着ていた衣（篠懸衣）についていた飾りの玉のような実がなることから命名されたそうだ。

佐伯は〈友と語らん　鈴懸の径〉と学窓の甘い思い出を歌い、〈通いなれたる　学舎の街〉と若き夢を蘇らせた。二度と帰らぬ青春の仄かな夢を〈やさしの小鈴　葉かげになれば〉と追想し、ペンのインクに涙を滲ませた。青春のいとおしさを実感しながら甘い青春のムードが漂う感傷詩に仕上げたのである。また、それは二度と帰らぬ青春の哀悼詩でもあった。

友と語らん
鈴懸の径
通いなれたる
学舎の街
やさしの小鈴
葉かげになれば
夢はかえるよ　鈴懸の径

詩の内容からして、テーマがカレッジ・ソングであることに異論はなかった。作詞の佐伯、ディレクターの上山敬三は早稲田、作曲の灰田兄（晴彦）は慶應、弟の歌手灰田勝彦は立教と、カレッジ・ソングに相応しいメンバーが揃っていた。彼らは教室の授業の思い出はないが、キャンパスへの思いは強い。心の風景に刻まれた青春は永遠なのである。

流行歌のジャンルに青春歌謡というものがある。その系譜は学園を装置に己の青春体験からメロディーを作りあげた古賀政男の《丘を越えて》がその始まりではなかろうか。藤山一郎が声量豊かに張りのあるテナーで昭和モダンの青春を歌っている。その藤山に対抗してコロムビアが売りだしたのがモダンボーイの松平晃だった。そして、ディック・ミネが昭和モダンとジャズのフィーリングをレコード歌謡に持ち込み、灰田勝彦がスポーツと歌謡曲をリンクさせたのだ。だが、そのような昭和モダンの青春歌謡の明るさも、戦雲の翳に消されようとしていた。

太平洋戦争が始まり、しだいに戦局は烈しさを増すと、当時の学生は軍事教練と勤労奉仕に毎日を費やし青春の歓びを剥奪されていた。夢のないキャンパスライフを見るにつけ、まだ戦争の響きが聞こえてくる前の昭和モダンの青春を満喫した佐伯、灰田兄弟たちは、それぞれの青春の甘いムードや夢を追うことに懸命だったのかもしれない。だから、彼らは後輩のために奪われつつある青春の空間を詩、メロディー、歌唱に託したのである。彼らのプラタナスの径は、本来決して地獄の戦場に向かうそれではなかったはずだ。《鈴懸の径》は戦争という激動の時代において甘い青春の感傷をテーマにした最後の青春歌謡といえよう。

《鈴懸の径》が発売された昭和一七年の秋、東京六大学野球は一回戦総当たりとなった。一日三試合を行ったのだ。昭和一八年、立教野球部からも海、陸、空へバットを銃にかえて出征し、快速球で鳴らした古島誠治（高崎商業）、高橋進（一ノ宮中）ら帰らぬ部員も多かった。後のプロ野球界において、大毎オリオンズ、阪急ブレーブス、近鉄バッファローズの監督として名を成した「非運の名将」西本幸雄（和歌山中）もその一人である。

昭和二一年春、主将だった好村三郎（灘中）がフィリピンから生還し野球部再建が始まった。川崎信一（小樽中）を主将にチームがまとまり春のリーグ戦に臨んだ。チーム成績は五位だったが、川崎が戦後初の首位打者に輝いた。昭和二八年春、立教は砂押監督の指揮の下、小島訓一（川崎中）の力投、古田昌幸（九州学院）、大沢啓二、福村澄雄（小倉高）、山田一夫（瑞陵高）らの活躍によって戦後初優勝を果たし、そして、翌昭和二九年、長嶋茂雄が入学してきたのである。

八号ホームランと金田正一

昭和二九年春、立教は七勝六敗で四位。チーム打率が二六三で連続三シーズン一位にもかかわらず、不本意だった。秋も八勝六敗でまたしても四位。Bクラスから脱出できず砂押監督のスパルタな指導にもかかわらず不本意なシーズンが続いた。

昭和三〇年春、砂押監督の練習は厳しさにこれまで以上に拍車がかかり、長嶋らの有望新人を得たことも相まって峻烈さを極めた。だが、新エースの杉浦、古田、伊藤、竹島の主力が相次いで負傷という最悪のシーズンに突入。その結果、予想通り、四勝七敗で五位に終わった。この後、砂押排斥運動の波紋が広がり、立教野球部は揺れに揺れた。秋は九勝二敗で早稲田についで二位、砂押前監督が鍛えた長嶋、杉浦、本屋敷らが活躍し一連の排斥運動の後遺症を払拭した。長嶋は打率・三二四で三位に顔を出した。

昭和三一年春、長嶋は打率・四五八で首位打者に輝いた。東実（海南高—立大—南海）、杉浦の両輪が投手陣の軸となり、チームも九勝四敗で二位。昭和三二年春、長嶋の打棒、杉浦の力投によって一〇勝一敗一分で優勝した。対慶大戦の決勝戦は長嶋の巧打が勝利をもたらした。

秋は長嶋が二度目の首位打者に輝き、杉浦、拝藤宣雄（境高―立大―広島）の好投によって連続優勝を果たした。立教の優勝で湧いた秋のリーグ戦、もう一つの話題は長嶋茂雄のホームラン記録である。だが、なかなかホームランが出なかった。

最終戦は慶大と対戦した。一回戦は六対三で立教がまず一勝。慶大二回戦で、長嶋は五回の第二打席で林薫（神戸高）からカウント一―三からの五球目、内角ストレートを叩き八号本塁打を放ち、宮武、呉の持つ七本の記録を塗りかえたのである。試合は四対〇で立教が勝利した。

近藤唯之の『戦後プロ野球50年』によれば、国鉄の金田正一はこの時、成城学園のそば屋で立教と慶應の二回戦のテレビ実況中継を捕手の谷田比呂美（尼崎中―鐘紡淀川―大阪タイガース―国鉄）と一緒に見ていた。昭和三二年一一月三日のことである。実は長嶋と金田の対決はこのときから始まっていた。近藤唯之がのべるように「勝負の奥行きとは、ため息がこぼれるほど深いものだと、しみじみと思う話」から歴史的勝負はすでに展開していたのである。

この日、金田はいつものそば屋で天ぷらそばに箸を入れようとした時、五回、長嶋が打席に立つ画面に眼を向けた。ちなみに、長嶋が対金田四打席四三振のとき国鉄の捕手はこの谷田比呂美である。驚いたことに、金田は対決の半年前からすでに長嶋の穴を探りだし谷田と一緒に配球を考えていたのである。

金田と谷田はこの立教のスラッガーは内角高めに弱いということで一致した。長嶋のウィークポイントをテレビの画面だけで、しかも、当時はバックネットからのカメラを向けた放映だから、今よりも見にくいはずだ。これだけで、バッターの穴を瞬時に的確に識別できるのだからやはりプロの眼は凄い。現に金田は長嶋との初対決の初球は内角高めの速球で空振りさせている。当時の六大学の投手で金田のようなスピードボールを投げる左腕などいるはずもなく、金田の豪速球が内角に決まれば、バットが空を切ることは明らかであった。

だが、金田は長嶋のバッターとしての穴、弱点を見抜いたが、甘いカーブが真ん中に入ったら、レフトスタンドに運ばれると思った。そのくらいテレビで見た長嶋のスイングは鋭かった。もっとも、金田は実際のマウンドで長嶋の空を切りながら強振するスイングの恐怖を味わうわけだが。とはいえ、近藤唯之が語るように金田の分析は鋭かった。

「男の社会とは鬼千匹、神宮球場でひとりの学生が本塁打を打ったとき、2人の商売人が神宮球場から約11キロ離れた成城学園前のそば屋で、天ぷらそばを食べながら、学生の穴を探り出している」(『戦後プロ野球50年』)

すでにのべたが、長嶋の四打席四三振を喫した試合で金田の球を受けたのはこの谷田比呂美である。谷田は、尼崎中学卒業後、応召されシベリア抑留体験後、昭和二三年、大阪タイガースに入団し主に打力を買われ代打で活躍した。目立った活躍では昭和二八年七月二八日(対洋松戦)、延長一三回、セリーグ初の代打サヨナラホームランを放っている。昭和三一年、国鉄に移籍し捕手経験をいかして金田専門捕手となる。

さて、話は昭和三二年の晩秋へ戻る。東京六大学野球秋のシーズン終了後、長嶋、杉浦、本屋敷に対して本格的にプロ野球各球団の争奪戦が展開された。立教のスパースターの二人は南海入りの線が濃かった。すでに前年、東京六大学で二〇勝挙げた立教の東実が南海へ入団しており、先輩には大沢啓二がいて、二人の南海入りはほぼ決定しかけていた。しかし、結果、長嶋茂雄は巨人の入団が決まった。南海に入団する予定を変更しての巨人入りだった。立教時代の長嶋は杉浦と共に南海から金銭を貰っていた。立教の先輩の大沢啓二がその仲介をしていた。料亭で長嶋は鶴岡の前で「親に逆らってまでして南海に入れません」と男泣きしたが、鶴岡親分は黙って一言も云わず聴いていた。おそらくこの時点で、鶴岡はすでに長嶋が四番に座る巨人を迎え撃つ日本シリーズの作戦を考えていたのではなかろうか。なにはともあれ、長嶋は開幕日を迎えるのである。

四打席四三振のスタート

昭和三三年、春の巨人軍のキャンプインの日、明石駅で巨人軍を五〇〇〇人のファンが長嶋を見たさに殺到した。高知でオープン戦が始まると、長嶋の快打がファンを熱狂させた。七試合連続ホームラン。ヘルメットを飛ばしパワフルな走塁で突進し猛スライディングを見せる。守備は力感あふれるアクティブな動きと強肩を披露。この派手なプレーは早くも野球ファンを魅了し酔わせ新しい時代の象徴と希望となっていたのである。

昭和三三年四月五日、巨人と国鉄の開幕カード。話題は大物ルーキー長嶋と球界の天皇・金田正一との対決だった。これは享栄商業中退の金田と立教大学卒業の長嶋の学歴対決でもあった。すでに長嶋はオープン戦で大毎オリオンズの小野正一（磐城高―常磐炭鉱―清峰伸鋼―毎日―大洋―中日）から豪快にホームランを打っており、マスコミは「金田も打ったようなものだ」と書き立てた。これには金田は反発した。確かに小野は一八五センチの金田どうように大型左腕であり、前年のシーズンは二六勝をマークしている（二六勝九敗）。奪三振も二四五個、防御率一・七三だが、金田は小野とは格が違うと思っていた。

さて、試合は午後一時、プレイボール、初回から金田は飛ばした。与那嶺、広岡を三振に打ち取り長嶋を迎えた。金田はスキをあたえず、長嶋が構えをとる余裕すらも与えずに速いテンポで投げてきた。長嶋は初球から打っていった。だが、金田の内角高めの速球にバットが空を切り、かすりもしなかった。とはいえ、この空振りが金田に恐怖心をあたえた。どよめく四五〇〇〇人の大観声の中、一八メートル四四センチ離れたマウンドにいる金田はこの長嶋のバットヘッドが風を切る音を聞いたのだ。もし、長嶋のバットに金田の投げた渾身のボールが当たっていたら、間違いなくレフトスタンドである。

二球目、外角低めに決まるカーブ、長嶋は手が出ず見逃しのストライク。三球目もカーブ、今度は内角低めに落ちた。長嶋はその速球のキレとスピード、カーブの落差にあらためて驚く。たしかに、長嶋は東京六大学時代、プロで活躍している慶應の藤田（巨人）、明治の秋山（大洋）、早稲田の木村（南海）らの速球を打ってきた。彼らは、プロに入ってすぐに活躍した。殊に木村からは豪快に二本、神宮のスタンドに叩き込んでいる。だから、自信はあった。しかし、この日は違った。今までこんな凄いボールを投げる投手など見たこともない。長嶋はまったく、手がでなかった。そして、四球目。金田は一年前、成城学園のそば屋で谷田と打ち合わせたとおりに内角高めに渾身の一球を投げ込んだ。長嶋はフルスイングしたがバットは空を切るだけで空振りの三振だった。まざまざとプロとの格の違いを見せつけた金田の剛球だった。

金田の投球から球の出てくるところはバッターからレフトの白いポールのところに位置していた。それは右にも左にも揺れることなく、まるで定規で線を引いたように真っ直ぐにボールが投げ込まれてくる。しかも、高低の差を正確につけられ、割れるような大きなカーブ、彼のピッチングの組み立ては精密で巧緻である。東京六大学の各校のエース級（東大は除く）はすぐにプロで活躍する実力だが、これを打って来た長嶋の自信はこの金田との初対決で完全に打ち砕かれたのだ。だが、この長嶋のフルスイングの空振りが金田の恐怖心を一層煽った。顔から血の気が引き身体が震え出した。長嶋の豪快なスイングの風を切る音はビュ－ン、ビュ－ンではなくキ－ンという金属音のような音だった。もし、長嶋のバットに先程の渾身の一球が当たったら、そう考えるや否や、金田はこの想念をすぐに打ち消した。

二打席目は二―三から大きく縦に割れるカーブが外角に決まり、空振りの三振。前回の打席同様に空振りをするたびに長嶋の豪快なスイングで起こる風の音がマウンド上の金田の耳元に響く。まるで金田の顔面を襲うかのようだった。自慢のカーブで三振を取った快感よりも、相変わらず、怖さが先立つのだ。三打席目は金田のピッチングは圧巻だった。初球内角高めを空振り、内角低めのカーブを空振り、外角高めの速球を空振りの三球三振。長嶋はもう完全なお手上げである。ゴールデンルーキー長嶋は球界のエース金田にプロ野球と東京六大学野球との格の違いを完全に見せつけられた。だが、マウンド上の金田には笑みがない。球界のエースと新人の格の違いを見せつけながらも、金田は恐怖心を消し去り、貫禄と冷静さを保つのが精一杯だった。さっきのカーブも鋭く内角低めに決まったが、甘く真ん中に入ったら間違いなくレフトスタンド、いや場外である。そのくらい長嶋のスイングは凄かったのである。

九回裏の長嶋は四打席目を迎えた。すでに三連続三振と完膚なきまで押さえられまったく相手にされず惨敗だった。にもかかわらず、打席の長嶋は燃えていた。バットを短くすることなどしない。ホームベースに近寄ったりするなど小細工などもしない。長嶋は闘志あふれる姿で最後の打席にたった。この長嶋の姿が日本のプロ野球の発展とこれからの高度経済成長まっしぐらに走る日本の繁栄を象徴しているかのようだった。

一方、マウンド上の金田には格の違いを見せつけた太々しさはない。身体が正直に恐怖を感じているからだ。第四打席、金田は初球内角高めに速球を投げボール、敢えて外したのがわかる。長嶋は振ってこない。二球目は内角低めにカーブ、これもボール。長嶋は手が出ないのではない。手を出さないのである。三球目、内角低めに決まる速球でストライク。長嶋はこれには手が出ず見逃した。だが、長嶋はバットが出なくても金田の求道を見てそのスピードを体感していたのだ。四球目、速球が外角低めに外れてボール。カウントは一―三、ここから金田の左腕から美しくくりだす剛腕が唸った。まず、五球目、内角低めの速球を長嶋は空振り。そして、締めくくりは一打席目の初球と同じ内角高めの速球。一年前、バッテリーを組む谷田と打ち合わせた通りの内角高めの速球で三振を取りにいった。長嶋のバットが空を切り三振。結果は長嶋の四打席四三振。金田が長嶋に投げたボールは一九球でファウル二、空振り八。金田の圧勝だった。

だが、長嶋が何度も空振りをするたびに起こるスイングの風を切る鋭い金属音のキーンという音がマウンドにいる金田を襲った。その度に金田は恐怖心で身体が震えた。何度も言うが、もし、この強振に金田の快速球が当たったら間違いなくレフトスタンドである。そう思う度に、金田は青ざめゾッとした。確かに、両者の対決は金田の完勝だが、実際は金田自身が長嶋を恐れたという点においては心理的には長嶋の勝ちである。その後、翌シーズンからの対金田戦の長嶋の成績が証明しているのだ。

試合は一対四で国鉄に巨人は開幕戦で敗れた。試合は終始、国鉄が巨人を圧倒した。巨人が金田に喫した三振は一四個。ヒットは四本。一方、国鉄は主砲の町田行彦（長野北高―国鉄―巨人）の三ラン含む一〇安打を先発エースの藤田に浴びせた。実をいうと長嶋は対金田には四打席連続三振ではなく五打席連続三振を喫していた。翌日の試合、リリーフでマウンドに登った金田から三振を奪われていたのだ。

鳴り物入りでプロ野球に登場した長嶋だったが、金田から厳しいプロの洗礼を受けた。だが、長嶋は五月に入ると猛然と打ちまくった。金田の快速球をとらえホームランを放つなど、長嶋の活躍は凄まじかった。長嶋は、このシーズン新人ながらいきなりホームラン王（二九本）と打点王（九二打点）と二冠を取り、打率こそ・三〇五で首位打者は田宮謙次郎（打率・三二〇）に譲ったが、新人でありながらセリーグNO1のバッターであることは間違いのない事であった。プロ野球の新たな歴史の始まりでもあった（この年打撃の神様川上哲治引退）。そして、この長嶋茂雄の前に新たなライバルが出現した。それがタイガースの村山実、さらに、リーグこそ違うが西鉄の稲尾和久である。

巨人・三連勝の好スタート

勝負師水原対知将三原の巌流島の戦いは三度目を迎えた。西鉄はオールスター直前、一位南海に一一ゲームも離されていた。後半になって、九月に入ると快進撃を始め中旬から一三連勝と、南海を振り切り逆転優勝した。

一〇月一一日、後楽園、日本シリーズが開幕した。打倒稲尾が巨人のすべてだった。第一戦（一〇月一一日・後楽園／九対二　巨人〇）。一回裏、サード小淵泰輔（三池工業―東洋高圧大牟田―西鉄―中日―国鉄・サンケイ）のエラーで坂崎一彦（浪華商業―巨人―東映）が一塁へ出塁。大物新人長嶋を迎えた。鉄腕稲尾との対決である。稲尾には意地があった。三年間で八九勝の実績でパリーグを代表する投手になった稲尾と、二九ホーマのホームラン王と打点九二打点で打点王に輝く長嶋。早くも、両者のプライドが火花を散らしていた。

一回裏、長嶋は小淵のエラーで出塁した坂崎を一塁に置いて稲尾から右翼線に三塁打を放った。巨人がまず一点先取。稲尾はこの長嶋のバッティングに脱帽した。

稲尾はカウント、二―一と長嶋を追い込んでいた。長嶋は肩を開き気味に構えた。明らかに稲尾のシュートを予想していることが分かる。そうなると稲尾の決め球は外角へのスライダーが有効である。正確無比のコントロールを誇り、精密機械のように投げる稲尾は三振を取りに行った。外角低めに流れるスライダー。見送ればボールになる球だ。だが、稲尾は長嶋にそのウイニングショットの外角へのスライダーを打たれたのだ。裏をかかれたとはいえ、長嶋は泳ぎながら稲尾のスライダーをとらえたのである。それは稲尾の高度に精緻化された配球システムが野性の勘に敗れた瞬間でもあった。

三回、広岡がリズムが狂った稲尾からライトスタンドへホームラン。まさか広岡に打たれるとは、稲尾は完全にリズムが狂っていたのだ。四回、川上センター前ヒット、エンディ宮本の送りバントで二進し土屋センター前ヒットで川上生還し一点追加。四回までに六安打三点を取り、巨人打線は稲尾をKOした。確かに、稲尾はペナントレースの疲労が残っており、万全の調子ではなかった。しかし、長嶋に打たれたことが最後まで尾を引いた敗戦だったといえる。

五回、豊田が豪快にレフトスタンドへ叩き込んだ。だが、七回裏巨人は一挙にたたみかけた。センター前ヒットの与那嶺を置いて長嶋がライナーで右越えツーランホームランを放った。続いて藤尾、川上の連打、これによって河村から若生忠男（東北高―西鉄―巨人）へと投手が交代した。一死後、土屋のレフト前ヒットで一点。二死後、広岡の当たり内野安打となり満塁となった。ここで岩本がレフト線二塁打を放ち三点が入り、この回六点を取り勝負が決まった。

巨人は稲尾を打ちこみ打倒稲尾を果たして幸先の良いスタートを切った。だが、それは悪夢の一週間のはじまりでもあった。

第二戦（一〇月一二日・後楽園／七対三　巨人◯）。第二戦は初回の巨人の猛攻による七点で勝負がついた。八回、打撃好調の豊田が二試合連続のアーチをかけたが、結局三対七で西鉄は連敗した。第三戦（一〇月一四日・平和台／一対〇　巨人◯）。第三戦は巨人、藤田、西鉄、稲尾の投げ合いだった。三回、広岡のライト線三塁打で貴重な一点を藤田の好投によって守りきった。藤田は伸びのある速球とシュートの切れが良く中西、大下、関口を一安打に押え散発四安打の完封勝利だった。藤田は稲尾に投げ勝ったのである。巨人は三連勝で王手をかけた。

運命の第四戦

巨人は宿願の日本一まで後、一勝に迫った。西鉄は土俵際に追い詰められていた。三原は記者会見で「まだ、首の皮一枚が残っている」といったが、チーム内はあきらめムードだった。三原は親しい記者と麻雀を始めた。すると、夜中から明け方にかけて、雨が降り出した。激しく窓を叩く雨の音を聞いて、三原はツキが回ってきたと思った。そう思うと、早速、三原はコミッショナーに電話を入れ、中止を申し入れた。朝八時、雨はあがっていた。陽光が射し、こぼれる光によって海の方にはオレンジ色の雲が、まぶしく光っていた。だが、八時半には中止が決定していた。筑豊地区、福岡の後背地からバスで球場に来るお客さんを考慮しての判断だった。

天候はすっかり晴れて、絶好の野球日よりになった。三原一流の駆け引きによるこの中止が両チームに大きな影響をあたえるとはこの時点で誰が予想したであろうか。中止決定後、巨人の水原から三原に電話が入った。水原はものすごい剣幕だった。こんな早い段階で中止とは何事か、天気もいい、じゅうぶん試合ができるではないかと、感情が高ぶり激化していた。

三原は「勝負は心理戦」であると言ったが、まさしくその通りである。三原は水原のいらだちに勝機を感じた。もしかしたら、第四戦は勝てるかも、逆転優勝はこの時点では考えられなくても、とにかく三連敗という暗いトンネルというべき惨状からの突破口が見えたのである。

試合が順延し稲尾が休養をとり当然第四戦は投げて来ることは確実である。巨人の選手たちの不吉な予感というものが選手ら一人一人の脳裏を掠めていた。越智正典はその状況を「平和台に乗りこんできた巨人は、顔をひきつらせ、ムッと怒ったような表情を走らせていた」とのべているが、まさしくこの言葉どおり、この順延が勝敗の流れを変えたことは事実である。

一〇月一六日、風が強い日だった。西鉄は稲尾、巨人は大友が先発した。試合は巨人が好調な当たりを見せる坂崎が二塁打、広岡も三塁打の長打を放ち二回に一点を追加し、早くも三対〇と巨人がリードした。頼みの稲尾が打たれただけに巨人の四連勝が目前に迫る形勢だった。だが、西鉄は二回裏にようやく目を覚ました。先頭の中西がレフト前ヒット、田中久寿男（佐賀工業―東洋高圧大牟田―西鉄―巨人―西鉄）のヒットと続き、仰木の死球で一死満塁のチャンスを迎え、稲尾に四球を与えまず一点、高倉は初球を叩いて同点になった。この二回から流れが完全に西鉄へ傾いた。殊に四回、巨人の攻撃で無死一、二塁で当たっている広岡に敢えてバントをさせ、失敗したことがそれを暗示していたかのようだった。そして、五回裏、豊田が左中間にシリーズ第三号の勝ち越しのホームランを叩き込んだ。さらに六回、田中のセンターオーバーで一点追加した。豊田は七回にも今度は右中間にこの試合二本目の豪快な一打をライナーで叩き込んだ。

稲尾は三回から復調し、本来のピッチングに戻った。七回に広岡にホームランを打たれたのみで完投し、西鉄が六対四で四連敗を免れ踏みとどまった。

西鉄・逆転優勝への勢い

第五戦（一〇月一七日・平和台／四対三　西鉄〇）。一〇月一七日、第五戦は日本シリーズ初のサヨナラホームランという劇的な試合で西鉄が四対三で勝った。五試合中四試合登板し力投する稲尾の劇的なサヨナラホームランは「神様、仏様、稲尾様」という神話を生みだした。この稲尾の稀有の活躍は七回、小淵の打席をめぐる判定騒動から始まった。

西鉄の先発、西村は広岡に死球、坂崎にレフト線にテキサス性の二塁打、この後、ベテラン与那嶺にスリーランホーマーを浴びて、ＫＯされた。その後、島原がリリーフし稲尾につないだ。七回裏、中西が堀内からようやく豪快にライトスタンドにツーランホームランを放ち、三対二と追いあげた。そして、問題の九回の裏を迎えた。

この回トップの小淵の第四球目のストライクの判定をめぐって三原が猛烈な抗議をし、中断。再開後の第一球、小淵が打った打球は三塁線へ、長嶋はファウルと思ってラインを越えたところでグラブを出した。長嶋は打球処理をファンブルし、打球は長嶋の後ろへ転がった。ところが、二出川は長嶋がボールに追いついてから、フェアのジャッジをした。その間に小渕は二塁に滑り込み二塁打となった。長嶋はファウルをアピールした。今度は巨人の水原が「ファウル」だと抗議し試合がまたもや中断した。

結局、判定はくつがえることなく、巨人は堀内から藤田に交代させた。二塁は代走滝内弥瑞生（戸畑高―西鉄）が送られ、小淵はベンチへ。豊田はバントを成功させ滝内は三進。藤田は四番中西を迎えた。だが、中西は藤田のシュートに食い込まれサードゴロに倒れ、滝内は三塁から動けず、二死となった。

ここで、五番の関口を迎えるがこの三三歳のベテランはシリーズ一四打数一安打でまったく当たっていなかった。普通ならたとえ五番の関口だろうが、代打を送るのが定石である。だが、三原は関口に賭けた。ここに三原魔術の味方の弱点を利用し勝利を勝ち取る真骨頂が発揮された。

三原は関口を呼んでアドバイスをした。関口は藤田の勝負球の内角シュートが苦手である。藤田は先ほど中西をサードゴロに打ち取ったのも内角に鋭く食い込むシュートだった。おそらく、藤田は勝負所で必ずシュートを投げてくる。三原は関口にほかの球は捨て狙いをシュートに絞れと言って打席に送った。

相手の弱点を衝くのが名将なら、自分の弱点を利用するのが魔術師である。関口は三三歳のベテランである。年齢とともに腰のキレが衰えていた。藤田のシュートはカミソリのように内角に決まる。藤田の初球はカーブがはずれボール。二球目は外角のストレートのストライク。三球目もカーブが外れ、四球目の外角のストレートも僅かに外れ、カウント一―三となった。藤田の関口に対する四球すべて外角である。それは決め球のシュートを有効に使うためである。

藤田にとっても関口にしても次が勝負である。関口は三原の指示どおり、苦手のシュートを狙った。関口の当たりは詰まりながらもライナーでセンター前ヒットとなり同点となった。そして、劇的な幕引きの一〇回裏を迎えた。マウンドには藤田に代わって大友が登っていた。代打田辺はセカンドゴロの後、稲尾が打席に立った。一死、大友の二球目を捉えた稲尾の打球はレフトスタンドへ劇的なサヨナラホームランとなり、西鉄が四対三で勝利した。打った稲尾は無我夢中で走りホームインした。西鉄は奇跡の逆転優勝へ離陸し始めたのである。

長嶋・稲尾を打つ

第六戦（一〇月二〇日・後楽園／二対〇　西鉄〇）。第六戦、試合前から貴賓室でスタメン交換をめぐって井上コミッショナーを挟んで三原と水原は激しく応酬していた。スタメン交換は前日に行うが、試合当日、変更のある場合は相手チームの監督に了解をとるということになっていた。この日の西鉄のスターティングメンバーは二番玉造のところが花井に変更されていた。それを見た水原は通告がないと激昂した。定刻になっても試合が始まらない理由がここにあった。試合のプレイボールが始まらないことに観客の苛立ちが罵声となる。巨人先発の藤田は微妙に調子が狂い始めた。

一回裏、エラーで出塁の豊田をおいて、四番中西が豪快に左翼席上段に叩き込むツーランホームラン。これが決勝点となる。巨人は七回までわずか一安打。完全に稲尾に押さえ込まれていた。絶妙のコントロールとシュートが冴え、巨人打線にスキをあたえなかった。ようやく、八回裏、五番藤尾の三塁強襲ヒットで出塁、続く六番川上が一、二塁間を抜くヒット。チャンスを迎えた。だが、坂崎はショートゴロ、岩本三振で得点にはならなかった。

九回裏、巨人は二死一、三塁のチャンスを迎えた。ここで長嶋がバッターボックスに立った。好投する稲尾との対決である。ここで長嶋にホームランが出れば、逆転サヨナラホームランのしかも西鉄の三連覇を阻止しての巨人優勝である。日本シリーズ最大の見せ場である。ここまで、稲尾を巨人から九個の三振を奪っていた。ベンチから三原が稲尾に指示を出す。長嶋を敬遠して五番藤尾との勝負という定石通りの指示である。だが、稲尾は首をヨコに振った。あくまでも勝負である。三原監督は「ホームランだけは気つけろ。外角低めで打ち取れ」との言葉を残してベンチに戻った。

稲尾は敢えて内角勝負に臨んだ。稲尾には初対決の第一戦の時のことがよぎったからだ。結果はシュートで内角を抉り長嶋は捕飛球、軍配は稲尾に上がり、勝負は最終戦に持ち込まれたのである。

だが、これは打ち取ったというよりは長嶋のあきらかな打ち損じだった。つぎは通用しないことは明らかだった。

第七戦（一〇月二一日・後楽園／六対一　西鉄〇）。三原率いる西鉄は稲尾にすべてを賭けた。初回、中西が豪快に右中間スタンドへスリーランホーマを放つ。この豪快な中西の一打で西鉄の優勝が決まった感がした。この日の稲尾は連投の疲れがあり、球威がなかったが、コントロールの良さと理詰めの投球によって組み立てた配給のうまさで三振こそ五個だが、六安打に巨人打線を封じ込めた。巨人には長嶋に打たれたランニングホームランの一点のみに押さえた。

最終回、稲尾は長嶋との対決を迎えた。長嶋の打球は左中間へ鋭いライナーで飛んで行った。精密機械のごとく絶妙のコントロールを誇る稲尾は自信もって投げた速球が野性の勘で打つ天才バッター長嶋には通用しなかった。この稲尾から放った一打は長嶋時代の到来を意味していた。

一方、西鉄は五回裏、高倉、豊田、中西の連打で二点の追加で五対〇。八回、ベテラン日比野の適打で六対〇と勝負を決めた。三連敗の後の四連勝は日本シリーズ史上初の快挙。西鉄の奇跡はまさに底力の賜物だった。この西鉄の三連覇によって三原と水原の巌流島の対決は打倒巨人を果たし三原の完全勝利だった。川上は日本シリーズ終了後、引退を表明。長嶋のデビューと川上の引退は日本野球史の大きな転換期だった。

ライバル・村山実

長嶋といえば、天覧試合のサヨナラホームランである。あまりにもそのシーンが劇的だった。そして、長嶋にホームランを喫した村山実はこの日から長嶋の永遠のライバルとして勝負を挑むことになる。だが、熱闘型の無類の熱血漢投手でありながら、「非運のエース」という代名詞を背負うことにもなる。

村山と長嶋にはある因縁があった。村山は兵庫県の住友工業から立教大学へ入学を希望していたが、有望選手をテストし入学させる野球部のセレクションに落ちてしまった。甲子園には無縁の無名ということもあったが、上背がないということで不合格だったのだ。昭和三〇年、村山は悔しさを胸に秘め関西大学に入学し、打倒東京六大学に燃えたのである。

関西大学では阪急ブレーブスを日本一に導いた上田利治（海南高—関大—広島）とバッテリーを組んだ。昭和三一年、関西大学の両エース法元英明（八尾高—関大中退—中日）が中日、中西勝己（市岡高—関大中退—毎日）が毎日に入団し、両輪が抜けた後、村山がエースとなった。関西大学の目標は関西六大学のリーグ制覇ではない。あくまでも東京六大学を倒し、大学日本一の王座に就くことである。

昭和三二年、大学二年生の時、エース村山の力投によって、関西大学は全日本大学選手権を制覇した。二回戦、早稲田を六対一で破り、決勝では東都の覇者日大を二対一で破った。関西勢の戦後の大学日本一は初めての快挙である。村山は全試合完投し優勝に貢献したのだ。この関西大学の村山の好投は東京六大学をなぎ倒した戦前の西村幸生を彷彿させるものだった。

だが、翌年、村山は連投から肩を痛め、肝炎を患いマウンドに立つことができなかった。大学選手権ではあの長嶋茂雄、杉浦忠らを擁した立教に準決勝で関西大学は五対三で敗れた。自分をセレクションで落した立教に母校の野球部が完膚無きまで叩きのめされた。自分はマウンドにも登れずベンチで敗戦を噛みしめるだけだった。村山はなにもできずにいる己を責めた。村山が完全な状態なら、長嶋との対決は大きな見せ場であり、もしそのバットを封じ込めることができるならば、おそらく関西大学は勝てたかもしれない。そう思うと悔しさが余計に増した。そして、長嶋への激しい闘志を抱いたのである。その長嶋は一足先に巨人に入団する。

昭和三三年、長嶋が巨人に入団した年、村山は蘇った。二年ぶりに村山を擁する関西大学は大学日本一に輝く。巨人は長嶋より多い二〇〇〇万の契約金を提示したが、村山は最後まで自分を見捨てることのなかった大阪タイガースと五〇〇万の契約金で入団した。村山にとっては契約金の額ではなくあくまでも打倒巨人であり、打倒長嶋なのだ。

昭和三四年、無類の熱血漢投手、村山実はタイガースに入団した。関西大学大学日本一の栄光を引っ提げて鉄腕強打の大阪タイガースに入団したのだ。前年の長嶋の華やかな入団とは対照的に地味な入団だった。だが、復活した村山は己の右腕に自信があった。速球はもちろんのこと、秘密兵器フォークボールを磨き上げ、打倒巨人、殊に長嶋への闘志は熱かった。

初登板は三月二日、巨人とのオープン戦、初代ミスタータイガース藤村富美男の引退試合だった。村山は三番手として六回からマウンドに登った。七回、先頭の長嶋を迎えた。長嶋は村山のストレートをセンター前に弾き返した。村山は長嶋との初対決で放たれた打球に震撼した。

公式戦のデビュー戦は四月一四日、国鉄二回戦。金田と投げ合って完封勝利を手にした。村山の怪腕は国鉄打線を完全に押さえ、六回までノーヒットノーラン。速球と伝家の宝刀フォークボールで国鉄打線を寄せ付けなかった。この村山の快投にあの天皇金田も脱帽した。前年の同じ国鉄戦において金田に喫した四打席四連続三振のデビューの長嶋とは対照的であり、初登板完封（散発二安打）という快挙だった。まさに球団歌の《大阪タイガースの歌》の歌詞通りの〈勝利に燃ゆる　栄冠〉の勝利であり、衝撃的なデビューだった。

四月一九日、甲子園での巨人戦に先発した村山は二回、長嶋を空振りの三振に仕留めた。だが、六回、土屋にプロ初ホームランの洗礼を受け、長嶋にもレフトスタンドに直撃する弾丸ライナーの痛烈なホームランを打たれる。五月一一日、巨人戦、後楽園で八回、好投する村山は長嶋に決勝となるホームランを打たれる。阪神は五連敗、村山自身も、三連敗するが、そこで終わる投手ではなかった。

昭和三四年五月二一日、村山の右腕が唸った。村山は巨人戦に先発、九回まで一四奪三振の無安打。巨人打線は手も足も出ず完全に沈黙した。このときの村山のピッチングは凄かった。よくコントロールされたフォークに速球にと自由自在に投げ込んでくる。だが、三塁三宅と村山自身のエラーでノーヒットノーランを逃した。

巨人は開幕戦を国鉄の金田を打てず敗戦スタートだった。その後、一〇連勝もあり、藤田、堀内庄が投手陣の軸となり、長嶋が川上引退後の不振の打線の中、猛打を爆発させ、五月が終わった時点で四割をキープ、快進撃の牽引となった。そして、六月二五日、タイガースは快進撃を展開する巨人と天覧試合を迎えるのである。

天覧試合

村山は速球を武器に先発完投型の投手である。初回から全力投球でのぞみ、九回まで悲愴感をマウンドに漂わせながら全力で投げ抜いた。マスコミは打倒巨人・長嶋に燃えその渾身で投げる熱闘村山のピッチングを「ザトペック投法」と呼び、称賛したのだ。

村山と長嶋と言えば、日本野球史上その球史にのこる天覧試合である。昭和三四年六月二五日、巨人・タイガース一一回戦、プロ野球史上、天皇皇后両陛下をを迎えて伝統の一戦が行われた。この歴史的な試合は小山、藤田の両エースの先発で熱戦の火ぶたが切って落とされた。

まず、小山の自らのバットでライト前ヒット。まずタイガースが先行した。それに対して、五回、長嶋、坂崎が連続アーチを放ち逆転する。六回、先頭の吉田がセンター前ヒットで出塁。すかさず果敢に盗塁を成功させた。三宅のヒットで吉田は二塁から生還しまず同点。続くタイガースの主砲の藤本克己がライトスタンドにツーランを打ち込み、タイガースは逆転に成功した。七回裏、新人の王貞治が同点のツーランホーマーを放った。ここで試合は振り出しに戻った。まさに、ここまで天皇陛下を迎えた天覧試合に相応しい熱戦の展開だった。

また、守備ではタイガースの三宅─吉田、巨人は広岡─長嶋の三遊間対決もそれぞれの美技を披露し、殊に堅実・確実な広岡のグローブ捌き、牛若丸吉田のアクティブなフィールディングも見ごたえがあった。殊にこの天覧試合では広岡の攻守が目を引いた。藤田との絶妙の連係プレイによる牽制プレーである。それは四対四で迎えた八回の表一死二、三塁である。タイガースは勝ち越しのチャンスを迎えていた。二塁走者藤本勝巳の動きを背中でその気配を感じ一瞬を狙う。広岡はピッチャーの藤田にユニホームの胸に手をあてるサインを送った。藤田は矢のような牽制球を広岡に送り、タイガースのチャンスをつぶしたのである。これが最後のクライマックス長嶋茂雄のサヨナラホームランを引き出したといえよう。

最終回、ここでタイガースは闘志満々の村山をリリーフに送った。小山—村山の豪華リレーである。そして九回裏、先頭打者の長嶋が打席に立った。試合は最高潮を迎え、最高の見せ場である。「ザトペック投法」の村山対「燃える男」長嶋の対決である。時計は九時一〇分を指していた。天皇陛下は九時三〇分に球場を去る予定であった。

村山は二—二と長嶋を追い込んだ。前日も同じ九回、二—二に追い込んでから長嶋を空振りの三振に仕留めている。だから、今日の村山には余裕があった。内角にきわどい胸元をつくシュートで打ち取るか、もし、それが外れてボールなら、最後は外角のストレートで仕留めるつもりであった。だが、このきわどい胸元の内角へのシュートを長嶋はフルスイングした。打球はレフトへ。村山は打球の飛ぶ方向を眼をやると、打球がポールの外側を巻いて通ったのを確認し、明らかにファールと確信した。そして、捕手の辻のサインを見ようとした。つぎは外角低めで三振を取りに行くつもりだった。ところが、長嶋は喜びながら塁上を回っている。村山は一瞬、自分の眼を疑った。ファールではないのか。長嶋は何を勘違いをしているのか、村山は抗議するためにマウンドを降りようとした。だが、そんな状況ではなかった。

後楽園球場は歴史的な一打による感動の場面によって異常な昂奮の坩堝となっていた。抗議どころではなかった。この長嶋の劇的なサヨナラホームランに湧き立ち、歓喜の渦のなか、長嶋は歓喜の笑みを浮かべホームインした、村山はそれでもファールとあくまでも確信し抗議しようとしたが、身体が動かない。劇的な逆転ホームランで試合の幕が閉じるという天覧試合に相応しい試合に水をさすようなことができるわけがなかったのだ。

昭和三四年のシーズン、村山は一八勝一〇敗、防御率一・一九で最優秀防御率という好成績を残し新人王こそホームラン三一本の新人記録を達成した大洋の桑田武（荏原高―中大―大洋―巨人―ヤクルト）に譲ったが、沢村賞を受賞した。しかも、天覧試合以後、村山は長嶋に打たれていない。新人村山の対長嶋成績は二三打数三安打、本塁打三本、打率・一三〇、六三振。村山が押さえ込んだ。タイガースの成績は巨人に一三ゲームの大差をつけられての二位だった。打線は田宮謙次郎が抜けた後遺症が大きく、二位とはいえ打線の弱体化が低迷の要因だった。

昭和三四年暮れの第一〇回紅白では、長嶋、杉浦の立教の先輩、灰田勝彦が完全なユニフォーム姿で《僕は野球の選手》を歌った。本来な母校立教大学の青春の舞台となる《鈴懸の径》といきたいところだが、長嶋、杉浦の立教野球部OBの活躍を考えれば野球ソングスということになるのだ。《鈴懸の径》はアメリカで流行していた。昭和三一年頃、「楽団リズムエース」の鈴木章治のクラリネットで演奏されたのをきっかけに、ジャズ音楽として注目された。日本に来日したクラリネットの名手ピーナッツ・ハッコーがアメリカに持ち帰り、RCAビクターでタイトルを《プラタナス・ロード》にして吹込んだ。ジャズとしてアメリカでも人気を博したのである。まさか、原曲が太平洋戦争当時、学徒動員で戦場に向かった大学生たちの愛唱歌だったことはアメリカ国民は知る由もない。もちろん、戦後の日本の若者も知らない。ただ楽想の哀愁が何か奥深い源を感じさせていたことはたしかである。

昭和三〇年代は演歌系歌謡曲全盛という歌謡界の変貌の時代であり、灰田のような戦前からのポピュラー系歌手はヒットチャートから姿を消していた。もちろん、ジャズも歌謡曲とは乖離していた。だが、それでも、藤山一郎は東京放送管弦楽団指揮、伊藤久男、淡谷のり子、渡辺はま子、二葉あき子、松島詩子、林伊佐緒ら戦前派のベテラン勢が紅白歌合戦にまだ出場していた。あの紅白歌合戦で野球のユニフォームを着て歌ったのは、歌手のなかで灰田勝彦ぐらいであろう。とにかく、灰田は長嶋と村山がライバルとしてしのぎを削る新しいプロ野球の時代を祝福するかのように紅白歌合戦で歌ったのである。

第十三章　南海ホークスの歌

鶴岡一人その人

昭和三四年、南海ホークスは念願の巨人打倒を果たし日本一に輝いた。エース杉浦のサブマリンが四連投し四勝〇敗という完全優勝を飾った。大阪御堂筋のパレードでは監督の鶴岡一人が男泣きする姿は感動のシーンだった。親分鶴岡一人は戦後廃墟の瓦礫の中から南海を早くから一流チームに育て上げた。だが、二リーグ分裂後、何度も巨人の前に敗れた。なぜ、男泣きをするのか、苦杯を舐めようやく掴んだ悲願の日本一だったからだ。この年の紅白歌合戦、歌謡界のベースボールマン灰田勝彦が暮れの紅白歌合戦で《僕は野球の選手》をユニホーム姿で南海の優勝を祝福するかのように歌った。灰田にとってこれが最後の紅白である。灰田はすでに昭和二七年、《南海ホークスの歌》（佐伯孝夫・作詞／佐々木俊一・作曲）を吹込んでおり、南海とのかかわりは深い。本来なら、紅白で歌いたいところだが、これは歌謡曲ではないので歌えなかった。

南海ホークスは昭和一三年、南海軍として結成された。翌年東京六大学野球のスター法政の鶴岡一人が入団し早くも一〇本のホームランを放ち同球団の主力として活躍した。戦時中、親会社の南海鉄道が関西急行鉄道と合同し近畿日本鉄道となった経緯から近畿日本軍と球団名が変更された時期がある。その後、球団名を「グレートリング」と改称し「近畿グレートリング」と呼ばれ、昭和二一年初優勝を果たした。その立役者が二九歳で監督兼選手に就任した鶴岡一人である。

鶴岡一人は大正五年七月二七日生まれ、広島県呉市の出身。昭和六年、広島商業の遊撃手として春の選抜大会で優勝、昭和八年には主将として春の選抜大会に出場しエースで四番を打ちチームを率いてベスト四に導いた。しかし、当時広島県は呉港中学の藤村がいてなかなか夏の甲子園には出場できなかった。その後、法政大学に進学し一年生からレギュラーとなり、法政大学の連覇に貢献し六大学野球史上最高の三塁手と言われた。その華麗な守備は神宮の華だった。

昭和一四年、南海軍に入団し、早くも主軸の三番を打ち強打を発揮した。守備もノンステップで華麗に送球するなど早くもチームの主力として活躍した。だが、不運にも昭和一五年に召集令状が鶴岡の元に届き応召となった。鶴岡は高射砲隊に入隊し、内地を転戦した。アメリカ軍の本土空襲が本格的になる昭和一九年末期になると鶴岡（同年結婚し山本姓となる）の高射砲隊も奮戦した。陸軍の特攻基地で知られる知覧では知覧航空隊機関砲中隊長として陣頭指揮を執り、グラマンを撃墜する戦果を挙げた。この時の指揮官の経験が鶴岡にある種の組織哲学を植え付けたと言われている。

昭和二一年、復員しプロ野球界に復帰した。監督と現役を兼任するプレーイングマネージャとして再び鶴岡の野球人生がスタートした。

昭和二一年、戦後のプロ野球は八球団の一リーグ制で再開。南海は昭和一九年に「近畿日本軍」となっており、戦後は球団名がグレートリング（愛称・近畿グレートリング）となり、日本プロ野球のリーグ戦に復帰した。グレートリングは最後まで優勝戦線の攻防にいた。安井亀和（海南中―明大―南海―大洋・洋松―高橋ユニオンズ）、河西俊雄（明石中―明大―グレートリング・南海―大阪タイガース）、田川豊（呉港中―法大―川崎重工―グレートリング・南海―太陽―近鉄―大映）の俊足トリオのスピードをいかし、鶴岡、堀井数男（日新商業―南海軍・近畿日本軍・グレートリング・南海）らのクリンナップで返すという機動力と長打力を巧くいかした野球を展開した。殊に新人田川は打率・三四一で首位打者争いを演じ、鶴岡も打率・三一四マーク。打点も九五打点で打点王に輝いた。これも俊足の安井、河西らが塁上を賑わしてくれたおかげである。

最終戦、巨人がセネタースに敗れた。鶴岡に率いられた近畿グレートリングが球団初優勝を遂げたのだ。翌年には球団名が南海ホークスとなり、連覇を狙うが三〇勝をマークした別所の力投もむなしく三位に終わった。昭和二三年、鶴岡（当時山本姓）は最後まで青田（巨人）、小鶴（大映ユニオンズ）と三つ巴の争いを演じ、惜しくも首位打者のタイトルを僅か六毛差で逃した。青田が鶴岡の前にセフティーバントを決め首位打者を栄冠を勝ち取った。肩を壊す以前の強肩の頃の鶴岡なら確実にアウトにしていたであろう。しかも、鶴岡は敬遠されており、彼にしてみれば打つ自信があった。個人タイトルこそ逃したが、鶴岡が指揮を執る南海が八七勝四九敗で優勝し、彼自身、最優秀選手に輝いた。

昭和二六年、二リーグ分裂後、南海は初優勝。二位西鉄には一九・五ゲームの大差をつけ独走した。トップには早稲田の蔭山和夫（市岡中―早大―南海）が座り、打率・三二五のベストテン二位で新人王。三番を打つ岡本伊三美（洛陽高―南海）はテスト生で入団し、昭和二六年のシーズンに大きく成長し鶴岡の期待どおりにクリンナップの一角を占めた。昭和二八年には打率・三一八で首位打者。四番には八七打点を打ち打点王（翌二七年も八六打点で二年連続打点王）の飯田徳治（浅野総合中―東京鉄道局―グレートリング・南海―国鉄）が座り、しかも四〇盗塁の俊足を誇り、長打力と併せ南海の主軸として打棒を揮った。飯田は一塁守備にも定評があり、木塚忠助（唐津中―門司鉄道局―南海―近鉄）、蔭山和夫、岡本伊三美らと「百万ドルの内野陣」を形成した。

監督の鶴岡（山本）はホームランこそ二本だったが、確実なバッティングで、打率・三一四と打ち、監督兼四番でチームを優勝に導き三度目の最優秀選手を受賞した。翌二七年を最後に鶴岡は選手を引退し翌々年の二八年から監督に専念し、パリーグを三年連続制覇。まさにパリーグの覇者南海の黄金時代の開幕だった。しかし、日本シリーズでは巨人に三タテを喫し完敗だった。巨人は与那嶺がトップを打ち、名人千葉が二番、クリンナップを打つホームランバッターの三番・青田、安打製造機の四番の川上、そして五番の宇野、下位にはこれも強打者の南村（昭和二七年のシーズンは三番）へ続き、その破壊力は凄まじかった。投手には別所、藤本の両輪が安定し、サブマリン大友が台頭し昭和二八年には二七勝で最多勝を獲得し、巨人は投手王国を築いた。このように第二期黄金時代を迎えた巨人に南海は圧倒的な力を見せつけられ完敗したのである。

球団歌の誕生

さて、昭和二七年、南海ホークスの球団歌・応援歌《南海ホークスの歌》（佐伯孝夫・作詞／佐々木俊一・作曲）が作られた。南海はこの黄金時代の到来を契機に制作にのり出し、ビクターに依頼した。当時、映画『歌う野球小僧』の主題歌《野球小僧》でヒットを飛ばしていた灰田勝彦は同社の専属歌手であり、南海は歌謡界のベースボールマンの知名度を利用した。

グランド照らす太陽の
意気と力をこの胸に
野球に生きて夢多き
南海ホークス　さあ行こう
ああ金色《こんじき》の　羽ばたきに
そらに鳴る鳴るひるがえる勝利の旗！
ホークス　ホークス　南海ホークス

詩句の第二章の〈白球飛んで虹となり　砂塵おこって美技つづく〉は、一塁・飯田徳治、二塁・岡本伊三美、三塁・蔭山和夫、遊撃・木塚忠助らで形成する「百万ドルの内野陣」を象徴している。B面は〈ブラボー　ブラボー　南海ホークス〉と優勝祝勝歌の《乾杯！　南海ホークス》（佐伯孝夫・作詞／灰田晴彦・作曲）。暁テル子が灰田の歌に花を添えた。作曲者は、灰田の兄の灰田晴彦。作詞の佐伯孝夫、作曲者の佐々木俊一、歌唱者の灰田勝彦は戦前の野球映画『秀子の応援団長』の主題歌《燦めく星座》、戦後の野球ソングの名曲《野球小僧》の作詞、作曲者、歌手でもある。佐々木俊一の楽想はところどころをマイナーにして哀調を含ませているが、全体の主調音はマーチである。歌はもちろん、野球ソングでは人気抜群の躍動に溢れる灰田勝彦。南海は歌と野球を結び付け数々の名曲を生み出した三トリオに依頼し、同球団の日本一に相応しい歌曲を誕生させたのである。

この年のパリーグは一八回戦総当たりの結果、その上位四球団総当たりという試合方式が採用されていた。南海はこの四球団リーグ戦で思わぬ不覚を取り、五勝八敗と負け越した。鶴岡南海は正念場を迎えたのだ。

昭和二七年一〇月九日、南海は大映との引き分け再試合で六対一で勝ち、辛うじてパリーグ優勝を果たした。球団歌の歌詞どおり〈そらに鳴る鳴る高らかに勝利の旗!〉を手にしたのである。だが、この試合で完投した柚木進(呉港中—法大—南海)が疲労のため日本シリーズで先発できず、「打倒巨人」に燃えていた鶴岡南海は一〇月一一日、開幕した日本シリーズの緒戦、六対三で完敗し、スタートでつまずいた。

第二戦(一〇月一二日・後楽園/一一対〇　巨人◯)は南海が藤本の前に沈黙。一一対〇の完敗。藤本は投げては南海に許したヒットは二安打のみ。藤本自らも二安打四打点とまさにワンマンショーの演出だった。第三戦(一〇月一四日・大阪/四対〇　南海◯)、南海のエース柚木の好投でようやく南海が一勝した。柚木はカーブとシュートを左右のコーナー一杯に決め、巨人打線を封じ込めた。貫禄のあるピッチングで四対〇の完封勝利だった。第四戦(一〇月一五日・大阪/六対二　巨人◯)は別所の投打にわたる活躍で六対二で勝利を収めた。南海は七回裏一点差まで詰め寄ったが結局、巨人が八回に三点をあげ、突き放し、別所が完投した。

第五戦(一〇月一六日・大阪/四対一　南海◯)は南海が藤本を攻略。藤本に代わって登板した大友には蔭山、木塚らの俊足を中心にした南海の機動力が本領を発揮し、四対一で勝利した。巨人は初回、先取点をあげたにもかかわらず、南海先発江藤晴康（八幡中―法大―門司鉄道局―大阪タイガース―南海―高橋ユニオンズ―東映）を打てず勝利を逃した。第六戦（一〇月一八日・後楽園／三対二巨人〇）、巨人水原は第五戦で三回で降板した藤本を敢えて先発させた。この三四歳のベテランの先発はチームの志気を鼓舞する意図もあった。水原にしてみれば、たとえ第六戦を落としても、別所を温存しているので第七戦勝負で勝てると踏んでいた。これも勝負師の勘である。

初回、トップの蔭山が四球で歩き、森下が藤本から初球をたたきレフトスタンドでツーランホームランを放った。南海が先制点をあげリード。しかし、ベテランの藤本は第五戦の二の舞にはならず、五回まで好投。巨人は初回、三回の得点のチャンスを逃したが、五回、好投する南海のエース柚木を捕えた。挽回の意気に燃える藤本自らのバットでライト線に二塁打。与那嶺が四球で歩き、老獪の好打者千葉が右中間に二塁打を打ち同点の殊勲打を放つ。

六回、巨人のマウンドには予定どおりに別所がマウンドに上がった。一方、柚木は別所の登板にプレッシャーを感じながら、川上にレフト前ヒットを打たれる。三進した川上を塁上において広田順（マッキンレー高―ハワイ大―ハワイ朝日軍―巨人）を迎えた。柚木はその広田に痛恨の暴投。この一球で南海は勝利を逃し、巨人の前に屈したのである。鶴岡は巨人との差は技術的な事もさることながら、勝負に対する執念そのものの差を感じたのである。

昭和二八年のパリーグはまさに波瀾のシーズンだった。首位につけなかったのは東急のみ。二八回も首位が入れ替わるほど大荒れのシーズンだった。鶴岡南海は九月に入り、猛然とスパートをかけた。投手陣は軸となるエースがいなかったが、鶴岡の采配による継投策で切り抜けた。打線は首位打者のベテラン岡本をはじめ、トップ、蔭山、島原、飯田、堀井ら主軸がベストテンに入り、伝統の機動力、快足の威力も発揮し、終盤連勝を重ねパリーグを制覇したのである。だが、一〇月一〇日から開幕した日本シリーズでは七戦を戦いながら、結局巨人に三年連続敗れることになった。南海は善戦したが、投手力の差が歴然としていた。

戦力の充実

鶴岡は打倒巨人に燃え、選手の発掘に力を注いだ。昭和二七年、森下整鎮（八幡高―南海＊昭和二九年から三一年にかけて五〇盗塁以上を記録し盗塁王）、昭和二九年、テスト生で入団した野村克也（峰山高―南海―ロッテ―西武）、宅和本司（門司東高―南海―近鉄＊二六勝九敗で新人王）、昭和三〇年、同じくテスト生で入団した広瀬叔功（大竹高―南海）、昭和二五年、すでに早稲田から蔭山和夫（市岡中―早大）が入団し、昭和三一年、立教大学から大沢啓二（神奈川商工―立大―南海―東京）の入団と、無名の高校生と六大学のスター選手を巧く組み合わせた。この大沢は頭脳的プレーに定評があり、鶴岡のデータ野球に役立つことになる。

昭和三〇年、南海は前年の覇者西鉄との激闘を制覇しパリーグ優勝を飾った。八月までは何度も首位が入れ替わる攻防だったが、結局、南海が九ゲームの差をつけた。鶴岡南海はこのシーズンから「流線形打線」と言われた西鉄の大型打線に対抗するために大型化を図った。大映から飯島滋弥（昭和二七年、打率・三三六で首位打者）、トンボ（昭和三〇年トンボユニオンズ）から深見安博（報徳商業―中大―西日本鉄道―西鉄―東急―高橋ユニオンズ―南海＊昭和二七年、ホームラン王・二五本）、近鉄から杉山光平（静岡商業―専大―近鉄―南海―阪急―南海）を移籍させ、「四〇〇フィート打線」の基礎作りがスタートした。殊に杉山は昭和三〇年のシーズン、打率・二七八、ホームラン一六本、打点・九〇をマーク。期待通りの活躍だった。その後、俊足好打の広瀬がトップに定着した。

さて、巨人との日本シリーズだが、鶴岡南海は第一戦こそ一対四と落としたが、第二戦、小畑正治（呉三津田高―南海）の好投と飯田の先制ホームランで二対〇、第三戦は宅和、戸川一郎（柳井高―南海―東映）のリレーで巨人を二対〇と完封、第四戦は南海が別所を打ち込み五対二で降し三連勝。鶴岡の采配も冴え南海は巨人に大手をかけた。宿願の巨人を打倒し、球団歌が高らかに歌う〈そらに鳴る鳴るひるがえる勝利の旗！〉が目前となった。波に乗る鶴岡南海はこのまま一気に勝負を付けたかった。だが、巨人も若手中心にオーダーを組み代え、一気に優勝へ向かおうとする南海に対して新オーダーで臨んだ。第五戦から三番に起用された藤尾の初回の三ランのホームランで流れは巨人に動いた。巨人の勢いを止めることが出来ず九対五で南海は星を落とした。後は巨人が波に乗った。

南海は第六戦、一対三、第七戦、〇対四と連敗。三連勝と優勝への大手をかけながら連敗を喫し、日本一を逃したのである。鶴岡の率いる南海ホークスはまたしても巨人に苦杯を舐めたのである。昭和三二年には三〇本のホームランを放った南海のマスクをかぶる野村克也がホームラン王になった。この野村のホームラン王はパリーグのホームランキングを占める山内（二九本）、四年連続本塁打王の中西（二四本）らを抑えてのタイトル獲得だった。

野村克也は京都の峰山高校出身で全く無名だった。鶴岡の「カベでとっておけ」（ブルペンキャッチャー専用）の一言でテスト入団し、選手としてはまったく戦力外である。ところが、その入団四年目で、打率・三〇二、本塁打三〇本、打点、九四打点と南海の中軸バッターに大きく成長した。

昭和二九（一九五四）年　ホームラン王　中西太・三一本
昭和三〇（一九五五）年　ホームラン王　中西太・三五本
昭和三一（一九五六）年　ホームラン王　中西太・二九本
昭和三二（一九五七）年　ホームラン王　野村克也・三〇本
昭和三三（一九五八）年　ホームラン王　中西太・二三本
昭和三四（一九五九）年　ホームラン王　山内一弘・二五本
昭和三五（一九六〇）年　ホームラン王　山内一弘・三二本
昭和三六（一九六一）年　ホームラン王　野村克也・二九本
　　　　　　　　　　　　　　　　　　　中田昌宏・二九本

その後、野村は大打者の途を歩む。首位打者一回、本塁打王九回、打点王七回、最優秀選手五回、昭和四〇年には三冠王に輝いている。殊に、昭和三六年に二九本放ち、二度目の本塁打王を獲得してから、翌三七年に四四本のホームランを打って四〇本の大台にのせ、昭和三八年には小鶴誠の一シーズンの本塁打記録五一本を塗り替える五二本をスタンドに放り込み、昭和四三年まで八年連続パリーグのホームランランキングに君臨した。

昭和三七（一九六二）年　野村克也・四四本
　　　　　　　　　　　　王貞治　・三八本
昭和三八（一九六三）年　野村克也・五二本
　　　　　　　　　　　　王貞治　・四〇本
昭和三九（一九六四）年　野村克也・四一本
　　　　　　　　　　　　王貞治　・五五本
昭和四〇（一九六五）年　野村克也・四二本
　　　　　　　　　　　　王貞治　・四二本
昭和四一（一九六六）年　野村克也・三四本
　　　　　　　　　　　　王貞治　・四八本
昭和四二（一九六七）年　野村克也・三五本
　　　　　　　　　　　　王貞治　・四七本
昭和四三（一九六八）年　野村克也・三八本
　　　　　　　　　　　　王貞治　・四九本

西鉄ライオンズの怪童中西の時代が終わり、パリーグのホームランバッターに成長した野村を軸に南海の打線は西鉄に遜色のない大型打線を形成した。そして、昭和三三年、立教大学からサブマリン杉浦忠が入団し西鉄打線を封じ込む投手陣が完成したのである。

サブマリン杉浦忠の入団

杉浦忠は挙母高校（現豊田西高校）から立教に進み早くも一年生からマウンドに登った。大学通算三六勝一二敗一四完封の実績を引っ下げての入団だった。立教に入学した頃の杉浦は最初オーバースローの速球派投手だったが、肩を痛めサイドスロー気味の流れるようなフォームのアンダースローに転向した。当時巨人の大友工を手本にフォームの改造に取り組んだ結果だった。

大学二年の時、立教野球部内で砂押監督排斥運動起こり、杉浦は長嶋と共に立教野球部に嫌気がさし中日に入団しようと同球団事務所を訪ねた。当時、二人はまだ無名であり、中日からは卒業してから来なさいと諭され入団できなかった。

杉浦と長嶋は立教の先輩大沢啓二（当時南海）との関係から鶴岡一人率いる南海ホークスに入団するはずになっていた。ところが、土壇場になって、長嶋は巨人へ入団。長嶋は「親に逆らってまで南海にいくことはできません」と鶴岡の前で男泣きし巨人へ入団することになった。激怒したのは立教の先輩大沢啓二だった。

杉浦は義理堅く筋を最後まで通して南海に入団した。一年目からサブマリン杉浦の快速球は冴え渡り、二七勝をマークし新人王に輝いた。浮き上がって来る速球に加え背中から曲がってくるように見える大きなカーブは驚異的な威力を発揮した。杉浦が入団した頃、西鉄稲尾和久の存在は大きかった。稲尾の怪腕と中西、豊田、大下らの猛打線によって、西鉄は巨人を昭和三一、二年と破り日本シリーズを連覇。南海はこの西鉄とパリーグの覇権をめぐって首位争いをしており、杉浦の入団は「打倒西鉄」の大きな戦力だった。杉浦と稲尾の初対決は昭和三三年六月二八日（平和台）、この時、杉浦は猛打西鉄打線から一二個の三振を奪っている。この新人杉浦のサブマリンと大下（一五打数二安打、打率・一三三）、中西（二八打数五安打、打率・一七九、本塁打・二本）、豊田（二八打数二安打、打率・〇七一）の猛打西鉄打線の対決、また、杉浦と稲尾の投げ合いはパリーグを大いに盛り上げた。

昭和三一（一九五六）年　稲尾和久・二一勝六敗
昭和三二（一九五七）年　稲尾和久・三五勝六敗
昭和三三（一九五八）年　稲尾和久・三三勝一〇敗
　　　　　　　　　　　　杉浦忠　・二七勝一二敗
昭和三四（一九五九）年　稲尾和久・三〇勝一五敗
　　　　　　　　　　　　杉浦忠　・三八勝四敗
昭和三五（一九六〇）年　稲尾和久・二〇勝七敗
　　　　　　　　　　　　杉浦忠　・三一勝一一敗
昭和三六（一九六一）年　稲尾和久・四二勝一四敗
　　　　　　　　　　　　杉浦忠　・二〇勝九敗

昭和三三年四月五日、杉浦は新人ながら開幕投手を務めた。この日は同期の長嶋茂雄が国鉄の金田に四打席四三振を喫した日でもある。駒沢球場での南海・東映戦、杉浦もプロの洗礼を浴びた。プロ初先発、しかも開幕投手、神宮の華やかなマウンドを踏み大舞台を経験してきた杉浦でさえも、さすがに緊張し精彩を欠き立ち上がりは不安定な投球内容だった。一、二回、スタンレーのセンターオーバーの三塁打など、東映打線に痛打され一点ずつ取られた。普通なら交代するところだが、鶴岡は杉浦を続投させた。結局、南海打線が爆発し、八点の大量得点で杉浦を援護。三回以後、杉浦は立ち直り、アンダースロー特有の浮き上がるような速球にシュートを交え、大きく曲がるカーブ、シンカーなど多彩な投球を見せ、七回まで投げ、東映打線を押さえた。結局、終わってみれば、失点は一、二回に取られた二点のみ。五安打四奪三振でプロ初勝利を挙げた。以後、杉浦は六連勝をマークした。杉浦はこのシーズン二七勝一二敗で新人王に輝いた。

昭和三三年九月二八日、西鉄―南海の最終戦、鶴岡は必勝を期して杉浦を先発させた。舞台は平和台球場。七月の時点では南海と西鉄は最大一一・五ゲームあったゲーム差が、西鉄の追い上げによって僅か六厘差まで詰められていた。首位の南海にしては何とか逃げ切りペナントを制したかった。前日(二七日)、杉浦は延長一〇回を完投している。三安打に抑え九個の三振を西鉄打線から奪った。試合は両者一歩も譲らずの〇対〇の引き分け。鶴岡はルーキーの杉浦のサブマリンに賭けた。連投の無理を承知での先発を命じたのだ。杉浦は鶴岡親分のためにマウンドに登った。だが、西鉄の四番中西のバッティングがその期待を打ち砕いた。

前日の中西は杉浦に沈黙した。だが、今日は違った。初回、一死一塁、三塁、カウント〇―一、杉浦は併殺を狙い内角でシュートを投げた。それを中西は叩いた。杉浦は三遊間へのライナーで打ち取ったと思った。だが、打球はショートの頭上を越え、あっという間に打球は左中間レフトスタンドの看板に直撃した。看板がもう少し低かったら間違いなく場外に飛んで行った。レフトの大沢、センターの長谷川は一歩も動けなかった。杉浦は悪くてもレフト前ヒットで一点に済むと思っていたが、中西が放ったライナーはあわや場外かとおもうほどの衝撃的な当たりの三点本塁打となり、マウンド上の杉浦を唖然とさせた。結局、杉浦は先発して僅か一三球でノックアウトだった。

この日の中西はこれまでの一二打席ノーヒットの不振を吹き飛ばすかのように二本塁打五打点の猛打を発揮した。南海に快勝した西鉄はここで一気に近鉄とのダブルヘッダーを連勝で飾り、リーグ優勝三連覇を決めたのである。この西鉄の勢いが日本シリーズの奇跡の逆転優勝へとつながったのである。このシーズンの杉浦の対西鉄戦の成績は四勝六敗。防御率二・〇六。ちなみに稲尾の対南海戦の成績は六勝三敗。防御率二・二五だった。

昭和三四年、西鉄の連覇は終焉した。南海には二二ゲームの大差をつけられ四位に終わった。このシーズンは南海が大毎と首位を争ったが、エース杉浦、皆川睦雄（米沢西高―南海）の活躍が牽引となり、打線もホームラン一五ホーマの核弾頭、トップの穴吹義雄（高松高―中大―南海）からはじまり、広瀬、杉山、九八打点でキングになった野村で固めるクリナップは「四〇〇フィート打線」の形容通りに強力で、下位打線もベテランの岡本、俊足好打の森下整鎮、一三ホーマの寺田陽介（博多工業―日鉱二瀬―南海―中日―東映）らが続き大型打線の脇を務めた。殊に寺田は日本シリーズで首位者（一五数七安打）を獲得。このように南海は投打のバランスがとれたチームであり、最後の一〇試合を九勝一敗と一気に大毎を引き離し優勝を決めた。

一方、中西に屈辱の一打を浴びた杉浦は打倒西鉄に燃えた。杉浦は二年目、三八勝を挙げ、対西鉄戦は七勝一敗、防御率一・八八という好成績を残した。

鶴岡親分男泣き―打倒巨人の達成

昭和三四年、日本シリーズでは長嶋と杉浦の友情対決が見られた。日本シリーズは四年前、大手をかけながらひっくり返された相手、巨人である。南海ナインとしては、その雪辱を果たし、鶴岡親分を男にしたかった。

第一戦（一〇月二四日・大阪／一〇対七　南海〇）。開幕第一戦、巨人は意表をついで義原、南海は予定通りエースの大黒柱杉浦が先発した。義原は初回から南海打線に捕まった。一回裏一死後、半田の打った三ゴロを長嶋がはじき先ずランナー一塁。三番広瀬の打球はライト線への二塁打となり、ランナー二、三塁。四番杉山の二ゴロが野戦となり、南海がまず先取点をあげた。代打大沢はセンター前ヒットを放ち一点追加。野村はレフト前ヒットを打ち杉山生還し三点目が入った。この間に大沢は三進。野村は盗塁しセカンドベースに立った。岡本の当たりはライトへの犠牲フライで、大沢が還り四点目が入り、杉浦の当たりは三塁内野安打となり、五対〇と早くも南海がリードした。さらに岡本が三回、五回に別所から二打席連続ホームランを放ち七対〇と大きくリードした。

七点をもらった杉浦だが、右手中指のマメが悪化し調子は今一つだった。六回、巨人はようやく反撃に出た。杉浦は与那嶺、長嶋に四球を与え、坂崎にライト前ヒットを打たれ、得点を許した。七回にも藤尾、森、代打加倉井が三連打を杉浦に浴びせ、七対二。

一死後、与那嶺の当たりは一塁への強襲ヒットとなり、一点追加し七対三と追いつめた。ところが、南海打線はその裏、六番野村、七番岡本の連打の後、暴投で二、三塁となり、一死後、杉浦が自らのバットでレフト前のヒットで一点。穴吹四球で歩き、森下、広瀬の安打で三点目をあげ、一〇対三とリードを広げた。

九回、巨人は杉浦に代わった祓川正敏（大分商業―南海）を攻めて、王の四球から広岡、土屋、長嶋の二塁打の三連打が続き、藤尾のレフト前ヒットで四点を取ったが、結局、一〇対七で南海が初戦を制した。

第二戦（一〇月二五日・大阪／六対三　南海〇）。初戦を落とした巨人はエース藤田が先発。南海は田沢芳夫（鶴岡工業―南海）がマウンドに登った。巨人は初回に二点をあげた。一死後、土屋が一塁戦を抜くヒット。与那嶺倒れて、四番長嶋を迎えた。カウント一―一の後、長嶋はヒット・エンド・ランで低目を掬いあげ、レフトスタンドへ叩きこむツーランホームランを放った。巨人がまず先制した。

先発のエース藤田の調子は前日の杉浦同様にベストではなかった。四回裏、南海の森下が右中間を破る二塁打。三番広瀬のあたりは内野安打となり、ランナー二、三塁となった。四番杉山は四球で歩き、長谷川を迎えた。長谷川の打球は一塁頭上を越える適打となり、まず同点。野村の当たりは三ゴロ、この間に杉山が生還し逆転。さらに八番寺田はセンター前に弾き返し、四対二とリードした。二回から好投を続ける三浦をリリーフして杉浦がマウンドに登った。七回表、杉浦は王、森の長短打で一点を取られた。八回、国松の左中間への痛打を大沢が打球の行方をあらかじめ読んだ守備位置に変えて守り好捕してピンチを救った。六対三で南海が連勝した。

第三戦（一〇月二七日・後楽園／三対二　南海〇）。第三戦は巨人・藤田、南海・杉浦とエース同士の対決となった。先手は巨人が取った。一回裏、一死後、土屋の打ったゴロを広瀬がエラー。土屋は二盗に成功。四番長嶋の当たりは痛烈でショートへの強襲ヒットとなり、土屋は生還し先ず一点を先取した。二回、南海は野村がセンター前ヒットの杉山を置いて、藤田からレフトスタンドに叩きこむツーランホームランを打ち二対一と逆転した。

九回裏、このまま南海が逃げ切るかと思われたが、坂崎が杉浦から同点ホームランを放った。巨人は土壇場で追いついた。その後、巨人は国松、加倉井のヒットで一死二、三塁のチャンスを迎えた。藤田の代打に森が起用された。森の打った打球はライナーでセンターへ飛ぶ。サヨナラかと思われたが、またしても大沢の好守でアウトになり、サヨナラにはならなかった。そして、延長一〇回二死後、三番手の義原から、八番の寺田が野村をおいて右中間を抜く決勝の二塁打を放ち、南海が三対二で三連勝した。

第四戦（一〇月二九日・後楽園／三対〇　南海〇）。南海が大手をかけた第四戦は雨で一日順延した二九日、両エースの登板となった。鶴岡は四年前の苦い経験を思い出し、必勝を期して敢えて杉浦の四連投に命運を賭けた。ナインは杉浦が投げられるなら勝てると信じ、強い結束力を持って決戦に臨んだ。今シーズンの南海の強さはここにあったといえよう。

先取点は南海が上げた。杉山のセンター前への浅いフライを加倉井実（水戸商業―巨人―近鉄）が無理に突っ込んではじいた。その間に快速の重戦車盗塁王の広瀬が一気にホームを駆け抜けていた。

雨のためにグラウンドコンディションが悪く、すべったために打球の処理を誤ったことは不運だった。

巨人は毎回得点圏にランナーを進めながら、決定打が出なかった。杉浦―野村のバッテリーの呼吸が実に巧く、殊に野村の相手の心理を見抜く眼力が冴え、その指示通りに投げる杉浦のコントロールの抜群の良さが光っていた。結局、この日本シリーズは四連勝で南海が日本一に輝いたのである。

御堂筋のパレードでは鶴岡は男泣きをした。戦後廃墟の瓦礫の中から南海を早くから一流チームに育て上げ、昭和二一年、戦後初優勝、昭和二三年、南海ホークスとなり、戦後二度目の優勝を手にした。しかし、二リーグ分裂後、パリーグの覇権を握りながら、何度も巨人に前に破れた。苦難を乗り越えてのようやく掴んだ悲願の日本一の達成だった。

第十四章　阪神タイガースの歌

球団名の変更

昭和三五年、大阪タイガースの監督はカイザー田中に代わって、金田正泰が陣頭指揮を執った。だが、タイガースは開幕から低迷し、投打のバランスを欠き、村山も四月、急性胃腸炎で倒れ、このシーズンは八勝一五敗と不調に終わった。チーム成績も六四勝六二敗四分、勝率・五〇八で三位に終わった。投手陣は村山の不調を二五勝一九敗の小山正明（高砂高—大阪タイガース—阪神—東京）、一三勝八敗の本間勝（中京商業—大阪タイガース—西鉄）が補った。タイガースはライバル巨人に九勝一六敗一分と大きく負け越した。優勝は三原旋風が吹き荒れ、前年テールエンド（最下位）の大洋ホエールズ。西鉄から移籍した三原脩の手腕が鮮やかな三原魔術を展開しての優勝だった。

三五年度の打線には外国人のマイケル・ソロムコ（ペンシルバニア高—大阪タイガース・阪神—東京）が加入した。本塁打を一七本を放ったが打率・二四一で安定性に欠けた。三割は並木輝男（日大三高—大阪タイガース・阪神—東京）が打率・三〇六でベストテン四位に入り、藤本が打率こそ・二五二で低かったがホームラン二二本、打点七六打点で二冠王に輝いた。チーム打率は打率・二四二でセリーグ一位。だが、タイガースの課題は打線の強化だった。投手陣は小山、村山の両輪を軸に、守備も日本球界トップレベルの遊撃・吉田、三塁・三宅、一塁・鎌田で固め鉄壁の内野陣を誇っている。

さて、阪神タイガースがセリーグの王座に就く時代が到来する。昭和三六年、球団歌が《大阪タイガースの歌》から《阪神タイガースの歌》に名称が変わった。この年のシーズンから球団名が「阪神タイガース」（昭和三六年四月一日）に変更されたからだ。親会社が阪神電鉄であることには変わりないないが、大阪、神戸間にあるということが名称変更の最大の理由だった。創立当時の大阪タイガースから阪神軍―大阪タイガース―阪神タイガースへと時代とともに球団名も変更されたが、獣王・タイガースであることはかわりなかったのだ。

球団名も変われば球団歌の歌詞も変わる。〈輝く我が名ぞ　大阪タイガース　オウ　オウ　オウ　オウ　大阪タイガース〉が〈輝く我が名ぞ　阪神タイガース　オウ　オウ　オウ　オウ　阪神タイガース〉となったのだ。

六甲颪に　颯爽と
蒼天翔ける　日輪の
青春の覇気　美しく
輝く我が名ぞ　阪神タイガース
オウ　オウ　オウ　オウ
阪神タイガース

フレ　フレ　フレ　フレ

《阪神タイガースの歌》はコロムビアから若山彰の歌でレコードになったが、今日のような広く歌われる応援歌ではなく、当時本拠地の甲子園球場ではこのレコードがタイガース戦で流されたが、あまり歌われていない。応援歌として知名度を得るためには《六甲颪》として歌われた昭和六〇年の優勝を待たなければならなかった。若山彰は《喜びも悲しみも幾歳月》（木下忠司・作詞／作曲）のヒットで知られる武蔵野音大卒のコロムビア専属歌手。

昭和三六年のシーズンを迎えたライバル巨人は川上体制がスタートした。川上巨人は二月二七日のベロビーチキャンプへと出発した。巨人の九連覇の土台は構築されたのだ。二月七日、阪神は高知市・高知球場でキャンプに入った。

打線は投高打低とはいえ、投手力と守備力と比べればというだけで悪くなかった。ホームラン王にもなった藤本勝己（南部高―阪神）、三割バッターの並木輝男を主軸に、ソロコムの長打力、それに吉田、三宅、鎌田らが好打が出れば、他球団にとっては嫌な打線である。

だが、阪神は監督の金田正泰が途中退陣するなどチームの内部対立が絶えなかった。監督の金田は六月の序盤戦から休養し代わりに投手コーチの藤本定義が指揮を執った。しかし、後半戦持ち越したが、結局、四位に低迷した。

昭和三六年のシーズンは、前半は監督の金田と村山の確執から村山にエンジンがかからず、後半は小山が全くの不調で勝ち星がわずか一一勝でしかも二二敗と大きく負け越した。村山は二四勝一三敗と前年を挽回する成績を残した。だが、三連戦で一つ落としても、小山、村山で確実に二つを取るという戦術は二人の両輪が正常であってのことでどちらかの歯車が狂えば四位は当然だった。

打線は、ソロムコが打率・二七〇と上げ、ホームラン二一本と打ち、三宅秀史が打率・二七三、ホームラン一五本、四番の藤本勝巳が打率・三〇〇（ベストテン三位）をマークしたが、並木が打率・二五七、ホームラン六本、リードオフマンの吉田義男が打率・二二八の不振で大きなブレーキになった。打撃不振の要因にはショートの守備の負担が大きかった。吉田は入団当初、五一個（昭和二九年）、五三個（昭和三一年）の盗塁を決め盗塁王になっていたが、その後の盗塁数の減少はやはり守備の負担の重さが影響していた。

昭和三六年、セリーグを制した巨人は日本シリーズでも南海を降して日本一に輝いた。その巨人も創立三〇周年が近づいていた。早速、その球団創立三〇周年の記念行事として三代目の球団歌の歌詞募集を始めた。作曲は野球ソングの第一人者古関裕而に白羽の矢が立った。スポーツ音楽、なかでも野球ソングにおいて定評がある古関裕而が依頼されるのは当然といえた。

牛若丸・吉田義男

大阪タイガースから阪神タイガースへ時代、牛若丸吉田義男の活躍を忘れてはならない。この頃のタイガースは、小山、村山の両怪腕に二塁・鎌田実（洲本高―大阪タイガース―阪神―近鉄）、三塁・三宅秀史（南海高―大阪タイガース―阪神）、遊撃が牛若丸吉田義男と鉄壁の内野陣だった。殊に吉田は守備範囲も広く、そのアクティブなフィールディングは巨人の華麗・堅実・確実な広岡達朗と双壁だった。流れるのようなプレーから広岡には「絹糸」の形容が、アクティブな吉田には「麻糸」の形容がふさわしかった。そして、パリーグに眼をやれば豊田が「木綿糸」というところだった。

吉田のダッシュはスピードとスリルがあった。戦前の田部武雄を思わせるフィールディングだった。それに対して、広岡は大きくを両手を広げながら打球を殺し包み込むように華麗に捌く。まるで、教科書通りの守備である。吉田は山城高校時代からすでに大学ナンバーワンのショート早稲田の広岡の名前は知っていた。東京六大学と関西六大学の東西対抗戦において二人は顔を合わせている。立命館時代、吉田が一年のときである。この時、早稲田の監督、森茂雄は立命館の一年生のプレーを見て驚いた。あの広岡よりも上がいるとは。森の驚きは尋常ではなかったのだ。広岡も吉田のプレーに注目し、己の自惚れを恥じたと言われている。だが、プロ球界はこの立命館の一年生を知らなかったのである。

その吉田に最初に眼を付けたのが阪急だった。ところが、監督の浜崎真二が吉田の守備をその場で見ないで身長だけで入団を断った。身長が吉田よりも低い浜崎が小さいのはだめだということが寓話的な野球史になっているが、おそらく、浜崎は慶應のショート松本豊の入団を考えていたのだろう。浜崎は山城高校二年で甲子園に出場していた吉田の守備に注目していたとはいえ、吉田を断る上での理由づけにしたのであろう。

当時、大阪タイガースも広岡よりも打撃が優れていた慶應のショート松本豊に触手を伸ばしていた。当時の大学球界で早稲田の広岡と一年上の松本（昭和二七年慶應義塾大学野球部主将）は双璧の遊撃手だった。ところが、契約寸前で松本の婚約者がプロ入りに反対し、タイガース入りがご破算となったのである。そのため、阪急に浜崎真二の反対で入団できなかった吉田を守備要因として採用したのである。もし慶應義塾の名ショートがタイガースに入団していたら、吉田のタイガース入りはなかったのである。

昭和二七年の晩秋、吉田は立命館を中退して大阪タイガースに入団した。トップを打ち守備の要だった白坂長栄（福岡中―仙台鉄道局―華中鉄道―仙台鉄道局盛岡―大阪タイガース）が肩を痛めたので二塁手にコンバートされ、それに代わって吉田が正遊撃手となり、リードオフマンぶりを発揮した。

実はこのコンバートにはつぎのような逸話がある。当時、阪神の臨時コーチに戦前金鯱軍の監督だった岡田源三郎が毎年招かれていた。この岡田のノックは定評があった。吉田の二塁よりに飛ぶ打球へのダッシュ力を早くも見抜いたのだ。岡田の内野ノックは正確である。二人に同じ方向へ同じ速さのノックをする。吉田とレギュラーの白坂とでは捕球する地点が二メートルほどの差があった。早稲田の監督だった森茂雄（元大阪タイガース監督）が広岡よりも上といったのがこれだったのだ。当時、監督だった松木謙治郎は岡田のノックを見て、早速、白坂をセカンドにコンバートした。ここに希代の名ショート吉田義男が誕生したのである。

吉田義男はフィールディングが目立つが打撃もシュアーで打率はあまり高くないが三振の少ないバッターだった。吉田のバッティングの特徴はリストの強さである。バット短く持ち確実にミートする。入団した昭和二八年は打率・二六七、その後打力の向上に努力し昭和三一年には打率・二九七をマークした。阪神の優勝した昭和三九年には打率・三一八と初の三割をマークした。殊に金田には滅法強かった。身長一八〇センチを超える金田を弁慶に喩えるなら、吉田はまさに牛若丸といえた。金田は吉田に打率・三一〇、ホームラン八本を打たれている。また、金田が初のサヨナラホームランを浴びたのも吉田だった（昭和三二年五月二八日。甲子園球場）。四対四で迎えた延長一〇回、バットを二握りも短く持った吉田が金田の速球を叩くと、その打球はレフトスタンドへサヨナラの一打となったのだ。金田はこの日まで八年間、サヨナラホームランを喫したことがなかったのである。

また、阪神・鎌田実の守備は名人芸で一・二塁間の打球を処理し遊撃の吉田にバックハンドトスで送り、華麗なダブルプレーを見せていた。その吉田と三宅の三遊間は鉄壁だった。ライバル巨人の広岡・長嶋のそれと人気を二分し巨人阪神戦の花だった。殊に三塁手の三宅秀史のプレーは当時の日本最高の三塁手であり、忠実なプレーは華麗であり常に正面で捕球するという精密機械のような確実なプレーだった。その華麗堅実な三宅と組む吉田の躍動感に溢れたアクティブなプレーは際立っていた。

このように吉田のプレーはフットワークを使った俊敏な動きだが捕球は堅実だった。常にゴロは「両足とクラブが正三角形の頂点を作る」ところで捕球するという三宅同様に堅実なプレーだった。吉田のアクティブと堅実、三宅の華麗と忠実、そして、鎌田の名人芸と、タイガースは黄金の内野陣を形成していたのだ。

二リーグ分裂後の初優勝

翌三七年、阪神タイガースは二リーグ分裂後、セリーグを制覇するのである。無敵の我等の阪神タイガースの優勝は昭和二二年以来である。時代は日本全体が押せ押せの高度経済成長時代を迎えていた。この年のレコード大賞受賞曲は《いつでも夢を》（佐伯孝夫・作詞／吉田正・作曲）、まさに薔薇色に輝くの日本の戦後の繁栄を象徴していた。とにかく、橋幸夫と吉永小百合が歌う若さ溢れる清純な青春歌謡の《いつでも夢を》は猛虎軍団阪神の優勝を祝福するかのようにヒットした。バラ色に輝く未来と高度成長時代の繁栄、二年後のオリンピックも控えており、まさに時代の息吹を象徴していた。

星よりひそかに　雨よりやさしく
あの娘はいつも　歌っている
声がきこえる　淋しい胸に
涙に濡れた　この胸に
言っているいる　お待ちなさいな
いつでも夢を　いつでも夢を
星よりひそかに　雨よりやさしく
あの娘はいつも　歌っている

優勝への軌跡はある外国人選手の入団から始まった。昭和三七年七月、ジーン・バッキーが阪神のテスト入団した。小山、村山の両エースが力投しそれにバッキーが加わり投手陣が充実しフル回転した。

阪神は開幕戦二対一と巨人に勝ち、第二戦も四対二と連勝の好スタートを切った。前半は巨人が不振で阪神、大洋の三つ巴のレースが展開したが、優勝の行方は藤本監督の頑なローテーション厳守で小山、村山が確実に勝ち星を稼いだ。

後半戦は大洋と優勝争いとなった。九月、主力の三宅が川崎球場で小山の投球練習中に投げるボールを顔面に受け眼を負傷し戦列を離れた（これが原因で引退）。主力の三宅を欠きながら、藤本、吉田が打率・二六〇前後のアベレージだったがここぞという場面でよく打った。打率・二九〇をマークした並木、ソロムコらも奮起し投手陣を援護した。しかも、慶應から入団した安藤統男（土浦一高―慶大―阪神）、勝負強い打力で主軸を打つ藤井栄治（登美丘高―関大―阪神―太平洋クラブライオンズ―阪急）らの新人の活躍あり、首位争いを展開した。

九月の後半、優勝争いの攻防戦で阪神は大洋に連敗。優勝戦線から一歩後退した。一時は優勝絶望かと思われたが、大洋も巨人に三連敗するなど、阪神に優勝への望みが出てきた。阪神は村山が国鉄の金田に投げ勝ち連勝し優勝に大手をかけた。一〇月三日の広島戦で小山が力投し、阪神は昭和二二年以来ペナントレースを制覇したのである。スコアーは六対〇。小山は最後の打者、平山を三振に打ち取り、六対〇で勝利を収め阪神タイガースは七五勝五五敗三分の成績で優勝の栄冠を手にしたのである。

一五年ぶりの優勝の瞬間は感動的だった。試合終了の頃には初秋の太陽が六甲の山に落ちようとしていた。スタンドからは七色のテープが飛び、紙飛沫が舞う。ファンがグラウンドになだれこみ、ベンチから飛び出してくる選手、グラウンドのナインと一体になり、藤本監督を胴上げした。61番の背番号が宙に舞う。感無量だった。

闘志溌溂　起つや今
熱血既に　敵を衝く
獣王の意気　高らかに
無敵の我等ぞ　阪神タイガース
オウ　オウ　オウ　オウ
阪神タイガース
フレ　フレ　フレ　フレ

優勝の原動力はやはり、小山、村山の両輪の活躍である。二人で一〇四試合に登板。小山は二七勝（完封一三勝＊五連続完封の達成）、しかも、無四球試合が一〇と精密機械のようなコントロールで優勝に貢献した。一方、村山は二五勝をマークし最優秀殊勲選手に輝いた。

鉄腕強打　幾千度《いくち》び
鍛えてここに　甲子園
勝利に　燃ゆる　栄冠は
輝く我等ぞ　阪神タイガース
オウ　オウ　オウ　オウ

阪神タイガース
フレ　フレ　フレ　フレ

日本シリーズでは水原が率いる東映フライヤーズと対戦。強打者張本勲（浪華商業―東映―日拓・日本ハム―巨人―ロッテ）を中心に毒島章一（桐生高―東映）、西園寺昭夫（熊本工業―東洋レーヨン―東映―阪神―アトムズ・ヤクルト）、吉田勝豊（武雄高―日鉄二瀬―東映―巨人―西鉄）が並び、怪童・尾崎行雄（浪華商業―東映）、土橋正幸（日本橋高―フランス座―東映）の投手陣が優勝の原動力となった。阪神は、日本シリーズにおいて好調だった。第一戦、六対五、第二戦、五対〇と開幕二連勝でスタートしながら四勝三敗で日本一を逃した。殊に延長一四回二対二で引き分けた第三戦で、六回、毒島が村山からホームランを放ち、七回には岩下光一（宮崎大淀高―芝浦工大―東映）のタイムリーで同点となるなど、これが東映打線の自信につながった。何しろあの村山を打ち込んだ勝利だからだ。第二戦で東映は村山に九三振の完封を喫しており、この毒島の一打はその後の東映の連勝に大きく貢献した。シリーズの明暗を分けた一打だった。

東映は村山を打ち崩し自信をつけた。第四戦、早稲田から入団した「早慶戦六連投男」の新人安藤元博（坂出商業―早大―東映―巨人）が力投し、三対一で格上の小山に投げ勝った。貴重な一勝を東映にもたらした。

第五戦、東映打線が小山を打ち崩した。七回途中から阪神は小山がマウンドに登り、東映は八回から土橋が登板した。三度目の延長戦に入り、一一回、岩下が小山のシュートを叩きレフトスタンドへサヨナラツーランで勝負を決めた。第六戦は東映の下位打線が活躍し、調子の出ない村山をノックアウト。阪神に王手をかけた。六回、強打者張本にようやく日本シリーズ第一号がでて、八回、張本、青野修三（西条高—立大—東映—南海—ロッテ）、岩下の三連打で阪神を突き放し、七対四で勝利した。第七戦、小山が巧みなコントロールで意地の投球を見せ、阪神ペースで試合が展開。だが、阪神は吉田が四安打しながら、一度も二塁に進めずチャンスを作れず拙攻の連続だった。延長一一回、小山から村山に阪神はスイッチ。延長一二回、その村山は西園寺に決勝ホーマーを打たれ、東映の日本一が決まった。

小山、村山問題

日本シリーズ後、一〇月一八日、デトロイト・タイガースが来日。後楽園球場の第一六戦、全日本先発の村山が八回二死まであわやノーヒットノーランの快投を演じた。デトロイト・タイガースは三、四番にキャッシュとケーライン（ＫＣ砲）を並べた大リーグの中でも強打のチームである。この日の村山はスライダーが鋭く曲がり、フォークもよく落ちた。デトロイト・タイガースは八回、ようやく初安打。九回、一死から二番のブルートンがバントで転がし出塁（バントヒット）。三番キャッシュは四球で歩き、一塁、二塁のチャンスを迎え、反撃にでた。四番のケーラインは村山の速球におされショートのファウルフライに倒れた。村山は五番マカーリフェをセンターフライに打ち取り、四対〇の完封勝利を収めた。全日本は日米野球初の完封勝利の快挙だった。

昭和三八年二月初旬、甲子園球場でアメリカキャンプの準備練習が開始された。二月九日、阪神はデトロイト・タイガースのキャンプに参加するために渡米した。このキャンプは選手にはプラスにならずむしろマイナスに終わった。短時間の練習をデトロイト・タイガースの監督コーチから強要され、時間を要する基礎トレーニングができなかった。ハードトレーニングができないなら、選手が自主的にやるべきだが、しかし、選手には前年の優勝の余韻があり心にゆるみもあり、観光気分の物見遊山が災いしていた。

昭和三八年度のペナントレースは四月一〇日に開幕、この年から二八試合総当たりの一四〇試合となった。阪神は序盤戦から不調で開幕から好調な快進撃する巨人とは対照的だった。対巨人戦七勝二一敗がそれを証明していたのだ。阪神は六九勝七〇敗一分、勝率・四九六で三位に終わった。小山、村山も不調で、小山・一四勝一四敗、村山・一一勝一〇敗だった。打線は藤井栄治が打率・三〇〇でベストテン八位、吉田が打率・二六二、並木はホームランこそ一六本打ったが打率・二七三で今一つだった。それでもチーム打率は二三九で優勝した前年を上回っていた。やはり、小山、村山の不調が大きかったといえる。もっとも小山は一〇年選手のボーナス問題が解決したのが、アメリカキャンプ出発直前の二月七日（選手契約）であり、この問題が最後まで尾を引くことになった。

その村山と小山は両雄並び立たず、昭和三八年のシーズン終了後、一二月二六日、小山はパリーグの強打者山内一弘（打率・二八三、ホームラン・三三本、打点・八六）との世紀のトレードで大毎オリオンズに移籍した。山内の打棒は当然期待された。

昭和三四（一九五九）年　小山正明・二〇勝一六敗

昭和三五（一九六〇）年　村山実　・一八勝一〇敗
小山正明・二五勝一九敗
村山実　・八勝一五敗
昭和三六（一九六一）年　小山正明・一一勝二二敗
村山実　・二四勝一三敗
昭和三七（一九五七）年　小山正明・二七勝一一敗
村山実　・二五勝一四敗
昭和三八（一九五八）年　小山正明・一四勝一四敗
村山実　・一一勝一〇敗

小山の阪神在籍一一年間で一七六勝一三六敗。この一一年間で無四球試合が四七試合もある。ここに驚異的な制球力を誇る小山の凄さがあった。「針の穴を通す」という形容は小山の精密機械によようなコントロールに相応しかった。

東京~ロッテ時代の小山の成績は在籍九年間で一四〇勝八一敗。移籍した東京のホームグラウンドは東京球場で狭い。ホームランが出やすい球場である。今まで広い甲子園球場をホームグラウンドにして投げてきた小山には不利な球場である。そこで小山はパームボールに磨きをかけた。減速しバッターの手元で落ちるから内野ゴロに打ち取りやすい。バッターは落ちるボールに対してダウンスイングで叩くから飛球にはなりにくくホームランも出にくくなるのだ。小山はそのパームボールを駆使して三〇勝のうち東京球場では一七勝四敗という好成績だった。

阪神時代の小山は高めのストレートで勝負していた。両翼はもちろんのことファールグラウンドも広い甲子園では補飛球にしやすい。ところが、狭い球場では一歩間違えると高めを打たせた飛球は長打になりやすい。小山は狭い球場の不利な状況に対応した投球術を考え出したのである。本拠地の球場によって投球内容を変えた投手は小山ぐらいであろう。

正確無比のコントロールを誇る小山の代役を埋めたのがバッキーだった。ジーン・バッキー（ルイジアナ大―阪神―近鉄）は昭和三七年、阪神にテスト入団した。球は速いがコントロールが悪く、投手コーチの杉下によって下半身を強化し、また、トレード前の小山の制球力を地道に学び、コントロールが安定するようになった。バッキーはオーバー、サイドと自由自在な投球とナックルを決め球にして、その小山が大毎の山内一弘との交換トレードによって移籍すると、村山とバッキーが阪神投手陣の柱となった。

さて、大毎オリオンズ（昭和三九年から東京オリオンズ）に移籍した小山の昭和三九年の成績だが、自己最多勝利の三〇勝一二敗だった。

ふたたび日本シリーズを逃す

昭和三九年、阪神タイガースはこのバッキーとエース村山の力投でセリーグのペナントを制した。村山は二二勝一八敗。バッキーは二九勝九敗、防御率一・八九、最多勝、最優秀防御率、外国人初の沢村賞の栄冠に輝いた。一方、前年優勝の巨人は投手陣が怪我と故障で頼れるの城之内一人という厳しい台所状況で早くも六月に入り優勝戦線から脱落した。

阪神は村山、バッキーの両輪が全面展開し、チーム本塁打一三四本のメガトン打線（三番・クレスニック／四番・桑田武／五番・長田幸雄／六番・森徹）の大洋と熾烈な首位争いを演じた。大洋は六月には一〇連勝と快進撃。ところが後半戦に入り、悪夢の七連敗、六連敗を喫し、六・五ゲームも差をつけられていた阪神が八月九日には首位に躍り出た。移籍した山内はナイターの多いセリーグでは不振だった。視力の弱い山内には不利な環境であり、しかも緻密なセリーグの野球に開幕当初、戸惑った。打率こそ低かったが、ここぞでの一発は脅威だった。しかも、打点・九四を叩きだし、さすがパリーグの四番打者という勝負強さを見せた。結局、山内はこのシーズンの成績は打率・二五七、ホームラン三一本だった。

セリーグのペナントの行方は阪神と大洋が競り合い最後までもつれ込んだ。ゲーム差一・五で首位は大洋ホエールズ。シーズン最後の阪神対大洋のダブルヘッダーで大洋が一勝すればそのまま逃げ切り優勝が決定する。まさにセリーグのペナントを決める関ケ原の戦いだった。ちなみの阪神、八〇勝五六敗四分、大洋、八〇勝五八敗二分で終盤までもつれ込む烈しい優勝争いの展開だった。結局、大洋はこのダブルヘッダーで阪神に連敗し大洋は自力優勝を失った。

第一試合はバッキーが五対〇で完封勝利。第二試合は大洋が七回まで二対〇とリード。その裏、藤井栄治がライトスタンドへのホームランでまず一点差に詰め寄った。八回裏、山内の好打で吉田が還りホームを踏み同点。その後チャンスは続き二死満塁で並木を迎えた。このとき、大洋の土井が補逸。本屋敷が本塁を衝き逆転。九回、大洋も粘る。七回からマウンドの登っていたエース村山に代えてバッキーがマウンドへ行く。バッキーは大洋打線を押さえこれでゲーム差〇・五となり、阪神は大洋に連勝し、首の皮一つつながった。国鉄、中日戦を迎えることになった。九月二九日、国鉄戦、バッキーが完封しまず一勝した。九回代打の金田を見事に三振に打ち取ったピッチングは圧巻だった。阪神は国鉄を降し、九月三〇日の中日のダブルヘッターに連勝して優勝を決めた。阪神の八〇勝五六敗四分に対して大洋は八〇勝五八敗二分で僅か一ゲームの差だった。

第一戦（一〇月一日・甲子園／二対〇　南海〇）。一〇月一日、甲子園で開幕した日本シリーズは大阪同士の対決が大きな話題となっていた。阪神は優勝決めた翌日からのシリーズであり、疲労回復が十分ではなかった。第一戦は阪神、村山、南海スタンカの投げ合いで始まった。「赤鬼」の異名を持つスタンカ（オクラホマ農工大―ホワイトソックス―南海―大洋）は今シーズン二六勝七敗の成績で最高勝率をマークし南海のエースとしてパリーグ優勝を牽引した。

スタンカはシュートを巧みに使い、阪神打線を三安打の完封に切って取った。見事なピッチングだった。村山は八個の三振を奪いながら、小池兼司（浜松商業―専大―南海）の二塁打にローガン（ブレーブス―パイレーツ―南海）の中犠飛で先取点を奪われた。五回には野村の右犠飛で追加点を許し、〇対二で初戦を落とした。

第二戦（一〇月二日・甲子園／五対二　阪神〇）。バッキーの力投で五対二で阪神が雪辱した。南海は杉浦を先発させたが、井上、ハドリ（ポカテロ高―南カリフォルニア大―アスレチックス―ヤンキース―南海）、森下らの内外野の拙守で試合を落とした。第三戦（一〇月四日・大阪／五対四　阪神〇）。二回、三回、藤井の二打席連続ホームランで五点を取り、阪神がリード。南海は三回、ローガン（ブレーブスーパイレーツ―南海）のソロホーマー、七回、国貞泰汎（呉港高―南海―広島―太平洋クラブライオンズ）の適打、八回にはハドリのホームランが出て一点差までに追い上げたが、本間―石川―バッキーの阪神の継投策がうまくかわし五対四で逃げ切った。

第四戦（一〇月五日・大阪／四対三　南海〇）。第四戦は南海、杉浦、阪神、村山のエース同士のプライドがぶつかった。初回、主砲の山内が杉浦からシュートを捉え先制のホームランを放った。「シュート打ちの名人」山内はパリーグ時代から杉浦の鋭いシュート読み通りに打ち込んでいた。この二人のパリーグ時代の対決は名勝負であり、多くのファンを湧かせた。

南海は四回、広瀬が力投する村山をとらえた。右中間に俊足を飛ばして三塁打。ローガンの中犠飛で同点にした。五回、バント処理を誤った村山のエラーに乗じて二点を追加し三対一と南海がリードした。六回、主砲山内が吉田をおいて同点のツーランを杉浦から放ち、試合が振出に戻った。山内の読み通りのバッティングだった。

九回裏、村山にこの日は三振、二ゴロと完全に抑えられていたハドリが右翼ポール際ギリギリに劇的なサヨナラホームランを放ち南海が四対三で勝利をもぎ取った。村山は二―一から高めに外したつもりが、甘くストライクに入り打たれたのである。第五戦（一〇月六日・大阪／六対三　阪神〇）。阪神が安藤統男らの活躍によって六対三で勝ち、念願の日本一に大手をかけた。だが、第六、七戦、南海はスタンカの連投で阪神を降した。

第六戦（一〇月九日・甲子園／四対〇　南海〇）。南海は小池、堀込、国貞らの南海の下位打線が奮起しスタンカを援護。スタンカは三番山内、四番の遠井吾郎（柳井高―大阪タイガース・阪神）から三振を奪い、計八個の三振と散発二安打と阪神打線を完全に押さえ四対〇の完封勝利。第七戦、野村にようやく当たりが出た。打線はシリーズ一安打と全くの不調だった野村が初回村山からセンター方向の右中間に二塁打を放ち、最終戦（一〇月一〇日・甲子園／三対〇　南海〇）でようやく四番の重責を果たした。投げては連投のスタンカの気合のピッチングによって三対〇の二試合連続の完封勝利だった。

南海はエースの杉浦が足の故障で思うような活躍ができなかったが、その分をスタンカが力投し、しかも、この気迫の連投に南海チームメイトが一丸となった。スタンカは初戦の完封も入れた日本シリーズ三度の完封勝利を収め、同シリーズのMVPとなった。阪神はシリーズ全体を通して南海のスタンカを打てず、またしても日本一を逃したのである。

「阪神タイガースの歌」の復活―六甲颪

昭和三九年の優勝以来、阪神タイガースは優勝の栄冠を手にすることができなかった。球団歌が《六甲颪》として復活するまで二十一年の歳月を費やすことになったのだ。それは阪神タイガースの苦闘の歴史でもある。

昭和四〇年代、熱闘の村山、剛腕投手の江夏の力投もあり、最終戦に優勝がもつれ込むなどV九時代の巨人に肉薄しながら優勝できなかった。江夏豊（大阪学院―阪神―南海―広島―日本ハム―西武）は甲子園こそ出場していなかったが、大阪学院時代の江夏の左腕からくりだす超高校級の豪腕ぶりはプロから注目されていた。その江夏がONに挑み、野球ファンを熱狂させたのである。

昭和四五年のシーズンは一〇月一〇日からの巨人—阪神戦の二勝一敗となり、残り一〇試合で鎬《しのぎ》を削った。だが、阪神は優勝に手がとどなかった。八勝一敗の巨人に対して阪神は八勝二敗で涙を呑むことになった。

昭和四八年のシーズンは巨人、阪神ともにペナントレース一三〇試合目で優勝が決定することになった。一〇月二一日は雨で中止。翌二二日。運命の日を迎えた。一〇月二二日、巨人は阪神を九対〇で降し、六六勝六〇敗四引分けで二位阪神とはわずか〇・五ゲーム。巨人の圧勝による逆転優勝だった。あまりにも阪神のふがいなさにファンが激怒しフェンスを乗り越えてグラウンドに乱入する波瀾も起きた。

昭和五〇年代、優勝できる戦力がありながら阪神は優勝に縁なかった。何しろ、球団の経営方針が決して優勝せず巨人と競り合い争って惜しくも二位になることがベストという信じられない考えだったことがまずその原因である。優勝すれば選手の年俸をあげなければならない。だから二位が選手の年俸を抑え球団にとって最も利益が潤うということで、万年二位がベストということなのだ。これでは、選手のやる気は出ない。優勝に向かってチームが一丸となることが皆無なのだ。阪神は優勝の有無にかかわらず人気がある。その人気のために、酒と女に溺れるチームに成り下がるのは必然だった。

巨人の九連覇時代、阪神は巨人に優勝争いに肉薄した。だが、昭和五〇年代、阪神は猛虎の姿を喪失した。昭和五〇年・三位、昭和五一年・二位、昭和五二年・四位、昭和五三年・六位、昭和五四年・五位、昭和五五年・四位と低迷した。確かに、昭和五〇年代の阪神の打線は、機動性に欠けるとはいえ、藤田平（市立和歌山商業—阪神）、田淵幸一（法政一高—法大—阪神—西武）、ラインバック（グラントヒル高―カリフォルニア大―オリオールズ―阪神）、ブリーデン（カブス―エクスポズ―阪神）、そして、入団三年目から三割をキープする掛布雅之（習志野高―阪神）が六番、七番を打つぐらいだからその爆発力は凄かった。ホームランか三振かの田淵の豪快な強振は魅力的だったが、若虎掛布はパワーを秘めながらシュアーで安定感のある快打は新しい阪神のスターの誕生だった。しかし、江夏豊が昭和五〇年のシーズンを最後に阪神のユニフォームを脱いでおり、投手の弱体化は否めなかった。打線が破壊力があって凄くても、機動力に乏しくしかも投手陣が総崩れとなると、大敗を喫することが多く、それもまた阪神というチームの魅力でもあった。投手陣が滅多打ちとなり、一方的に負ける阪神に愛情を感じることも快感となった。戦国時代の合戦で華々しく討ち死にする武士を見るがごとく阪神への愛情が深くなるのだ。これも低迷の原因となったのである。

だが、阪神は奮起した。昭和五八年のシーズン、打率・三五三の高打率を挙げ首位打者になった真弓明信（柳川商業―西鉄―太平洋クラブライオンズ―クラウンライター―阪神）を核弾頭にして、三番・バース（ロートン高―ツインズ―ロイヤルズ―エクスポズ―パドレス―レンジャーズ―阪神）、四番・掛布、五番・岡田彰布（北陽高―早大―阪神―オリックス）のクリンナップの強力打線加え、下位打線も佐野仙好（前橋工業―中大―阪神）、平田勝男（長崎海星高―明大―阪神）、木戸克彦（PL学園―法大―阪神）とよく打ち、弱体投手陣をカバーし、二一年ぶりに優勝の美酒を味わうのである。

一〇月一四日、対広島戦でバースが二本のホームランを放ち、阪神は広島を七対三で降し遂にマジック1とし、いよいよ優勝を目前とした。一〇月一六日のヤクルト戦（神宮球場）を迎えることになった。杉浦が二回ツーランホーマーを放って先ずヤクルトが先制。四回、真弓が弾丸ライナーのホームランを打ち同点にした。六回、阪神はバースが五二号のツーランホーマーを叩き込み逆転した。その裏、ヤクルトは長短打で追いつき、一気に四点を挙げ試合を決めたかにみえた。

ところが、阪神の猛打は凄かった。九回、掛布がポール直撃の三九号を放ち、続く岡田が二塁打、その岡田が北村のバントで三進し、佐野の犠牲フライでホームを踏み同点となった。その裏、守護神の中西清起（高知商業―リッカー―阪神）がマウンドに立ち延長一〇回、時間切れで引き分けとなり、遂に阪神は二一年ぶりの優勝の栄冠を手にしたのである。

真弓を核弾頭に、バース、掛布、岡田と打線がむらなく打ちまくり二一年ぶりにセリーグを制覇し、日本シリーズでは西武ライオンズを降し日本一に輝いたのだ。

甲子園に響き渡った大合唱は昭和のエールの終曲に相応しかった。

六甲颪に　颯爽と
蒼天翔ける　日輪の
青春の覇気　美しく
輝く我が名ぞ　阪神タイガース
オウ　オウ　オウ　オウ
阪神タイガース
フレ　フレ　フレ　フレ

第十五章　闘魂込めて――九連覇の偉業

川上体制とON

昭和三四年、巨人の長嶋は打率・三三四で首位打者を獲得。以後、三五年（打率・三三四）、三六年（打率・三五三＊ホームラン二八本でタイトル獲得）と三年連続で首位打者に輝いた。まさに長嶋時代の到来だった。

昭和三三（一九五八）年　長嶋茂雄　打率・三〇五／ホームラン・二九本／打点・九二
昭和三四（一九五九）年　長嶋茂雄　打率・三三四／ホームラン・二七本／打点・八二
昭和三五（一九六〇）年　長嶋茂雄　打率・三三四／ホームラン・一六本／打点・六四
昭和三六（一九六一）年　長嶋茂雄　打率・三五三／ホームラン・二八本／打点・八六

巨人軍の「V九時代」は長嶋茂雄の時代をプレリュードにしている。そして、ライバル阪神のセリーグ優勝へとむけての始動ともパラレルに歴史は動いていた。昭和三五年、三原魔術によって弱小球団の大洋ホエールズがミサイル打線の大毎オリオンズを破り日本一に輝くが、翌年から戦後、巨人―阪神戦全盛の時代を迎える。巨人は昭和三五年のシーズンをもって水原が勇退し、川上が監督に就任した。巨人は水原体制から川上体制へと変更されたのだ。そして、ベロビーチキャンプ、ここに九連覇の偉業の原点が構築される。翌昭和三七年、巨人は別所排斥事件で揺れたが、このシーズン、王が一本足打法を完成させ、ホームラン三八本を放ちホームラン王に輝き同時に打点王（八五打点）も獲得し、いよいよON時代が開幕する。

昭和三四（一九五九）年　ホームラン王　桑田武　・三一本
打点王　森徹　・八七打点
昭和三五（一九六〇）年　ホームラン王　藤本勝巳・二二本
打点王　藤本勝巳・七六打点
昭和三六（一九六一）年　ホームラン王　長嶋茂雄・二八本
打点王　桑田武　・九四打点
昭和三七（一九六二）年　ホームラン王　王貞治　・三八本
打点王　王貞治　・八五打点

長嶋の前後をアベレージヒットも兼ね備えたホームラン王が固めることはまさに鬼に金棒であり、他球団にとっては驚異だった。

昭和三八年、古関裕而は巨人軍の応援歌《巨人軍の歌～闘魂込めて～》（椿三平・作詞／西條八十・補作／古関裕而・作曲）を作曲した。これは巨人軍創立三〇周年を記念してつくられたものである。古関は日本プロ野球の王者巨人軍にふさわしい力強いメロディーに仕上げた。

闘魂こめて　大空へ
球は飛ぶ飛ぶ　炎と燃えて
おお　ジャイアンツ
その名担《にな》いて　グラウンドを
照らすプレイの　たくましさ
ジャイアンツ　ジャイアンツ
ゆけ　ゆけ　それゆけ巨人軍

古関のスポーツ音楽は軽快・さわやかに特徴づけられるが、この歌には巨人軍選手が溌剌《はつらつ》とダイナミックにプレーする躍動感があふれていた。昭和三八年の巨人軍は長嶋のホームランで開幕した。四月一三日の第一戦、満員の甲子園、スタンドにはそそぐ春の陽光、光る爽やかな風、長嶋が小山の高目の甘い球を叩いた打球は〈球は飛ぶ飛ぶ　炎と燃えて〉の如く真っ青な空に吸いこまれ、左中間の中段にライナーが突き刺さった。この試合はさらに二号を豪快に放った。長嶋は翌日、村山から第三号。昨年から一本足打法でホームランバッターに変身した王は四月一六日、広島戦で第一号を放つ。四月が終了し、長嶋は八号、王は九号。五月が終わると、長嶋一二号、王は一六号、まさにON砲の時代の開幕だった。

昭和三八年の巨人はON砲時代の到来以外に、盗塁旋風を巻き起こした柴田勲（法政二高―巨人）という新しい戦力が加わった。柴田は法政二高から鳴り物入りで入団したが、投手としてはプロには通用せず、失意のうちに明けての昭和三八年は多摩川の合宿所で迎えた。二軍スタートである。キャンプが終わっても二軍のままだった。この多摩川の野球地獄（二軍生活）の悲哀、憂鬱をテーマに歌ったのが柴田自ら作詞した《多摩川ブルース》（《ネリカンブルース》の替え歌）である。詩句が〈人里離れた多摩川に野球の地獄があろうとは〉で始まり、八番の詩句は〈一年二年は夢の内／だんだん消えてく同期生／今年は俺もあぶないと／夜も眠れぬオフシーズン〉とプロの厳しさを歌っていた。巨人軍の栄光を讃えた《闘魂燃えて》とはあまりにも対照的である。

三月三一日、柴田は首脳陣からショートから外野に転向を言い渡され、翌日から大洋とのオープン戦の北関東遠征メンバーに入り、外野手としてデビューした。そして、開幕戦は一軍でスタートした。俊足をいかしての守備範囲は広く、肩も強く豊かな野球センスを見せ始めた。

五月二六日の広島戦、大石清（清水市立商業―広島―阪急）から放った柴田の打球はスタンドにライナーで一直線に飛び込んだ。ツーランホームランを放ったのだ。この日、柴田は四打数三安打。翌日には柴田は一番に抜擢された。そして、一番柴田、二番国松彰（西京高―同大中退―巨人）と盗塁・

バントヒット・中距離打者のコラボレーションが完成した。そして、その後に控えるONの長距離砲という巨人の理想の打線構成が固まり、六月九日の国鉄戦から二五日の広島戦までの二度目の一三連勝と驀進した。優勝は確実となった。

ペナントを制した巨人軍だが、パリーグの覇者、西鉄に勝てるかどうかはわからなかった。確かに、国鉄からトレードで獲得した北川芳男（佐原第一高―日本ビール―国鉄―巨人）の活躍、一九勝をあげた伊藤芳明、城之内、エースの藤田とローテーションをうまく組み平均的な力を発揮し、八三勝五五敗二引分けの成績の原動力となった。しかし、抜群の球威で先発完投できるエースが不在だった。それに対して西鉄は稲尾が全盛期に比べれば力が落ちたとはいえ、二八勝一六敗の成績はパリーグを代表する投手であることにはかわりない。打線も打率二九二、ホームラン二〇本の豊田、ロングヒッターのトニー・ロイ（スポーカン高―ワシントン・セネタース―西鉄―近鉄）、ジム・パーマ（タルセントラル高―ホワイトソックス―レッズ―西鉄）らの両外国人選手の長打は脅威であった。ロイはホームラン二一本、パーマは一九本を打っている。また、監督の中西も時折代打で登場する。ホームラン・一一本、打率・二八二は往時の力はなくなっていたが、要注意バッターであることは変りがなかった。

正直言って、川上監督も中西太青年監督が率いる西鉄には勝てる自信がなかったのである。だが、巨人には勝機はあった。西鉄は南海とデッドヒートを繰り広げ、最終戦で優勝を決めたので、巨人の戦力分析がまったくできなかった。西鉄の不安と言えば、パリーグ優勝に全力を尽くしたことが持てる力を出し切り限界に達していたことである。西鉄は一四・五ゲームを追い上げ、最終四連戦の最後のダブルヘッダーを勝ち取っての奇跡に近い優勝だった。しかも、二八勝をあげた鉄腕稲尾はもはや完全燃焼であり、シリーズは果たして鉄腕が唸るかどうか不安視されていたのである。だが、中西監督率いる西鉄は三連覇当時のメンバー、豊田、稲尾、高倉照幸（熊本商業―西鉄―巨人―アトムズ・ヤクルト）、玉造、和田ら黄金期を支えた者が何人かおり、しかも、長打力のあるロイとパーマを主軸に据え、彼らの底力が発揮すれば優勝できると自信を持ち、巨人偵察0で日本シリーズに臨んだ。それに対して、巨人は中尾、牧野、高橋スコアラーが南海、西鉄どちらかが優勝することを想定した分散偵察を徹底していた。

日本シリーズは平和台球場で開幕した。同地では一勝一敗。後楽園で二勝一敗。第五戦の巨人の先発高橋明（防府高―巨人―西鉄）は実績がなく、無謀な起用という批判も出たが、敢えてマウンドに送った。高橋はナックルを効果的に交え、内角と外角の両サイドのコントロールが良く強打の西鉄打線を押さえた。この勝利は巨人にとって大きかった。

舞台はふたたび平和台球場へ移った。第六戦、鉄腕稲尾の右腕が唸った。絶妙の芸術的なピッチングに巨人打線は押さえられた。ヒット二本のみの完封勝利（六対〇）だった。これで優勝の行方は第七戦にもつれ込んだ。第七戦、稲尾は連投した。だが、力は尽きていた。稲尾が打たれてはどうしようもなかった。三回投げて六失点のKOだった。結局、一八対四の大差で巨人の日本一が決定した。

王、五五号ホームラン日本新記録樹立・白いボール

昭和三九年、巨人軍の前途は明るかった。王が野村の五二本の記録を塗り替えるホームランの年間

日本新記録を樹立。王はこのシーズン、開幕一、二戦からホームランが飛び出し好調だった。長嶋も負けじと四月一〇日の阪神戦において一六試合で七本を記録し王と肩を並べるハイペース。四月二六日、国鉄とのダブルヘッダーで長嶋は四試合連続ホームランの第一四号を放てば、王は一〇号、一一号、一二号と連発した。ONのホームランの炸裂は野球ファンを熱狂させた。

五月三日、王は、阪神戦の後楽園では四打席四ホーマー。これに対抗して、広島の白石監督は後楽園で野手全員を右に寄せる守備体形をとる王シフトをしいた。王は敢えてレフトに流さずライトに強打を放った。夏に入ると、王はホームラン王の独走態勢に入った。チームは大洋、阪神と熾烈な首位をめぐるデッドヒートを展開した。メガトン打線の大洋、投の阪神が巨人の前に立ちはだかったのである。

大洋は六月に入り、球団創立初の一〇連勝をマークし首位に立った。二位阪神に六・五ゲームも離しての首位だった。大洋はトップの重松省三（今治西高―松山商大―西濃運輸―大洋）が一五本、マイケル・クレスニック（ウエストアレス高―ミルウォーキー・ブレーブス―大洋―近鉄―阪神）・三六本、桑田・二七本、森徹（早稲田高等学院―早大―中日―太洋―東京）・一五本と長打力をいかしたメガトン打線を形成しチーム打率・二五五、ホームラン一三四本と打ちまくり優勝戦線に加わっていた。

八月、巨人は相変わらず三位だった。六日、神宮球場で事件が起きた。「広岡事件」である。広岡が打席のとき、長嶋がノーサインでホームスチールを敢行した。判定はアウト。広岡は激怒した。自分をそれほどまでに信用していないのか、打てないということなのかと、バットを投げ捨て、ベンチに戻るとそのまま、ロッカールームに引き上げてしまった。これは一般社会では職場放棄に当たり許されることではない。この事件の結果、広岡のトレードが浮上した、川上は広岡を巨人から出す決心をした。

八月九日、阪神が首位に立った。猛打戦の大洋は後半戦に入り七連敗を喫するなど、首位から転落したのである。だが、大洋打線が復調すると、首位攻防戦が阪神、大洋で展開した。

セリーグの終盤戦に入り、王のホームランペースは衰えず快調だった。九月六日、大洋戦で鈴木隆(田村高—中大—大洋—東京—大洋)から五二号を放ち、野村と並び、その日に峰国安(海星高—大洋)から五三号を打ち新記録を樹立した。九月二三日、王のホームラン記録は五五本となった。

この王のホームラン記録の更新を記念してコロムビアから《白いボール》(鶴見正夫・作詞/冨田勲・作曲)という野球ソングが発売された。王自らマイクに向かい青春スターの本間千代子とデュエットした。

プレートけって　なげこむボール
カンとバッターが　うつボール
ボールボール　白いボール
ベンチのなかまも　スタンドからも
みんな見ている　ひとつのボール

昭和三九年のセリーグのペナントは最後までもつれ込んだ。阪神が三連勝のどんでん返しで優勝した。巨人に連勝した大洋はマジックナンバー1としたが、対阪神戦に連敗し自力優勝の途を失った。阪神は残り試合を連勝しセリーグを制覇したのである。昭和三九年の暮れ、国鉄の金田が巨人にB級一〇年選手の権利を駆使して入団した。

快進撃の巨人—不滅のV九のスタート

《闘魂込めて》が作曲されてから、昭和四〇年のシーズンから昭和四八年まで巨人軍の九連覇の栄光が日本のプロ野球を熱狂させた。戦前からの巨人・阪神戦の伝統を継承し、川上体制の下に王・長嶋を中心にした巨人はまさに破竹の勢いでペナントを制しプロ野球の王者として君臨した。巨人戦の試合では古関作曲による《阪神タイガースの歌》（全国化するのは昭和六〇年以降）と《闘魂込めて》、双方の応援歌が交互に歌われ、白熱した試合を一層盛り上げたのである。

昭和四〇年の宮崎キャンプに金田が炊事用具をどっさり持ちこみながら現れた。野球のエネルギー源は食事であると持論を展開し、ランニングは人一倍時間をかけ、基礎体力と栄養との相関関係を実践し巨人の若手を大いに刺激した。言動はオーバーなジェスチャーを交えてのそれだったが、プロ野球人としての自分に対する厳しさは若手への無言の教えとなり、この模範こそ川上が金田に求めたものでもあった。

新人では立教大学から土井正三（育英高—立大—巨人）が入団した。昭和四〇年のシーズンは「八時半の男」宮田征典（前橋高—日大—巨人）がリリーフ六七度の日本記録をつくり、速球とコントロールの安定力によって二〇勝五敗の成績をあげた活躍をみせた。

投手陣は金田、城之内邦夫（佐原一高―日本ビール―巨人―ロッテ）を中心に伊藤芳明（興誠商業―中大―日本生命―巨人―東映）、中村稔（宇治山田商工―巨人）、北川らが先発ローテーションを支えた。宮田は試合の終盤の八、九回、八時半ごろにマウンドに姿を現すので「八時半の男」としてマスコミの紙面を飾った。打線は王がホームラン王と打点王に輝いた。巨人はこのシーズンを九一勝四一敗二引き分けでペナントレースを勝ち取った。

パリーグは南海がペナントを制覇した。野村が阪急のスペンサーとのホームランキング争いに勝ち戦後初の三冠王に輝いた。打率・三二〇、本塁打・四二本、打点・一一〇点。野村が四〇号を放った後、一本差に迫っていたスペンサーがバイクで球場に向かう途中に軽自動車と接触し二カ月の重傷（右足首骨折）を負い、終盤に来て今季絶望となり、野村の戦後初の日本野球史上二人目の三冠王が決定した。打率は三二〇と首位打者にしてはアベレージが低いが、榎本喜八（打率・二六八＊翌年、打率・三五一で首位打者）、張本勲（打率・二九二）が不振だったこともあり、野村は幸運だった。いずれにしても見事な成績だった。

南海はこの三冠王の野村を中心に俊足の広瀬、ブルーム（テキサス大―近鉄―南海＊昭和三七、八年、打率・三七四、打率・三三五、二年連続パリーグ首位打者）、二九本のホームランをマークしたハドリを中心に打線を充実させ、投手陣も一七勝の林俊宏（中京商業―南海＊「俊彦」が本名）、防御率一位の三浦、一四勝のスタンカ、皆川睦雄、杉浦忠を中心に安定した投手陣だった。チームも七月の上旬おいて二〇ゲーム以上も二位に差をつけ圧勝のリーグ優勝だった。

日本シリーズは一〇月三〇日、大阪球場で開幕した。第一戦（一〇月三〇日・大阪／四対二　巨人〇）。開幕戦は巨人が金田の完投と柴田、王の右中間と右翼席上段に放った二本のホームランで快勝した。南海は七回裏、六番小池の右中間二塁打、八番森下のレフト前ヒットと四球で二点を返した。八回、ブルーム四球、広瀬レフト前ヒットで出塁し、無死一、二塁の好機となり、この場面で野村の放った痛烈な三塁線の当りを長嶋が好捕し併殺にさばき四対二で巨人が先勝した。

第二戦（一〇月三一日・大阪／六対四　巨人〇）。第二戦は延長一〇回、長嶋がレフトスタンドに三浦のスライダーをとらえ打球はスタンドへ豪快な本塁打を放ち、巨人が六対四と勝利を収めた。南海が巨人先発城之内の立ち上がりを攻め、ブルームが二進した広瀬を返し、続いて野村がセンター前ヒットでブルームが三塁へ。堀込基明（小諸商業―専大―南海―中日）の犠牲フライで南海が二点を先取した。五回にも森下、広瀬がヒットを放ち、樋口正蔵（浪華商業―法大―南海）がバントで送り、ブルームがセンター前ヒットを放ち二点を加え、南海が四対〇とリードした。巨人は七回に同点に追いついた。一死後、長嶋四球、森がレフト前ヒットでチャンスを迎えた。代打国松はスタンカからレフト前ヒットでまず一点を返した。巨人は土井の代打に柳田を送り、その柳田が右中間に二塁打を放ち二点追加し一点差とした。

南海の鶴岡監督はスタンカに代え、防御率一位の三浦清弘（鶴見ヶ丘高―南海―太平洋クラブライオンズ）をマウンドへ送った。だが、ハドリのエラー、四球で一死満塁となり、柴田のライトへの犠牲フライでついに同点となったのである。巨人は七回の裏から宮田を送り、三浦、宮田の投げ合いとなった。

延長一〇回、王の死球の後、打席に入った長嶋は闘志を見せ、制球力のよい三浦のスライダーが真ん中高めに入り、長嶋の打った打球は左中間へと一直線に飛び決勝のホームランとなったのである。

第三戦（一一月三日・後楽園／九対三　巨人○）。初回の裏の巨人の攻撃、長嶋のツーランホームランが飛び出し、八回にはダメ押しの王のツーランホームランが出て、巨人が九対三で圧勝した。南海は七回に一度は三対二と逆転したにもかかわらず、一塁手ブルームの致命的なエラーをきっかけにその裏の五点を奪われ、大差のゲームとなった。第四戦（一一月四日・後楽園／四対二　南海○）。第四戦は南海が意地を見せた。杉山、森下のファインプレーも出て一矢を報いた。投げては今シーズン一七勝の林俊宏が巨人打線を六安打に抑えた。

第五戦（一一月五日・後楽園／三対二　巨人○）。初回、二塁打の堀込を二塁において野村が豪快に左翼席にツーランを放ち先制した。途中から、宮田、杉浦の投手戦がくりひろげられた。九回一死一、二塁において新人の土井が杉浦から三遊間をきれいにやぶりサヨナラヒット。巨人が南海を圧倒し日本一に輝き川上がナインの胴上げで宙に舞った。最優秀選手は長嶋だった。

南海を撃破

昭和四一年は甲府商業から入団した堀内恒夫（甲府商業─巨人）が鮮烈なデビューをはたした。快速球と鋭いブレーキのかかったカーブで一三連勝、一六勝二敗で新人王。しかも、五月三〇日の大洋戦から六月二二日のサンケイ戦まで四四回連続無失点を記録するなど圧巻のピッチングだった。

巨人は投手陣に堀内が加わり厚みを増し、王、土井、黒江透修（鹿児島高─日炭高松─立正佼成会

―巨人)、長嶋の黄金の内野陣が固定された。長嶋は打率・三四四で五度目の首位打者、王が四八本でホームラン王と打点王の二冠王。チームも八九勝四一敗四引分け。一方、パリーグは南海が西鉄と最後まで激しい優勝争いを演じ、一〇月九日、西鉄が東映に敗れ南海の優勝が決定した。前年に続いて南海を率いる名将鶴岡監督は一〇月一二日から開幕の日本シリーズに臨むことになった。

第一戦(一〇月一二日・後楽園/一二対五　巨人◯)。開幕戦はホームランを含む四安打四打点の長嶋の猛打が爆発し、巨人は一二対五で圧勝した。南海先発は一七勝挙げた二年目の渡辺泰輔(慶應高―慶大―南海)。東京六大学では史上初の完全試合を達成し、慶應のエースとして鳴らした実績があった。早慶戦の大舞台を経験していたが、日本シリーズの独特の雰囲気に呑まれ、初回、三回に計四点を取られ四回途中で降板した。

南海は四回裏に堀込のライトスタンドへのソロホーマーで反撃を開始した。樋口、広瀬の連続ヒットで無死一、二塁の好機を迎えたが、野村は三振、ハドリの内野ゴロの間にランナーが還り、二点を返すのみだった。それに対して、巨人はその後も南海のくりだす五投手(村上・皆川・森中・三浦・合田)をことごとく打ちくだき、五回に四点、七回、一点、八回、三点と加点し計一二点を取り勝負を決めた。南海は九回、国貞がツーランホームランを放ったが、焼け石に水であった。

第二戦(一〇月一三日・後楽園/五対二　南海◯)は第一戦南海先発の渡辺が第二戦も先発登板した。渡辺は昨日とはうってかわって本領を発揮し好投した。六安打に巨人打線を押え完投した。スコアは五対二で南海がタイにした。

第三戦(一〇月一六日・大阪/三対二　巨人◯)。舞台は後楽園から大阪へ移動し、南海は地元で巨人を迎えうつことになった。南海の先発は渡辺が中二日休みとはいえ、三連投した。これがシリーズの命運を分けることになる。五回、巨人は、柳田利夫（内郷高―常磐炭鉱―大毎―巨人―南海）が二塁打で出塁、黒江、城之内が倒れ、トップに戻り柴田を迎えた。柴田の強打は功を奏し巨人が先制点を挙げた。その裏、南海は国貞がセンター前ヒットで出塁し、続く渡辺が自らのバットで一塁線を抜く同点打を放ち一対一とし試合を振り出しに戻した。六回、巨人は王が渡辺からライトスタンドへ逆転のソロアーチ。七回、城之内の二塁打を柴田がセンター前ヒットで還し、三対一と差を広げた。七回裏、南海は堀込の二塁打で一点返し、詰めよるが、城之内が完投した。

第四戦（一〇月一七日・大阪／八対一　巨人〇）。第四戦は八対一で巨人の一方的な勝利となった。巨人が王のセンター頭上を越えるバックスクリーンへの豪快なホームランを加えた一二安打の猛攻で圧勝した。投げては金田が絶妙な緩急をつけてのピッチングで完投勝利。巨人の圧勝だった。

第五戦（一〇月一八日・大阪／四対三　南海〇）。勢いに乗る巨人は第五戦でシリーズに王手をかけた。それに対し、南海は四度目の渡辺の先発で臨んだ。渡辺は力投し五回まで無得点の好投を見せた。巨人の先発中村稔も内角を速球で攻め、外角には縦のカーブで南海打線を翻弄した。八回表、南海は三人目の杉浦がマウンドに登った。王との勝負を避け一塁に歩かせ長嶋を迎えた。燃える男長嶋は杉浦の速球を左中間へ叩き込んだ。二対〇と巨人リード。だが、その裏、ヒットの国貞を置いて小池が同点のツーランホーマーを放ち、振り出しに戻った。延長一四回、長嶋のタイムリーで勝ち越し、これが決勝点になるかと思われたが、ここで南海魂が発揮された。南海には野村、広瀬らはテスト生上がりの叩き上げで、そこからスター選手になるというチームカラーがあった。それが助っ人外国人のハドリに伝わったかのように逆転サヨナラホームランが飛び出し、南海が延長戦を四対三で制した。

第六戦（一〇月一九日・後楽園／四対〇　巨人〇）、巨人の先発益田昭雄（久賀高―山陽特殊鉄鋼―巨人―西鉄）―巨人が南海打線を散発五安打に押さえる好投を見せ、打っては先発メンバー全員安打（一一安打）の猛攻で四対〇で巨人の二連覇が決定した。四回、柴田が皆川の初球を先制の一打を放ち、六回に黒江のダメ押しのホームランと好投する益田を援護した。

鶴岡一人率いる南海ホークスが初めて日本シリーズで巨人と激突したのが昭和二六年。水原茂が率いる第二次黄金時代の巨人に挑んだのだ。それ以来、巨人との対戦は一六年間で八度。そのうち、巨人を破ったの昭和三四年の一度だけだった。この昭和四一年の日本シリーズを最後に鶴岡の打倒巨人に燃えた日々は終焉したのである。

巨人に挑むパリーグの勇者・阪急ブレーブス

昭和四二年の巨人軍は、投手陣が金田、堀内、城之内を中心にまとまり、打線はチーム打率・二六五と打ち、王がホームラン四七本でホームラン王と打点王、柴田が七〇盗塁をマークし盗塁王になった。巨人は、八四勝四六敗四引分けで独走し、二位の中日には一二ゲームの差を付けた。堀内のノーヒットノーランと三打席連続ホームランが飛び出したのもこのシーズンだった。

日本シリーズではパリーグを初制覇した西本幸雄率いる阪急と顔を合せた。その阪急は二〇勝を挙げた足立光宏（大阪市立西高―京都大丸―阪急）、米田哲也（境高―阪急―阪神―近鉄）、梶本隆夫（多治見工業―阪急）のベテラン投手陣、一七勝の石井茂雄（勝山高中退―阪急―太平洋クラブライオンズ・

クラウンライター―巨人）の四本柱と、ホームラン二七本を打った長池徳二（撫養高―法大―阪急）、三〇本のスペンサーの長打力とトップを打つウィンディー（アリゾナ州立大―ヤンキース―ドジャース―アスレチックス―エンゼルス―阪急）、二番の阪本敏三（平安高―立命大―河合楽器―阪急―東映・日拓・日本ハム―近鉄―南海）ら中軸が良く打ちペナントレースを制覇した。

阪急の歴史は古い。創立は昭和一一年一月二五日、投打の怪童・宮武三郎、和製ベーブ・ルース山下実ら慶應出身の神宮のスパースターを中心に阪急電鉄が親会社となり、阪急軍（「大阪阪急野球協会」）としてスタートした。宮武の投打にわたる活躍、山下の打棒も発揮され、昭和一一年、トーナメント制の春季大会で早くも優勝。監督も慶應ＯＢの三宅大輔（慶應普通部―慶大―東京倶楽部）が就任。翌年には西宮球場が開場しそこを本拠地とした。殊に同じ電鉄会社が親会社の大阪タイガースとの定期戦は黎明期の職業野球界の人気カードだった。だが、巨人、大阪タイガースの壁は厚くなかなか優勝できなかった。戦後も優勝できず、昭和二九年、梶本隆夫が入団し投手陣の主軸となり、同年、外国人選手のレインズ（シカゴ高―阪急―インディアンズ―阪急）が首位打者（打率・三三七）になった。昭和三一年、米田哲也、中田昌宏（鳴尾高―慶大―阪急＊昭和三六年ホームラン王・二九本）、昭和三三年、立教のスター本屋敷錦吾（芦屋高―立大―阪急―阪神）らが入団し、梶本、米田らの二〇勝投手を擁しながら低迷の時代が長かった。

昭和三七年暮れ、西本幸雄（和歌山中―立大―八幡製鉄―星野組―毎日）が監督に就任し、昭和三八年のシーズンから陣頭指揮を執った。ここで西本の経歴を簡単にのべてみる。名門旧制和歌山中学から立教大学へ、戦後、星野組などの社会人野球（第二〇回都市対抗野球優勝）を経て、毎日オリオンズに入団した。西本は毎日が日本一の栄冠に輝いた時の一塁手である。その後、大毎オリオンズの監督に就任しパリーグを制覇。だが、日本シリーズで山内、榎本喜八（早稲田実業―毎日・大毎・東京・ロッテ―西鉄）、田宮謙次郎（下館商業―日大中退―大阪タイガース―毎日・大毎）、葛城隆雄（上野丘高―毎日・大毎―中日―阪神）らが打ちまくるミサイル打線を擁しながら、三原魔術の大洋に敗れた。采配をめぐりオーナー永田雅一と対立し退団した。翌昭和三八年、チームは最下位。だが、西本の厳しい指導によって灰色球団のイメージが払拭された。

昭和三七年に制定された〈晴れたる青空　我等のブレーブス〉の歌詞に象徴される《阪急ブレーブス応援歌》（サトウハチロー・作詞／藤山一郎・作曲）に相応しいチームに変貌を遂げたのである。当時、コーチに就任した大下弘は灰色球団のイメージを払拭するために《西鉄ライオンズの歌》の縁で作詞、作曲をサトウ・ハチローと藤山一郎に応援歌の制作を依頼した。阪急は小林一三が慶應出身であり、チームも創世期に慶應閥で固めており、慶應普通部卒業の藤山に作曲が依頼されたのはその関係からと思われる。

藤山一郎は勇者のイメージを出すために荘厳な楽想に仕上げた。レコードは藤山一郎が関西二期会合唱団を従えて声量豊かに独唱している。勇者の姿を彷彿させる歌声である。

晴れたる青空　われらのブレーブス
もえたつみどりか　われらのブレーブス
勝利をめざして　鍛えし技を

この日もしめさん　われらのブレーブス
阪急　阪急　ブレーブス　おお　阪急　ブレーブス

さて、日本シリーズだが、下馬評ではシリーズの経験の分だけ巨人有利だった。だが、阪急の投手陣がONを中心とした巨人打線を押さえれば優勝の行方は分からなかった。

第一戦（一〇月二一日・西宮／七対三　巨人〇）。シリーズ初戦は金田が投げ、ONが打って七対三と巨人が先勝した。三回、二死から柴田が右翼線に二塁打。土井死球、王四球で満塁。米田は初めての日本シリーズということで慎重すぎて硬かった。そこで長嶋がセンター前ヒットで二点を先取した。米田は長嶋に対してコーナーを狙いすぎて痛打されたのである。六回、王が左翼線に二塁打を打つと長嶋も三塁線に二塁打と続いた。高倉の二ゴロで長嶋が三進し森の一ゴロで生還し四対一とリードを広げた。八回、長嶋のヒット、森、国松、金田と打ち三点をあげて試合を決めた。阪急はスペンサーのホームランが出たが点差が開いておいり追いつけなかった。

第二戦（一〇月二二日・西宮／一対〇　巨人〇）。シリーズ第二戦は堀内の力投が光った。一回、いきなりウインディが四球で歩き、阪本のセンター前ヒットで無死一、二塁のピンチに、堀内は迎えたスペンサーを三球三振に打ち取った。カウント二—〇から一球も遊ばず外角低目に快速球を投げた積極的な勝負が明暗を分けた感があった。巨人は一対〇の辛勝だった。

第三戦（一〇月二四日・後楽園／六対一　巨人〇）。第三戦は阪急投手陣がON砲への意識過剰がマイナスとなり、六対一と敗れ三連敗となった。第一戦の過剰な用心から長嶋に痛打された米田同様に梶本も自分本来のピッチングができなかった。初回裏、高倉に先制打をゆるしたのもその表れだった。王に対して投げたフォークボールで三振と思った捕手根来広光（府中高―東京鉄道管理局―国鉄・サンケイ―阪急）はボールをマウンドへころがし、梶本もマウンドを降りかけたら判定はボール。その後、長嶋には慎重しすぎて四球をあたえてしまった。次の高倉は左中間に二塁打を放ち、巨人が二対〇と先ずリードした。巨人は四回に森がホームラン、五回には王の豪快なスリーランが飛び出し、好投する城之内を盛り立てて、渡辺につないで三連勝した。

阪急監督西本幸雄は七年前の日本シリーズ対大洋戦における悪夢の四連敗が蘇った。昭和三五年、山内、榎本、葛城、田宮らで形成するミサイル打線大毎オリオンズを率いて臨んだ日本シリーズ、下馬評では大毎絶対有利だったが、三原魔術の前に覆されたのである。しかも、西本は大毎オーナー永田雅一と試合の采配を巡って「負けるならミサイル打線らしい負け方をしろ」（永田）と「試合は現場にまかせて頂きます」（西本）と対立。結局、「現場にまかせれば連敗か」と永田に詰られ、西本はシリーズ終了後退団した。だが、西本は今度は運命を変えた。

第四戦（一〇月二五日・後楽園／九対五　阪急〇）。その夜、レギュラーたちを連れて新宿へ、気分転換した阪急は第四戦、足立の投打の活躍で巨人の金田を二回で降板させ、阪本の右越えのスリーランホーマー、二回、八回のウインディの長短打など九対五と一矢を報いた。

第五戦（一〇月二六日・後楽園／六対三　阪急〇）。勢いに乗る阪急だったが、序盤、堀内に完全に抑えられた。だが、七回裏のショート黒江との接触プレーでスペンサーの闘志に火が付き、強打がようやく目覚めた。八回表二死三塁、スペンサーは初球を捉え、まさに闘志のツーランホームランを生んだ。

第六戦（一〇月二八日・西宮／九対三　巨人〇）、阪急は米田を先発に立てたが、初回で早くもＫＯ。次の梶本も初回はよかったが、二回一点を失い、三回には高倉にツーランホーマーを浴び降板となった。これ以上点をやれないと足立光宏がマウンドへ、ところが、土井にセンターオーバーの二塁打を打たれ、柴田四球で歩き、長嶋がライト前に打ち二点追加した。ここで四番の王にスリーランホーマーをセンター右に打たれ勝負が決まった。巨人が九対三で阪急を降し四勝二敗で日本シリーズ三連覇を達成した。

王との対決に挑む江夏豊

昭和四二年は、巨人・阪神戦の新たなドラマが始まった。王・長嶋対村山・江夏の対決である。江夏と王との最初の一騎打ちは昭和四二年五月三一日の後楽園球場だった。この迎えた巨人・阪神戦、日本野球史の新たなドラマが始まろうとしていた。エースの村山が突然右腕の痺れを訴え、突然降板した。監督の藤本は江夏の巨人戦の先発デビューはオールスター明けと睨んでいたが、突如の村山のアクシデントのおかげで江夏は登板したのである。この時点で五勝をマークしていた江夏は自信に満ちていた。

王と対峙して江夏は真っ向からの勝負に挑んだ、江夏の左腕から繰り出す剛球が唸った。王は五球目を空振りし江夏は三振に打ち取った。最終回、江夏は真っ向から剛球をミットめがけて投げた。七球目の高めを王のバットは空を切った。空振りの三振である、明らかに日本プロ野球の歴史が動いた。長嶋を生涯のライバルとして勝負を挑む村山実とともに王との真剣勝負を真っ向勝負の江夏豊、伝統の巨人・阪神戦を舞台に日本プロ野球を彩る歴史がスタートしたのである。因みにデビューの年の江夏と王の対戦成績は二五打数五安打、本塁打・二本、打率・二〇〇。デビュー当時の江夏はカーブが曲がらず、それが幸いしていた。江夏の投げる曲がらないカーブはチェンジアップ気味のボールとなり王のタイミングを微妙に狂わしていた。だが、カーブが曲がるようになると、ストレートと変化球の違いが明瞭となり、二年後には江夏は、王に三五打数一四安打、打率・四〇〇を打たれている。

昭和四三年の巨人は、開幕戦の大洋戦、先発の金田が土井淳（岡山東商業―明大―大洋）に史上初の開幕戦満塁ホームランを浴びて暗いスタートだった。だが、五月に入り、ペースを取り戻し、七月七日に首位に立った。この間、城之内のノーヒットノーラン、金田がサイ・ヤングの記録を破る九〇七という最多登板を達成した。

昭和四三年のシーズンも長嶋、王のONが打ちまくった。その破壊力は他球団の投手陣を震え上がらせた。長嶋は打率・三一八で打撃成績が二位だったが、最優秀選手に輝き、ここぞというときにチャンスにおけるバッティングは凄まじかった。王はホームラン四九本、打率・三二六で初の首位打者に輝いた。柴田は二六本のホームランを打ち、土井は打率・二九三をマークした。新人の高田繁（浪商高―明大―巨人）は規定打席に達しなかったが、打率・三〇一を打ち立派な働きをした。守備でも活躍しレフト線の当たりをことごとくシングルヒットに止めるなどの活躍は見事だった。

昭和四三年九月一七日、巨人、六一勝四三敗四分け、阪神は六三勝四九敗三分け。ゲーム差二で阪神が首位巨人を追撃していた。四連戦初戦、この日の阪神先発、プロ入り二年目の江夏が年間四〇一奪三振記録を樹立。稲尾の奪三振記録三五三（昭和三六年）を塗り替えた。昭和四三年九月一七日、江夏は巨人戦に先発し、稲尾の記録に並んだ。四回、王を二打席連続三振に打ち取り、稲尾が持つ三五三個の日本記録に追いついた。江夏はこのとき、新記録だと思ったが、ベンチに戻りキャッチャーの辻恭彦（享栄商業―西濃運輸―阪神―大洋）に「タイ記録」と告げられた。このとき、江夏は王がもう一回打順が回って来る、新記録樹立はこのときだと思った。ここから江夏の圧巻のピッチングが展開する。新記録樹立の三五四個目を王からとるためには三振は取れない。江夏はつぎの王まで八人を打たせて取るしかない。

江夏は投手としてのもう一つの貌《かお》を見せた。抜群のコントロールによる技巧派投手のそれである。江夏は剛球だけの投手ではないのだ。抜群の制球力の持ち主である。七回、王を迎えた。ここからふだんの剛腕江夏豊に戻った。江夏の豪速球が地を這うように王に投げられた。初球外角低め、ストライク、王のバットは出ない。王は明らかにカーブを待っている。二球目、それを打ち損じファウル。江夏も慎重だ。一球、高めに外して、つぎで勝負に出る。カウントも二―一でピッチャー有利である。江夏の四球目は渾身のストレート。王のバットが空を切った。

見逃せばボールだったが、王も渾身のフルスイングで江夏に挑んだ。今日の王は対江夏に対して三打席三連続三振。三五三個のタイ記録も王から奪い、新記録樹立も王から奪った三振だった。

九月一八日、白熱する首位攻防戦、巨人・阪神戦のダブルヘッダーが大乱闘になった。王へのビーンボールをめぐるバッキー・荒川の乱闘事件である。四回、二死から黒江がヒットで出塁。金田の平凡な当たりのゴロを小玉明利（神崎工業―近鉄―阪神）がエラー。九番・土井、一番・柴田の連打で巨人は二点の追加点を入れた。ここでマウンド上のバッキーは王を迎えた。前の打席でも王にはユニフォームをかすめるカーブを投げている。初球、顔面すれすれのインハイの危険球。二球目は今度は膝元すれすれのこれもあきらかにビンボールである。よけなければ当然デッドボールになる危険球である。王はバッキーに注意を促しにマウンドに向かった。このとき王はバットを持っていた。

王がマウンドから戻りかけた時、ベンチから恩師の荒川博（早稲田実業―早大―毎日・大毎）が飛び出した。すると両軍のベンチから巨人・阪神の選手ナインがマウンドへ殺到した。両軍が入り乱れた乱闘中、荒川はバッキーを蹴り、バッキーは荒川を殴り返した。荒川は額を四針縫う裂傷を負い、バッキーは右手親指骨折しシーズンを棒に振り、両者は退場処分。急遽、リリーフに権藤正利（柳川商業―大洋松竹・洋松・大洋―東映―阪神）がマウンドに向かった。権藤の投げた三球目が王のヘルメットを直撃するデッドボールとなり、王はその場に倒れ込んだ。

両軍ベンチから選手が雪崩れ込んだ。両軍入り乱れての乱闘の再開である。王は担架で運ばれ、試合は当然中断した。この時、乱闘に加わらず、ネクストバッターサークルでじっと状況を見ていたのが長嶋茂雄だった。試合が再開し、バッターは四番・長嶋、一―三から長嶋の打った打球はレフトスタンドへ、怒りのホームランが放たれたのである。

翌日、一九日、阪神江夏が一〇個三振を奪い巨人戦五度目の完封勝利、阪神はこの四連戦を三勝一敗で勝ち越し、ゲーム差〇の勝率五厘差のまさに首位攻防の戦いだった。そして、ペナントの覇者を決める巨人・阪神戦が舞台を後楽園に移し九月二八日から始まった。だが、阪神江夏の左腕が尽き、巨人は、追いすがる阪神を五ゲームの差をつけて振り切り七七勝五三敗四引分けで優勝した。

ONの破壊力

昭和四三年、日本シリーズは二度目の顔合わせの阪急を下し四連覇。阪急は南海と七九勝五〇敗で首位が並ぶという大混戦を制しての優勝だった。阪急は一〇月一一日、西宮球場で東京オリオンズを足立―梶本―米田の豪華リレーで繋ぎ、延長一一回の裏、矢野清（八幡浜高―阪急）が成田の初球を叩いた二七号サヨナラホームランを放ち、同日、日生球場で近鉄との最終戦を戦っている南海が敗れ、阪急の優勝が決定した。だが、日本シリーズではON砲とその前後を固める、柴田、土井、高田の機動性の溢れた緻密な攻撃の前に苦杯を呑んだ。新人王の高田が最優秀選手に輝いた。高田はその後カージナルスでの日米野球でも三ホーマーと気を吐いた。尚、このカージナル戦では王が満塁ホームランを含む六本のホームランを放っている。

昭和四四年シーズンは高橋一三（北川工業―巨人―日本ハム）が二二勝五敗で初の沢村賞に輝き新たなエースの誕生だった。開幕から一カ月、投手陣の不調をよそに、高橋一三は外角に落ちるシュートとフォークボールで五月八日の中日五回戦から始まって八月二一日のアトムズ一八回戦まで勝つづけたのだ。エース堀内の不調を完全にカバーしていた。この年の堀内は一四勝一三敗。堀内にとっては好不調の烈しい不安定なシーズンだった。

王が打率・三四五で二年連続の首位打者。ホームランも後半ロバーツ（アストロズ―パイレーツ―サンケイ・ヤクルト―近鉄）を振り切り四四本でホームラン王。長嶋は好機でのバッティングアベレージの高さを見せ打点王（一一五打点）に輝いた。ロバーツは八月二〇日の巨人戦で左肩打撲をし戦列を離脱。これがなければ、八月中旬には打撃三部門をトップで走っていただけに三冠王も夢ではなかった。

昭和四〇（一九六五）年　王、本塁打王（四二本）打点王（一〇四打点）ＭＶＰ
昭和四一（一九六六）年　長嶋、首位打者（打率・三四四）ＭＶＰ
　　　　　　　　　　　　王、本塁打王（四八本）打点王（一一六打点）
昭和四二（一九六七）年　王、本塁打王（四七本）打点王（一〇八打点）ＭＶＰ
昭和四三（一九六八）年　長嶋、打点王（一二五打点）
　　　　　　　　　　　　王、首位打者（打率・三二六）本塁打王（四九本）
昭和四四（一九六九）年　長嶋、打点王（一一五打点）
　　　　　　　　　　　　王、首位打者（打率・三四五）本塁打王（四四本）
昭和四五（一九七〇）年　長嶋、打点王（一〇五打点）
　　　　　　　　　　　　王、首位打者（打率・三二五）本塁打王（四七本）
昭和四六（一九七一）年　長嶋、首位打者（打率・三二〇）
　　　　　　　　　　　　王、本塁打王（三九本）打点王（一〇一打点）
昭和四七（一九七二）年　王、本塁打王（四七本）打点王（一二〇打点）
昭和四八（一九七三）年　王、首位打者（打率・三五五）本塁打王（五一本）打点王（一一四

打点）ＭＶＰ

これからも分かるように、セリーグの打撃三部門がほとんどＯＮで占められている。長嶋はＶ九時代以前に昭和三四（打率・三三四）、三五年（打率・三三四）、三六年（打率・三五三）と三年連続首位打者に輝き、本塁打王は昭和三三年（二九本）、三六年（二八本）、打点王も昭和三三年（九二打点）、三八年（一一二打点）と二回ずつ獲得している。長嶋の凄さは記録の数字以上にファンにあたえた印象であり、ここぞという場面でのチャンスに強い勝負強さだった。殊に走者をおいての走者得点圏打率は高打率を記録していた。一・三塁で打率・三四六、二・三塁で打率・三八〇、満塁では打率・三三〇と高打率を残している。

燃える男長嶋茂雄の姿に野球ファンは熱狂し感動した。このミスター・ジャイアンツの称号は言葉や記録では表現できない力を秘めていた。それは昭和四五年のシーズンにも表れていた。そのシーズンは打率・二六九、本塁打・二二本とプロ入り最低の成績だった。ところが、日本シリーズでは違っていた。ペナント最後の三試合はノーヒットの長嶋だったが、シリーズでは嘘のように打ちまくり、五試合で四ホーマーを放ちシリーズＭＶＰに輝いた。

王は昭和四九年、前年に続く三冠王に輝いた。また、国内のホームラン記録はおろか、アメリカ大リーグのベーブ・ルース、ハンク・アーロンの通算ホームラン記録を塗り変えるなど、王の一本足打法の美しいフォームは野球ファンに夢と希望をあたえてくれた。

ＯＮの破壊力は昭和四四年度の日本シリーズでも凄まじかった。巨人の相手は、三年連続阪急ブレーブス。近鉄とのデッドヒートは終盤までもつれ込み、二厘差で阪急は満員の藤井寺球場で、近鉄四連戦を三勝一敗で逆転しペナントレースの覇権を手にした。エース米田が一四勝で不調のシーズンに終わり、足立も肩の故障で前年0勝、今シーズン二勝とエース級が振るわなかった。この弱体投手陣をカバーしたのが、ホームランバッター長池徳二を中心にした打撃陣だった。このシーズン長池はホームラン四一本を打ち本塁打王、打点王の二冠王に輝いている。これによってパリーグのホームラン王は野村の時代が終わり、長池と東映の大杉勝男（関西高—東映—日拓・日本ハム—ヤクルト）の時代へと移る。また、首位打者も張本の時代へと移行した。

昭和四一（一九六六）年　ホームラン王　野村克也・三四本
　首位打者　榎本喜八・三五一
昭和四二（一九六七）年　ホームラン王　野村克也・三五本
　首位打者　張本勲・三三六
昭和四三（一九六八）年　ホームラン王　野村克也・三八本
　首位打者　張本勲・三三六
昭和四四（一九六九）年　ホームラン王　長池徳二・四一本
　首位打者　永淵洋三・三三三
　張本勲・三三三
昭和四五（一九七九）年　ホームラン王　大杉勝男・四四本

昭和四六（一九七一）年　首位打者　張本勲・三八三
　　　　　　　　　　　　ホームラン王　大杉勝男・四一本
昭和四七（一九七二）年　首位打者　江藤慎一・三三七
　　　　　　　　　　　　ホームラン王　長池徳二・四一本
昭和四八（一九七三）年　首位打者　張本勲・三五八
　　　　　　　　　　　　ホームラン王　長池徳二・四三本
　　　　　　　　　　　　首位打者　加藤秀司・三三七

さて、阪急との日本シリーズだが、ONの破壊力は凄まじかった。長嶋が第一戦で豪快に場外ホームラン、第三戦では長嶋は四回裏、バックスクリーンへ弾丸ライナーでソロホームラン。六回、梶本の真ん中に入ったスライダーをとらえレフトスタンドへ二打席連続のアーチをかけ、第六戦でもホームランを放ち、シリーズ四本のホームランを放った。また、王も第四戦、ダメ押しのソロホーマー、第六戦ではシリーズ史上初の満塁ホームランを打つなどON砲の威力は凄く、阪急を降し五連覇を達成した。

昭和四四年の日本シリーズの分岐点は第四戦における四回裏の土井のホームへの好走塁である。この回、土井が三遊間を抜き出塁。続く王の当たりは二塁手山口富士雄（高松商業―立大中退―阪急―大洋）の拙守で内野安打。この間土井は三塁へ進塁した。一、三塁のチャンスに長嶋を迎えた。二―〇後、長嶋は宮本幸信（神港高―中大―阪急―広島―日本ハム―大洋）の高めの速球を空振り。ところが、判定はボール。捕手の岡村は主審の岡田の方を振り向く。結局、二―三から長嶋は強振するが三振に倒れた。この時、巨人は一塁・王と三塁・土井が重盗を試みた。

阪急の捕手、岡村浩二（高松商業―立大中退―阪急―東映・日拓・日本ハム）は鉄壁のブロックを誇り、定評があった。土井が本塁へ突っ込んで来る。そのラインの内側を走って来た土井は巧みにフェイントをかけて岡村のブロックする両足の隙間にスッと左足が入り、ホームベースにタッチし、自ら転倒する。主審の岡田はプロテクターを外し岡村の左横に回り込んだ位置から、この瞬間をしっかりと見て、セーフのジャッジだった。この判定に阪急側は激怒。岡村は主審の岡田に暴力行為を働き退場した。岡村のシリーズ初退場によって、前半、阪急は二回、主砲長池のソロホーマー、四回には石井晶（足立高―東京鉄道管理局―阪急）のソロホーマーなどで四対〇とリードしながら、結局、自滅し九対四の大差で巨人に敗れた。もし岡村の暴行退場事件がなかったなら、このシリーズの行方はわからなかった。

ロッテの挑戦

昭和四五年のペンナントレースは、巨人が阪神、大洋の猛追撃にあい、残り一試合でやっと優勝を決めた。阪神は江夏の「黒い霧事件」で一カ月の謹慎処分が影響し、チーム力が半減し本来の力が発揮できないという不運があった。江夏が復帰しプレーイングマネージャ村山の力投もあって巨人を猛追撃した。一〇月一〇日からの巨人―阪神戦の二勝一敗となり、残り一〇試合で鎬を削った。だが、阪神は優勝に手がとどなかった。八勝一敗の巨人に対して阪神は八勝二敗で涙を呑むことになった。

昭和四五年の日本シリーズは木樽正明（銚子商業―東京・ロッテ）、成田文男（修徳高―東京・ロッテ―日本ハム）、小山の投手陣とアルトマン（テネシー大―モナークス―カブス―カージナルス―メッツ―カブス―東京・ロッテ―阪神）、ロペス（マヤゲツ高―ヤンキース――東京・ロッテ―ヤクルト）、二年目の二五本のホームランと打率・三〇五の有藤通世（高知高―近大―ロッテ）、池辺巌（海星高―大毎―東京・ロッテ―阪神―近鉄）、山崎裕之（上尾高―東京・ロッテ―西武）、セリーグの中日時代、王とデッドヒートを制して二年連続首位打者に輝いたこともある江藤慎一を擁した強力打線のロッテと巨人の初顔合わせ。殊に昭和四六年のパリーグの首位打者になった江藤はセリーグの中日時代、昭和三九年、四〇年と剥き出しの闘志を全面に出し、三冠王を狙う王とデッドヒートを演じた。二年連続首位打者に輝いた王の三冠王にスットプをかけている。

下馬評では投打に充実した戦力を誇るロッテ有利だった。だが、ペナントレースは強力な投手陣が力投し、強力打線が爆発しどちらかといえば、大味な試合が多かった。そのせいか、ロッテは一点を争う緊迫した試合が少なくその価値への意識が低かった。それが懸念材料となっていた。

第一戦（一〇月二七日・後楽園／一対〇　巨人〇）。巨人はアルトマンを徹底的にマークした。一回、五回、七回、敬遠し有藤と勝負し、二つの三振と遊ゴロに抑えた。ロッテも王を二度敬遠し長嶋と勝負し打ち取った。巨人は堀内、ロッテは木樽の好投で両チーム無得点のまま延長戦に入った。一一回裏、巨人の攻撃を迎えた。バッターには黒江が立った。黒江は見事サヨナラホームランを放ち、勝利をもたらした。

第二戦（一〇月二九日・後楽園／六対三　巨人〇）。第二戦は王が三回、成田の内角低目の速球をとらえ、ライトスタンドへ先制ホームランを放ち巨人打者一巡の猛攻で四点を上げ大勢を決めた。八回に代打の井石礼司（天王寺高―慶大―東京・ロッテ―広島）がツーランホームランを放ったが、追いつかずロッテは連敗した。

第三戦（一〇月三一日・東京／五対三　巨人〇）。二連勝の巨人は長嶋の延長一一回、決勝のツーランホームランで巨人が三連勝。ロッテは拙攻が続き全く生彩を欠き、初回、高田、柴田、のバント・エンド・ランに榎本、山崎の拙守で高田を無造作に三進させるなど、緊張感を欠いていた。ロッテは、二回、アルトマン、四球、榎本がライト前ヒットの無死一、二塁にバントを使わず強打に出て得点にならず、四回にはロペスが牽制で刺され好機を潰した。七回にはアルトマンが榎本のヒットで二塁をオーバーランしてアウト。拙攻続きだった。八回、ロッテはようやく巨人に追いついた。有藤、池辺が短長打で二点をあげ、森が捕逸し同点になった。それだけにそれ以前の拙攻が悔やまれた。だが、延長一一回、長嶋の木樽から打ったツーランが試合を決定した。

第四戦（一一月一日・東京／六対五　ロッテ〇）、パリーグを力で制した強打のロッテがようやく目覚めた。だが、先制は巨人だった。初回、高田がいきなりレフトポール際に先制ソロホーマーを成田から放った。王四球の後、長嶋が成田のカーブをレフトスタンドへツーランホームラン。その裏、ロッテは池辺、アルトマン、榎本の安打でまず一点を返した。さらに代打井石がライトスタンド中段に突き刺さる逆転スリーランを打ち応酬した。三回、ＯＮのアベックホームランで巨人が逆転。その裏、トップの池辺の死球に飯塚佳寛（宇都宮学園―ロッテ―大洋―広島―ロッテ）がバント安打を決め、一、二塁の好機を迎えた。ここでアルトマンが放った打球はライト線に飛び二塁打。同点となった。

さらに井石のライトへの犠牲フライで逆転した。四回以後は巨人の高橋一三、山内、倉田と継投策が功を奏し、ロッテは佐藤元彦（熊本高—慶大—サッポロビール—東京・ロッテ—大洋）が成田を救援し好投、両チームとも見ごたえのある投手戦が展開した。ロッテの濃人監督は佐藤から平岡一郎（横浜高—大洋—ロッテ—大洋—広島）に代え、柴田を遊フライ、王を敬遠ぎみに歩かせた。一死満塁でバッターに長嶋が入ると、平岡から木樽に代え勝利を託した。木樽はシュートを二球はずし、最も速いストレートで長嶋と勝負、キャッチャーフライに打ち取りゲームセット。ようやくロッテは一矢をむくいることができたのである。

第五戦（一一月二日・東京／六対二　巨人○）。大手をかけた巨人に対してロッテが先制した。高橋一三の立ちあがり有藤がライト前ヒットで出塁。四番江藤が高橋一三のカーブを叩き左中間にある照明塔にあたる弾丸ライナーを打ち込んだ。このツーランホームランで先制した。ロッテの先発はベテランの小山。得意のパームボールをいかして好投した。だが、四回、黒江にツーランを浴びて同点となった。五、六回は無安打に抑え、ここで三連投の木樽がマウンドに登った。木樽は二〇球そこそこのウォーミングアップで巨人打線を相手にしなければならず、一回ももたなかった。巨人は七回、二点、八回にも二点を加え、ロッテは高橋一三の好投の前に沈黙し、六対二で巨人が六連覇を達成した。最高殊勲選手は四ホーマを放った長嶋に輝いた。

ふたたび阪急の挑戦

勇者阪急ブレーブスがパリーグを制しふたたび巨人に挑んできた。昭和四六年、巨人は公式戦、四月一四日から五月三日まで一二連勝の快進撃だった。春のキャンプはベロビーチで行ったが、同地での巨人は好調だった。オープン戦は大リーグチームと対戦した。ロイヤルズ戦では長嶋の場外ホームランは大リーガーたちの度肝を抜いた。ツインズ戦では柴田がホームラン、堀内はドジャースを九回二死まで苦しめ、高橋一三はフィリーズ戦で六回まで一二個の三振を奪うなど、しかも、王が痛烈な当たりの同点二塁打を打つなど、大リーグとの互角のオープン戦をこなし二勝三敗の成績だった。

公式戦は前半で早くも二位ヤクルトに一一・五ゲームの差をつけて独走態勢に入った。後半、三年連続首位打者の王から快音が消えた。主砲の王が深刻なスランプに陥った。ホームランが伸び悩み三九本で連続四〇本の記録を逃した。一方、それとは対照的に長嶋は快調に打ちまくり打率・三二〇で首位打者。ホームランも三六本。結局、巨人は二位の中日に六ゲームの差を付け、七〇勝五二敗八引分けで優勝した。

日本シリーズは四たび阪急と対戦。投手力は二二勝の勝ち星を挙げエースの称号を得た山田久志（能代高―富士製鉄釜石―阪急）を筆頭に、一九勝の足立、一四勝の米田らがいて、投手陣の充実した阪急有利の前評判だった。打撃も加藤秀司（PL学園―松下電器―阪急―広島―近鉄―巨人―南海）、福本豊（大鉄高―松下電器―阪急）らの成長が著しくホームラン数でも四三本も多く巨人を上回っていた。しかも、前回の日本シリーズとの違いは、福本豊の快足である。福本は今シーズン、六七盗塁をマークした。翌年にはモーリー・ウィルスの一〇四盗塁を破り一〇六盗塁をマークし世界の盗塁王の頂点に立つ。福本はスタート、スピード、スライディング、どれをとってもパーフェクトである。巨人は福本との勝負が日本シリーズのカギだった。

巨人の森昌彦（岐阜高―巨人＊監督として「祇晶」）は年齢から肩の衰えが顕著だった。これでは福本の盗塁を封じ込めることは不可能である。森はそこで、投手のクイックモーションに合せて、これまでの送球モーションよりも腕の振りを小さくしもっと速いモーションで投げる練習をした。小さな腕の振りで正確なコントロール、しかも二塁ベース上に正確に投げる。つまり、投手の小さな腕の振り、ステップは地面を擢るように低く直球を投げ、森は小さなモーションで二塁ベースに当てるように真上に投げるのである。滑り込んで来る福本に野手がタッチにいったのでは遅い。捕手森が投げるボールを野手が二塁ベースの真上に取ったところに、福本のスパイクが入ってくればよいのだ。二塁ベースと福本のスパイクの狭間に野手のグラブがあれば理想のアウトである。

昭和四六年一〇月一二日、舞台は西宮球場、シリーズ第一戦、いよいよ、「福本封じ」ができるかどうか、これがシリーズの行く末を占う最大のポイントである。福本を二塁ベース上で殺さないかぎり巨人の七連覇はありえないのだ。巨人、二対一のリードで九回裏、阪急の攻撃を迎えた。福本が一塁ベース上に立った。当然、初球から走って来る。この日は福本は盗塁を一つ決めていた。

福本は走った。速い。スピードが加速する。しかも、福本はスライディングのときそのスピードは最高ギアである。スピードが落ちないのだ。西宮球場の阪急ファンの大歓声が響く。ところが、それがピタリとやんだ。二塁塁審の手が高らかに上がったからである。アウトの判定にさきほどの大歓声が消え、シーンとなる。森の投げた送球は二塁ベース上に真上にとどき、土井がその位置で捕球し、福本の足はベースに到達する前にタッチアウトだった。土井のグラブは二塁ベースと福本のスパイクの間にあったのだ。これで、巨人は七連覇に向けて大きく前進した。

第一戦（一〇月一二日・西宮／二対一巨人〇）。巨人の先発は堀内がマウンドに登った。エース堀内が走者をだしてからのピッチングに粘りを見せ二対一の完投勝利を飾った。福本の盗塁を封じ込めた森のリードも光ったが、六回の三者凡退以外は毎回ランナーを出してのピッチングは崩れることなく、緩急自在のピッチングで阪急の強力打線を抑えきった。阪急は結局、堀内を打ち崩せず一一残塁で敗れた。だが、阪急有利の前評判はそう簡単に崩れない。

第二戦（一〇月一三日・西宮／八対六　阪急〇）。初戦を落とした阪急だが、第二戦は阪急が巨人に八対六と打ち勝った。阪急は小刻みに加点していたが、巨人は、四回、王の二点ホーマー、七回、代打柳田の二点ホーマー、八回、長嶋のソロホーマー、九回、黒江のホームランなど一発攻勢で追い上げた。結局、阪急が八回の岡村のセンター前ヒットで三点目を上げ逃げ切った。この二試合で西本は自信を持った。堀内以外は誰が出てきても打てる。加藤秀司、福本豊ら若い力が台頭し、ベテランと一体になって奔流のように押し寄せる阪急の打力は、第二戦八対六と打ち勝ったことで完全に巨人を上回っていた。

第三戦（一〇月一五日・後楽園／三対一　巨人〇）。昭和四六年のシリーズ第三戦は舞台は後楽園に移った。八回を終わって〇対一で山田を打てず巨人は苦戦していた。山田は速球主体から緩いカーブを混ぜ緩急をつけた巧緻な投球で巨人打線を翻弄していた。九回裏二死、四球で歩いた柴田を塁上において長嶋を迎えた。ここまで長嶋は、山田の二段モーションにタイミングをずらされ三振と外野フライ二本と完全に抑えられていた。ここで西本監督がマウンドの山田の所へ行く。西本は勝利を目前に念入りなアドバイスをした。結論は、真っ向勝負の指示。長嶋は初球から打っていった。ファウルの後、二球目のチェンジアップ気味の変化球を泳ぎながらショートの右を抜くヒットを放った。

マウンド上の山田は二死一、三塁で王を迎えた。山田は自信があった。初球を外角高めに外した。二球目、渾身を込めて内角へ速球を投げ、ストライク。王は手が出ず見送った。山田は強気に出たのだ。自信満々の投球だった。たしかに今シーズンの王はスランプで日本シリーズでもそれが尾を引いていた。しかし、不振といえども王は日本野球界の至宝である。王は「強気の山田はつぎも内角を必ず投げて来る」とマウンドにいる山田の心理を読んでいた。運命の山田の一〇九球目は王の読み通りに内角低めにきた。王は強振した。打球は一直線にライナーでライトスタンドへ突き刺さった。王が山田から放った逆転スリーランは阪急優勢のシリーズの流れを変える一打であった。山田久志の野球人生において忘れることのできない痛恨の一球だった。これで巨人の流れになった。

第四戦（一〇月一六日・後楽園／七対四　巨人〇）。劇的な王の一打で逆転勝利を収めた巨人は第四戦も末次（鎮西高―中大―巨人）の満塁弾で先制した。三回裏、王敬遠の後、満塁となり、ここで末次が足立の初球のカーブを捉えレフトスタンド中段へ満塁ホームラン。四対〇と巨人がリード。阪急は、六回、阪本のレフトフェンス直撃の二塁打、加藤の右翼線二塁打の連続長打で一点差に詰め寄る。巨人は七回、一番柴田の四球から始まった打者一巡で三点を追加した。黒江の右中間三塁打、長嶋二飛、王が歩き、一、三塁から末次のライト前ヒット、高田レフト前ヒットと続く攻撃だった。阪急は九回、大熊忠義（浪商高―近大中退―阪急）のレフト線二塁打で一点返すが、堀内が丁寧に投げて七対四の完投勝利。巨人は王手をかけた。

第五戦（一〇月一七日・後楽園／六対一　巨人〇）。王手をかけた巨人は黒江、土井らの伏兵が攻守に活躍し、丁寧に投げる高橋一三の完投勝利を助けた。高橋一三は阪急打線を五安打に抑え六対一の完投勝利をもたらした。結局、阪急を三タテでやぶり巨人が七連覇を達成した。

昭和四七年四月一二日、雨で伸びたペナントレースの開幕第一戦、甲子園での阪神一回戦、ONのアベックホームランが飛び出した。巨人は八連覇に向かって華やかなスタートを切った。だが、広島の外木場義郎（出水高―電電九州―広島）にノーヒットノーランを喫し、前半を阪神に一ゲーム差をつけられて二位で折り返した。二位でのUターンは昭和四〇年以来の連覇中にはなかったことである。前年首位打者に輝いた長嶋が下り坂で、しかも前年の王のスランプは今シーズンも深刻で、そのスランプが尾を引いたことが痛かった。

ここで堀内の頑張りが巨人を救った。八月一九日からの阪神戦に堀内が先勝し三連勝。三ゲームの差をつけ首位に躍り出た。二六日から九月六日まで九連勝と、堀内の怪腕が唸った。そのまま、首位を走り、七四勝五二敗四引分けで優勝しV八を達成した。最優秀選手は二六勝九敗の堀内に輝いた。後半戦から王がようやく長いトンネルから抜け出し、四八本でホームランと打点王。前半の六月二六日、通産五〇〇号を達成、九月二〇日には、七試合連続本塁打と快挙を成し遂げた。

日本シリーズは再び阪急とまみえた。一〇月二一日快晴、日本シリーズ第一戦（一〇月二一日）の舞台は後楽園。八連覇中の巨人の低力は凄かった。初回、住友平（浪商高―明大―阪急）のホームランで一点をあげたが、巨人はその裏、高田死球で出塁、王が二塁打で二死二、三塁でバッター末次を迎えた。末次の打球はレフトスタンドへ飛び込みスリーランホームランとなり、逆転した。五対三でまず巨人が先勝した。第二戦（一〇月二三日・後楽園／六対四　巨人◯）で早くも二連勝した。第三戦（一〇月二五日・西宮／五対三　阪急◯）は阪急が五対三で巨人に雪辱した。そして第四戦（一〇月二六日・西宮・三対一　巨人◯）。シリーズに王手をかけた巨人は九回まで三対一でリード。森本死球、ソーレル（サンディエゴ大―フィリーズ―ジャイアンツ―ロイヤルズ―阪急）がライト前ヒットで無死一、二塁のピンチに堀内が関本に代わってマウンドに登った。バッターの岡村はバントの構えからヒッティングに出たが、ショートの黒江がそれを予測し見事なフィールディングのファインプレーで阻止した。第五戦は巨人の大勝でＶ八を達成した。

九連覇の偉業達成―奇跡のペナント制覇

巨人は勝利の星を呼びながら輝く歴史を重ねつつ九連覇を達成した。昭和四八年、巨人は投手陣の不調で前半戦を首位中日とのゲーム差五・五の四位で折り返した。まさかの四位である。前年の成績がまるでうそのように堀内がまったくダメだった。五月三日の大洋戦、三〇球でＫＯされ、堀内は二軍落ちとなった。五月一七日、広島六回戦、巨人は五つのエラーを献上した。投手陣の崩れは守備の乱れに出るというがそのとおりだった。黒江の悪送球、長嶋の腰高のエラー、そのボールの処理を誤る柳田の三塁への暴投、吉田がそれを拾い本塁カバーの投手の倉田に返球するがこれまた暴投。まるで草野球の無様なプレーにファンも激怒。だが、川上は雷をナインに落とさず静観したままだった。その後、ナインらは自主的に試合前に守備練習の特守を課すようになった。だが、六月に入っても、巨人は頼れる投手は左腕の高橋一三（このシーズン・二三勝一三敗）だけという苦しい台所だった。一方、ライバルの阪神は田淵が快調にホームランを量産し王に一三本の差をつけた。殊に巨人戦で量産し、一試合三ホーマーを含む五試合九本のホームランを放つなど、その打棒は巨人投手陣を恐怖に陥れた。六月に入っても巨人は勝率・五〇〇を行ったり来たり。遂に川上の雷が落ちる。ここで巨人ナインに活が入った。川上はカンフル剤の意味で若手を使った。不振の長嶋に代わって南海から移籍の富田勝（興国高—法大—南海—巨人—日本ハム—中日）が三塁ベースに入る。長嶋もこれには奮起した。

ところが、夏になると、高橋一三が調子を上げてきた。王も打ちだした。七月二八日、二三号、二四号と田淵にようやく追いついた。王はこの年五一本を打ち、三冠王に輝いた。

八月五日、阪神一八回戦、連敗のムードが変わった。実はこの日も敗戦の色が濃かった。阪神のセンター池田が黒江の打球をいままさに捕球しようとしたとき、転倒した。巨人は窮地のどん底から這い出る奇跡の勝利を手にしたのである。巨人は八月三一日、一〇〇試合目でようやく首位に立つことができた。九月、王がホームランの量産体制（四〇本台）に入り、いよいよ田淵に差をつけ始める。そして、一〇月一〇日、長嶋が江夏の快速球をとらえ三安打。だが、試合は田淵の満塁ホームランで六対五で阪神の勝利。ゲーム差〇で勝率では阪神がトップに躍り出る。巨人は後がない。一〇月一一日、いよいよ阪神二五回戦。長嶋、右手薬指を骨折し今季絶望となるアクシデントが起こる。一方、阪神は初回、二回で七点の猛攻で試合を決める勢いだった。七対〇で阪神の優勝かと誰もが思った。だが、この長嶋の欠場にナインが奮起した。

巨人は地獄から這い上がった。奇跡の逆転劇が始まったのだ。黒江、高田にホームランが飛び出す。柳田がヒットで塁にでると、ここで川上の代打起用が的中した。富田と萩原がスリーランを放ち一〇対一〇の同点の引き分けに持ち込み、三時間三五分の死闘は終わった。巨人は六投手つぎ込みもはや一人しかブルペンには残っていなかった。

巨人は一〇月一四日、大洋に負け、一六日、ヤクルトにも敗れた。首位の阪神とのゲーム差は一ゲーム。ところが、一〇月二〇日、一勝すれば優勝の阪神が中日に不覚の敗戦を喫した。センター池田純一（八代東高―阪神）の考えられないエラーが出てとても信じられない敗戦だった。スコアは四対二。巨人、阪神ともにペナントレース一三〇試合目で優勝が決定することになった。一〇月二一日は雨で中止。翌二二日。運命の日を迎えた。一〇月二二日、巨人は阪神を九対〇で降し、六六勝六〇敗四引分けで二位阪神とはわずか〇・五ゲーム。巨人の圧勝による逆転優勝だった。あまりにも阪神のふがいなさにファンが激怒しフェンスを乗り越えてグラウンドに乱入する波瀾も起きた。

日本シリーズではプレーオフで阪急を破った野村プレーイングマネージャー率いる南海と対戦した。このシーズンからパリーグは前期後期の二シーズン制となった。前期は南海が金田正一率いるロッテとの攻防戦を展開し優勝した。優勝決定戦のプレーオフは阪急優勝の下馬評が高かった。後期阪急―南海戦は〇勝一二敗一引分け。だが、南海は圧倒的な阪急有利を覆してのパリーグ優勝を果たしたのである。勝利の要因は野村監督の采配によるもので七年ぶりのペナント制覇だった。

巨人は第一戦（一〇月二七日・大阪球場）三対四で意外な敗北を喫した。先発江本孟紀（高知商業―法大―熊谷組―東映―南海―阪神）が土井に先制のツーランを浴びたが、その後、八回森にソロホームランを打たれるまで巨人打線を押さえた。九回二死満塁で藤原満（松山商業―近大―南海）がカウント二―二から内角球を押っつけて、南海の逆転の勝利となった。

第二戦（一〇月二八日・大阪／三対二　巨人〇）。第二戦は延長戦となった。その延長戦にピリオドを打ったのが、堀内がセンター前に運んだ決勝の一打だった。巨人が三対二で勝利したのだ。第三戦（一〇月三〇日・後楽園／八対二　巨人〇）。シリーズの舞台は後楽園に戻り、先発の堀内はシーズン不調がウソのような力の入る投球を展開した。五回まで無得点。そして、二打席連続ホームランと自らのバットで叩き出し九安打も打たれながらも完投勝利となった。スコアは八対二。この試合は巨人の圧勝となり力の差をまざまざと見せつけた試合内容だった。

第四戦（一〇月三一日・後楽園／六対二　巨人〇）。この試合は六対二で巨人の完勝。三冠王の王に待望のシリーズ第一号が飛び出した。試合は一塁のジョーンズ（サンタアナ大―カブス―南海―近鉄）の凡失が原因となり、それを引き金に拙守が目立ち先発江本もリズムを乱し投球意欲を失いそれがそのまま敗北へとつながった。第五戦（一一月一日・後楽園／五対一　巨人〇）。一回裏、右翼線二塁打の末次を置いて王にツーランホームランが飛び出し五対一で巨人はV九の金字塔を達成した。それは前人未到の偉業の達成だった。

だが、翌年一〇月一四日、球界のスーパースター長嶋茂雄が対中日二六回戦終了後、「巨人軍は永久に不滅です」と感動的な引退をした。ミスタージャイアンツの躍動感に溢れたダイナミックなプレーと勝負強いバッティングは多くの野球ファンを魅了し、その姿は日本プロ野球史に永遠に刻まれるであろう。だが、巨人はそれ以後、昭和五六年まで日本一から遠ざかることになる。

ふたたび「闘魂燃えて」

昭和五〇年のシーズン不振だった王が翌年蘇った。それは張本勲の入団によって、新たな野球生命が宿ったのだ。ＯＮ砲に代わる新たなＯＨ砲の誕生である。

昭和五一年、巨人には日本ハムからパリーグの強打者張本勲が移籍し、ＯＮ砲に代わる王とＯＨ砲を形成し長打・短打を左・中・右に打ち分けるその広角打法とライナーでスタンドを直撃する王のホームランは圧巻だった。

昭和五一（一九七六）年　王貞治　打率・三二五／ホームラン・四九本／打点・一二三
　　　　　　　　　　　張本勲　打率・三五五／ホームラン・二二本／打点・九三
昭和五二（一九七七）年　王貞治　打率・三二四／ホームラン・五〇本／打点・一二四
　　　　　　　　　　　張本勲　打率・三四八／ホームラン・二四本／打点・八二

昭和五一年のシーズンは阪神と巨人の鍔迫り《つばぜり》合いで始まった。だが、巨人が一四連勝と快進撃をし阪神の独走に待ったをかけた。結局、ゲーム差なしの阪神が首位、二位巨人で前半戦を終了した。

後半戦がスタートした。八月末から、巨人は一三連勝し阪神に七・五ゲームの差をつけて独走態勢に入ったかに見えたが、しかし、連敗もありもたついた。マジック１になりながら、阪神に連敗。最終戦の広島戦に勝ち漸くペナントを制した。このシーズンはトレードの張本の打撃とそれに刺激されたかのような王の復活（ベーブ・ルースの記録を破る通算七一五号）、張本は打率・三五四七七で全日程を終了。だが、中日・谷沢健一（習志野高―早大―中日）の追い上げが凄かった。谷沢はこの驚異的な打棒を発揮し打率・三五四八三でわずか六糸の差で首位打者に輝いた。

巨人はこの年から三塁にコンバートされた高田の活躍が目立った。打率・三〇五をマークし攻守に活躍した。投手陣は一五勝の加藤初（吉原商業―亜大中退―西鉄―巨人）と一八勝をあげた小林繁（由良育英高―全大丸―巨人―阪神）の力投が目立った。

昭和五二年のシーズン、四月、首位を奪い八連勝の快進撃だったが、五月、よもやの六連敗。だが、前半終了し貯金二一の二位ヤクルトに八・五ゲームの差をつけ独走態勢に入っていた。個人記録では、王貞治のハンク・アーロンの通算七五五本を破る七五六本に注目が集まった。また、張本は打率・三五八の高打率をマークしたヤクルトの若松勉（北海高―電電北海道―ヤクルト）に首位打者を譲っている。チームは九月二三日。残り一一試合で優勝を決めセリーグのペナントを制した。

だが、昭和五一年、五二年、長嶋巨人はセリーグを制覇するが、日本一の奪還にはならなかった。上田利治率いる阪急ブレーブスに敗れたのである。巨人のV九時代に過去五度挑戦して勝てなかった阪急ナインにとってはまさに歓喜の勝利と言えた。この年、歌謡界のベースボールシンガー灰田勝彦は王貞治に自ら作曲し歌った《燃えるホームラン王》を献呈している。

昭和五三年、広岡達朗率いるヤクルトが日本一に輝いた。ユマ・キャンプで意識革命をした広岡ヤクルトが飛び出した。このシーズンは開幕当初の序盤戦から、前半終了時には巨人とゲーム差なしで首位に並んだ。九月二一日、ヤクルトは三試合連続サヨナラ勝ちを演じ、一〇月四日、セリーグ優勝を決めた。日本シリーズでは松岡弘（倉敷商業―三菱重工水島―サンケイ・ヤクルト）の力投、打線も若松、マニエル（マクルーア高—ツインズ—ドジャース—ヤクルト—近鉄—ヤクルト）、大杉勝男、杉浦享（愛知高—ヤクルト）、ヒルトン（ラオス大—パドレス—ヤクルト—阪神）らが良く打った。

翌年から広島が日本シリーズ二連覇。昭和五四年には巨人小林との交換トレードによって江川卓が入団した。指名球団が交渉権を失効する「空白の一日」というドラフトの「虚」をついての巨人への入団は球界全体を含めた世間が認めず大きな社会問題にまで発展した。

江川卓は作新学院のエースで高校球界の怪物といわれ、昭和四八年の春の選抜で初めて甲子園のマウンドに登った。一回戦、高校随一の強力打線を誇る北陽高校を一九個の三振、準々決勝では、今治西高戦で二〇個の三振を奪うなど、その怪物ぶりに甲子園球場は騒然となった。この時点でプロを含めて高校生の江川が最も球速のある投手であったことは間違いなかった。

高校卒業後の進路は慶應義塾大学進学を早くから打ちだし、プロ入りは最初から拒否の態度だった。阪急がドラフト一位で指名したが最初から相手にしなかった。だが、希望の慶應の受験に失敗し試験日が遅かった法政大学の二部に一般入試で合格し進学した。この法政大学に大挙、プロが注目する甲子園を湧かせた高校球児が入学し、「花の四九年組」といわれ大学球界が大きな話題となった。当時、東京六大学では慶應、立教には野球推薦枠が無く、野球の実技で入学できるのは実技試験のウエイトが高い教育学部に体育専修のある早稲田、明治、法政に有力選手が集まった。

素質集団の常勝法政大学で黄金時代を築き、日米大学野球でも活躍した江川だが、四年後のドラフトでも不運が続いた。ドラフト一位で交渉権を得たのはクラウンライターだった。結局、あくまでも巨人への入団を希望する江川はクラウンライターの交渉権を拒否して次年度のドラフトに備えてアメリカへ野球留学をした。そして、突然の帰国と巨人の入団発表（「空白の一日」）、いわゆる「江川問題」は日本球界に激震を走らせ、大きな社会問題、事件・世相までになった。

日本のドラフト制度を蔑《ないがし》ろにし、ごり押しで入団した江川の八勝九敗の成績は「江川騒動」と世間を騒がしたわりには、期待ほどの数字ではなかった。しかも、江川問題が尾を引いた巨人は五位の成績。プロ野球はこの事件で暗雲が漂ったが、セリーグを制した広島は日本シリーズにおける近鉄との三勝三敗で迎えた最終戦、江夏豊の二一球は野球史を彩る壮絶なドラマであり、感動のシーンだった。

昭和五五年のシーズンをもって、一〇月二一日、長嶋監督が成績不振の責任を問われ解任された。六年間の監督生活に終止符を打ったのだ。一一月四日、ONのもう一人王貞治が通算八六八本の大記録を樹立しバットを置いた。

昭和五六年、巨人は日本一を奪回する。新監督藤田元司、助監督王貞治、ヘッドコーチ牧野茂のトロイカ体制の下、本来の怪物ぶりを発揮し二〇勝をマークした江川卓（作新学院―法大―阪神―巨人）、その江川にライバル意識を剥き出しにする西本聖（松山商業―巨人―中日―オリックス）、加藤初を軸にした投手陣が原動力となった。それをリードする山倉和博（東邦高―早大―巨人）が正捕手に定着した。

昭和五四（一九七九）年　江川卓　八勝九敗
西本聖　八勝四敗
昭和五五（一九八〇）年　江川卓　一六勝一二敗

昭和五六（一九八一）年　西本聖　一四勝一四敗
江川卓　二〇勝六敗
西本聖　一八勝一二敗

打線は、ロイ・ホワイト（ヤンキース―巨人）、セリーグを代表する好打者・篠塚和典（銚子商業―巨人）が昭和五六年のシーズンから打ちだした。打率・三五七をマークし惜しくも首位打者を阪神の藤田平に譲った。原の入団によって篠塚は練習に真剣に取り組むようになりそのバッティングセンスが大きく開花した。

ショートは堅実な河埜和正（八幡浜工業―巨人）が守り、駒大時代に東都大学リーグの長嶋と言われた中畑清（安積商業―駒大―巨人）の素質も開花した。殊に昭和五三年の晩秋、日米野球のレッズ戦での特大ホーマーはその潜在能力の高さを見せつけた。翌年、高田の故障をきっかけにサードの定位置を確保した。そして、東海大学から入団したプリンス原辰徳（東海大相模―東海大―巨人）の入団で新しい巨人のスターが誕生した。原はシーズン開幕ではセカンドだったが、三塁手・中畑の故障でサードのポジションに入り、巨人軍の四番サードのポジションを手にした。これによって、一塁・中畑、二塁・篠塚、三塁・原、遊撃・河埜という内野陣が固定した。外野は青い稲妻・松本匡史（報徳学園―早大―巨人）がセンターに入り、飛びぬけた走力と盗塁技術を活かし、機動力の中心となり、巨人がようやく日本一の座を奪回した。後楽園球場では王者巨人の復活を讃えるかのように《闘魂こめて》が高らかに歌われたのだ。

闘魂こめて　大空へ
球は飛ぶ飛ぶ　炎と燃えて
おお　ジャイアンツ
その名担いて　グラウンドを
照らすプレイの　たくましさ
ジャイアンツ　ジャイアンツ
ゆけ　ゆけ　それゆけ巨人軍

終章　日本プロ野球歌謡史拾遺―前史

慶應義塾大学応援歌「若き血」

東京六大学野球の熱烈なファンならば、また、早慶戦に一度でも足を運んだ経験がある者ならば、〈都の西北早稲田の杜にィー、聳ゆる甍は、われらが母校〉と早稲田校友が歌う怒涛のごとく神宮の森を揺るがすかのように響きわたる大合唱に圧倒された経験があるであろう。《都の西北》は、確かに日本の校歌の中では最高の名曲である。

この校歌は、明治四〇年、早稲田大学創立二五周年を記念して作曲された。作詩は相馬御風、作曲は〈汽笛一声の新橋〉の《鉄道唱歌》の作曲でおなじみの東儀鉄笛である。当時、日本人の音階が五音であった時代に西洋音楽が伝わってわずか四分の一世紀で、それを破った七音階で作曲し外国人を驚かせたと言われている。それ以来《都の西北》は早稲田人の心のふるさとになっている。

大正一四年、一九年ぶりに復活した早慶戦に慶應は惨敗した。この名曲《都の西北》を背に溌溂とプレーする早稲田の選手に慶應はなす術もなかった。早稲田のエース竹内愛一（京都一商―早大―全京都―神戸スタークラブ―朝日軍）の怪腕に慶應は完封された。翌日の二回戦は慶應打線は藤本定義に挑んだが七対一で連敗した。

翌年、慶應義塾大学野球部に一代の名監督腰本寿が新しく監督に就任した。加藤喜作（広陵中―慶大―八幡製鉄―南海軍―近畿日本軍）、大川竹三、青木修平、岡田貴佳らがよく打線を引張り、永井武雄、町田重信の力投もあり春は優勝したが、早慶戦では藤本定義を打てずその快投の前に連敗した。秋は一勝を挙げたが、早稲田に苦杯を喫した。慶應は早稲田に一向に勝てなかった。

大正一五年一〇月二三日、神宮球場が完成し球場開きとなった。球場の内野スタンドは鉄筋コンクリート、外野席は土盛り造り、グラウンドは両翼三三〇フィート、センターフェンスまでは四〇〇フィートの広さで、理想的な球場だった。甲子園球場のような豪壮ではなく、収容人員も甲子園と比較するといささか不足しているが、設備環境は申し分なかった。このようなアメリカの消費文化を受容し大衆文化の爛熟の時代、野球は人気スポーツの頂点に立った。

早稲田の選手に躍動をあたえ、溌溂としたプレーをもたらす《都の西北》に勝てる歌がどうしても欲しい、これがかねてからの慶應側の念願であった。そして、その願いからできたのがあの名曲慶應義塾大学応援歌《若き血》である。

作詩・作曲は、戦後のNHKの人気番組『音楽の泉』でおなじみの堀内敬三である。堀内は慶應人脈の人間ではないが、慶應OBで音楽評論家の野村光一の紹介でやって来た慶應予科の学生の依頼を快く引き受けた。堀内は、東京高等師範の附属中学を出るとアメリカに留学してミシガン大学工学部とマサチューセッツ工科大学大学院に学び、あちらの大学の対抗試合でよく歌われる応援歌を随分と知っていた。堀内は、以前から日本の応援歌が太鼓を鳴らした悲憤慷慨の明治調の歌であることに不満を持っていた。そこで、四拍子の《都の西北》に対して二拍子の軽快なテンポで作曲し詩はあとからはめこんだ。堀内は《カルメン》《リゴレット》《フィガロの結婚》などのオペラの訳詩の経験から〈若き血に燃ゆる者、光輝みてる　我等〉と曲に詩をはめることには馴れていた。

堀内の作曲上の特徴について団伊玖磨はつぎのようにのべている。

「早稲田の校歌『都の西北』の旋律の動きに対して、なるべくその反対の動きに旋律を作られたのだそうで、たとえば早稲田のほうの始まりが〝都の西北〟と上行し下降する部分にたいしては、慶應のほうは〝若き血に燃ゆる者〟と下降と上行の形をとり、……終わりの〝早稲田〟が下降で結ばれるところは〝慶應〟上行で終わる、という具合である」

新応援歌「若き血」ができたのは一〇月二〇日、これを生かすも殺すも約二週間後の一一月六日の早慶戦にかかっている。早速、三田の講堂に慶應の学生を集めて歌唱指導が始まった。ところが、今までの太鼓を鳴らして〈天は晴れたり気は澄みぬ〉と明治調の曲に馴らされていた学生は、この軽快なマーチのリズムに全くついていけなかった。新応援歌ができたはいいが、学生が歌えなくては話にならない。ワグネルのOBがピアノで伴奏してもうまくいかないので非常に慶應側は困っていた。そこで、誰かが一計を案じた。

「普通部の増永丈夫にまず歌わせて聞かせてから、練習したらどうか」
「それは、いいアイディアだ」
「早速、普通部の小林君に話してみよう」

当時、慶應義塾普通部に在学中であった藤山に歌唱指導のお鉢が回ってきたのである。普通部の増永丈夫（藤山一郎）はすでに大正年間、ニッポノホンに童謡を吹込み、中学生でありながら大学生で構成されているワグネルのメンバー、ジャズバンドでピアノを弾くなど、しかも、ピアノの恩師弘田龍太郎が作曲した舞踊劇『雪の幻想』をオーケストラをバックに独唱した経験があり、その歌唱力は塾内でも評判だった。

三田の講堂で大学生の前に颯爽と立った増永丈夫が〈若き血に燃ゆる者、光輝みてる　我等〉と歌う、その後について大学生が歌ってなんとか恰好がついてきた。

藤山は、大学生の練習が終わると小林先生の命令で普通部の練習を行った。このときの藤山の歌唱指導ぶりについては『「音楽の泉」の人　堀内敬三』の中に藤山の談話がつぎのように記されている。
「私が普通部の三年でした。当時の普通部主任の小林先生に呼ばれて、〝増永（藤山氏の本名）全校生徒に教えろ〟と言われましてね、各教室を回りました。先生の授業を中断して指導です。もちろん無伴奏で一節づつ尻取りです。〝勝利に進むわが力、つねに新し〟の最後の〝し〟が半音ですから、なかなか音程が取れないで下がり過ぎてしまう。（中略）それと〝烈日の意気高らかに〟の〝イキタカ〟

がみんな四分音譜なんですね、それを〝イ〟と〝タ〟に符点が付いてしまう」(『同上』)

藤山は母校の命運がかかっているこの新応援歌の歌唱指導をきびしくやった。特に普通部では「声が小さい」「そこは音程が違う」と上級生といえどもしかり歌えないものは、徹底的にしごいた。当然、四、五年の上級生から反発がでる。歌を覚えてから上級生に藤山は呼び出しを食らった。

「おい、増永、てめーちょっと来い。音程が悪いのは頭が悪いからとは何だ」

藤山は、普通部の五年生に脅され、殴られた。鼻っ柱に一発きたのが効いて思わず藤山は地面に倒れ込んだ。そのとき鼻血がドッと出て(まさにこれがほんとの若き血)と藤山は偉い災難を被ったのである。

試合は、大物新人・宮武三郎、山下実らを擁した慶應が「新応援歌」の効果もあってか、早稲田に圧勝した。早慶戦復活以来、連敗していた慶應は見事に雪辱を果したのであった。殊に宮武は投打に活躍。新人宮武は開幕第一戦に帝大を完封。打棒も冴え、左中間スタンドに豪快なホームランを叩きこんだ。山下もリーグ戦を通じて二ホーマー、打率も・三〇八と猛打ぶりを発揮した。慶應の黄金時代の到来であった。

藤山も痛い目にあったが歌唱指導をした甲斐があった。それ以来、藤山は、この「陸の王者」との付き合いは随分長い。藤山の《若き血》のレコードは、昭和一一年のビクター盤と昭和二六年のコロムビア盤がある。

このコロムビア盤のレコードの遍曲は、慶應出身の服部逸郎(レイモンド服部)で、慶應の中国文学科を卒業後、ハワイで教師をしていたがやがて音楽の道にはいった人である。また、ビクターのステレオ盤の『日本の唱歌第三巻』に藤山は、この《若き血》を早稲田の《都の西北》とともに吹込んでいる。藤山が慶應義塾普通部から東京音楽学校の在学中は、早慶戦の全盛期で、神宮の森は若人の歓声で湧いた。藤山は、上野の音楽学校へ進んだ後もワグネルのメンバーと親交が続いていたので、いつもそのシーズンになると応援ブラスバンドにかり出された。昭和七年の早慶戦では颯爽とトランペットを吹いている。その写真が、藤山一郎の音楽随想『歌い続けて』の「想い出のアルバムから」のページに載っている。スタンドは溢れんばかりの観客で埋まっている。

藤山は、こう記している。

「昭和七年の早慶戦はKOの勝ちだった。私は普通部を卒えて、すでに上野（東京音楽学校、現東京芸術大学音楽学部）へ進んでいたが、ワグネルの連中とは親交が続いており、応援ブラスバンドにはいつもかり出された。三塁側ベンチで二人のトランペッターが八双に開いて『若き血』を吹く。写真手前下の人物が菊池雙二氏、ピアノの名手だった。先年八十一歳で他界され、私は、谷中の寺でこの先輩を送った。五十年前の神宮球場、もちろんナイターのランプなどない簡単な施設だが、ごらんの通り外野まで超満員の早慶戦であった」（『同上』）

藤山は、その観衆の前でときには《若き血》を独唱することもあった。澄みきった神宮の青空に藤山の《若き血》が声高らかに響きわたったにちがいない。

若き血に　燃ゆるもの
光輝みてる　我等
希望の明星　仰ぎて茲に
勝利に進む　我が力
常に新らし
見よ精鋭の集うところ
烈日の意気高らかに
遮る　雲なきを
慶應　慶應　陸の王者　慶應

紺碧の空

昭和モダンを彩る早慶戦を熱狂させる早稲田大学野球部の歴史は明治三四年に始まる。明治三七年、早稲田は待望久しき一高打倒を成就。九対〇の勝利を飾ったのだ。翌明治三八年には初のアメリカ遠征を行い、技術の向上に励んだ。明治四一年、ワシントン大学招聘（大正一〇、一五年にも来日）、明治四三年、アメリカ中西部最強チームのシカゴ大学招聘、以後、シカゴ大学は大正四年、九年、一四年、昭和五年と来日し、これは早稲田野球にとって非常に有意義なものであった。

大正一四年秋、東京六大学野球リーグ戦がスタート。早稲田は一〇戦全勝し早慶戦復活試合（一〇月一七日、復活第一回戦で早稲田が一一対〇で圧勝）も勝利を収めリーグ戦に優勝した。この年、来日したシカゴ大学に初勝利し二勝一敗と勝ち越した。

一方慶應は、復活後三シーズン負け越していたが、昭和二年、宮武三郎、山下実らが入学しその年の秋のリーグ戦では慶應はアメリカ遠征帰りの早稲田を圧倒した。その後、三シーズン、早稲田は慶應に沈黙した。

昭和三年、早稲田にも続々と有望新人が入学してきた。市岡中学の伊達正男、松本商業から矢島粂安は期待の選手だった。殊に伊達は新人ながら打棒を奮い、打率・四六九でいきなり首位打者の栄冠に輝いた。

翌昭和四年、すでにのべたが、早稲田に和歌山中学（現・桐蔭高校）から快速球左腕投手小川正太郎が入学した。小川は全国に轟くほどの名投手だった。昭和二年の春の選抜野球で優勝しアメリカ遠征を経験しその速球の威力はさらに増し、一八二センチの長身から鞭のようにしなる左腕からの快速球と切れ味の鋭い落ちるカーブはとても中学生とは思えなかった。この小川の入学が早稲田を甦らせ、ライバル慶應の宮武、山下との対決が話題となった。昭和四、五年、早慶両校は実力が接近し、絶頂期を迎えていた。殊に宮武三郎―小川正太郎の対決は六大学リーグの最高潮を象徴しており、神宮球場に殺到したファンは熱狂した。

昭和四年春のリーグ戦、法政との第二回戦、リストのきいたノーワインドアップモーションから投げ下ろす小川の快速球は鋭いカーブも交えて法政打線から延長一二回とはいえ一七個の三振を奪い、早くも期待通りのピッチングだった。この快投が沈滞していた早稲田の投手陣はおろかチーム全体に活を入れた。華麗という形容に相応しく力感溢れる美しいファームから投げる快速球の威力はとにかく凄かった。そして、このシーズンは早慶両校が全勝で優勝を争うことになった。三回戦までもつれ込み熱闘を演じた。早慶一回戦、宮武―小川の対決は神宮を昂奮の坩堝と化した。早慶戦史上稀にみる華やかな最高の舞台の幕開けだった。試合は早稲田が五対二で勝利した。

一回戦を失った慶應は小川に挑み、水原、楠見、山下の打棒が爆発し四対五で早稲田は惜敗した。早稲田の先発には山田がマウンドに送られたが、初回早くも小川の救援を仰いだ。ランナー一塁三塁で小川は巨砲和製ベーブ・ルース山下を迎えた。宮武が二盗の後、小川の速球を捉え打球はセンターを深々と破った。センターの矢島が懸命に背走したが、追いつかず山下は三塁に滑り込んだ。三塁打である。前日の疲労が抜けない小川に先輩山下の痛烈な洗礼だった。

三回戦も大接戦となり、早稲田は小川が連投したが、慶應の上野―水原―宮武の継投に阻まれ、優勝をさらわれたのである。早稲田は二回に四点を取り先ずリードしたが、小川が乱調で三回に五点を取られ逆転された。だが、早稲田も四回に三点を取り逆転。早稲田二点のリードとなった。このリードを守れなかった。逆に慶應は五回一点、六、七回二点ずつ小刻みに得点し、六回から必勝を期して宮武がマウンドに登り、早稲田を押えきったのである。早稲田は早慶戦を制覇できなかったが、だが、小川の入学で名門早稲田野球は甦ったのである。

昭和四年八月三〇日、アメリカ中部の最強チーム・ミシガン大学が明大の招待で来日し、早稲田は一矢を報いた。明大が今年度のアメリカ遠征でミシガン大学と二試合したことで、困難を極めた海外遠征の許可がでることになり、このアメリカ大学球界の最強チームがやって来たのである。

昭和四年の秋、春のリーグ戦同様に早慶両校全勝で相見えることになった。一回戦は怪腕小川の速球が冴え二安打完封勝利。三対〇で慶應打線を抑え込んだ。二回戦は剛腕宮武が投打に活躍し早稲田は〇対七の完敗。そして、三回戦、九回無死一、三塁とし迎えるバッターは佐藤茂美（松本商業）。佐藤の打った打球は左中間の浅いフライだったが、センターの名手楠見が打球の処理を誤って後逸。打球は後方へ転々。その間に佐藤は俊足を飛ばしてホームへ。佐藤茂美の逆転サヨナラ・ランニングホームランで早稲田は早慶戦を制しリーグ優勝を果たした。六対三の逆転勝利だった。

だが、翌五年は宮武、山下が最上級生となった慶應に惨敗を喫していた。昭和五年の春、強力打線の主軸の宮武は投手としても立派な成績を残したが、打撃も強力打線の主軸であり、打率・四〇〇で首位打者になった。

昭和六年、慶應は腰本寿監督、本郷基幸コーチがアメリカ大リーグのスプリングキャンプを視察して、合理的な練習法を学び帰国した。慶應は宮武、山下の両巨砲は去ったが、水原、上野清三（静岡中）を中心に投手陣はまとまり、広陵中学からきた小川年安が中軸に座り、戦力は充実していた。

昭和六年春のリーグ戦を前にして、早稲田は打倒慶應を果たすために新応援歌を作ろうとしていた。しかも、前年度は対慶應戦において一勝もできなかった。早稲田としては、宿敵慶應には負けられない。そのためにはマーチテンポの慶應の応援歌《若き血》に対抗できる新応援歌が是が非でもほしい。それは早稲田校友の願いでもあった。

歌詞は応援団が全早大生から募集した。その中から、当時高等部に在籍していた住治男の作品が選ばれた。選者の一人である西條八十が絶賛するほどの詩だった。だが、〈覇者、覇者、早稲田〉の個所が作曲上難しいと判断され、作曲者の選定を悩ますことになった。失敗の許されない大事な新応援歌である。そのため、中山晋平、山田耕筰ら大家でなければ作曲は難しいであろうという声が大勢を占めていた。当時の早稲田大学の応援歌は、山田耕筰、中山晋平、近衛秀磨ら日本の近代音楽の大家が作曲したものが並んでいたが、慶應の《若き血》を負かすほどのものがなかった。

早稲田大学応援団の幹部の一人、伊藤茂は、帝国音楽学校に通っていた後のコロムビア専属伊藤久男の従兄弟であり、伊藤久男を通じて同郷の古関裕而に新応援歌の作曲を依頼した。当時の古関は日本コロムビアの専属作曲家とはいえ、まだ作品を書いていなかった。ヒットもなく無名であり早稲田関係者の間では反対する声も多かった。

伊藤茂は古関裕而を評して将来の大作曲家となる逸材と早稲田関係者を納得させた。母校の命運を古関に託したのだ。副応援団長の高山三夫も伊藤と同じ心情だった。応援団の幹部は西條の「相当の謝礼金をだして、山田耕筰か中山晋平あたりの大家に依頼しなくては」という言質に反感をもっていた。殊に高山は西條に向かって、「先生は早稲田の人間でしょう。早稲田に生きる者が母校の命運を金銭に計るとは何事ですか」と一喝した武勇伝をのこしている。

彼らには無名、有名の有無は関係ない。応援歌は室内で歌うものではない。野外で多くの交友が歌うものである。しかも、神宮球場は増改築されており、内野スタンドは七メートル広がり、外野は二〇メートル広がっていた。選手が溌剌とプレーするフィールド空間の拡大とともに、早慶戦には応援にバンドが付けられることが決定していた。そうなると、慶應の《若き血》を凌ぐ歌を作曲できるかどうかが重要なのである。それほどまでに当時の早稲田の応援団は母校早稲田の新応援の作成に真剣に取り組んでいたのである。

古関も引き受けたからには、「陸の王者」に負けない歌を作曲しなければならないと思った。堀内敬三の作詞／作曲のこのマーチテンポの歌曲は乗りが良い。しかも、早稲田の新応援歌の制定の情報を得た慶應は日本歌曲に定評のある東京音楽学校助教授・橋本国彦にさらにモダンな新応援歌《ブルー・レッド・アンド・ブルー》の作曲を依頼していた。この時点で橋本は山田耕筰と並ぶ日本歌曲王であり、ビクター専属、古関はコロムビア専属だが、作曲家としては格が違い過ぎる。橋本国彦はそれこそ西條八十が言うように山田耕筰、近衛秀麿、中山晋平らと並ぶ大家である。早稲田関係者もあの橋本国彦が作曲するというこの情報を知って大きなため息が漏れた。

古関は楽想が湧いてくることなく、作曲に苦しんだ。早稲田の劣勢を挽回《ばんかい》するような旋律がなかなか浮かばなかった。蒼天翔ける日輪の、青春の息吹を感じさせる紺碧の空の下、神宮に木魂する〈覇者　覇者　早稲田〉の詩句に相応しい躍動の主調基音となる旋律をどうしても楽譜に記すことができなかった。

刻々と発表会の期日が迫ってくる。応援団の幹部は催促のために古関の家に押しかけた。ペンを握る古関にとって、激励に来るとは言え、応援団の猛者の訪問はかなりの重圧だった。度々、彼らは新婚間もない古関宅の洋間に入り込む。そこは古関の作曲部屋である。そこを歩き回る七、八人の男の重量はかなりである。古関の留守中、新妻の金子がお茶やお菓子を応援団の猛者たちに出し接待に努めたが、何しろ新居は安普請である。床が抜けるかもしれないと心配だった。伊藤も楽曲の完成が果たして本番までに間に合うのか心配で度々古関の下を訪れた。また、音楽学校の学生の伊藤久男も心配で古関宅を訪れた。伊藤久男は後に戦後になるが、《紺碧の空》を吹込むことになる。

苦心の末、古関は楽曲をようやく完成させた。運命の早慶戦、三日前だった。応援団関係者からは「少し難しすぎる」という声もあったが、古関は躍動感溢れる己のメロディーに自信を持っており、ほとんど手を加えず発表した。特に難題だった〈覇者　覇者　早稲田〉の詩句のパッセージには自信を持っていた。〈慶應　慶應　陸の王者　慶應〉の上行のパッセージに十分に対抗できると自信に溢れていた。

昭和六年春のリーグ戦は早稲田が優勝の有無に関わらず、宿敵慶應を打倒しなければならない。優勝よりも慶應に勝つことが重要だった。

だが、古関裕而の《紺碧の空》が完成したにも関わらず、決戦を前に早稲田に重大な事件が起きた。勝利のカギを握るエースの小川が胸部疾患で戦列を離脱したのである。そこで、六月一三日の早慶一回戦、捕手だった伊達が強肩を買われてエース小川正太郎に代わってマウンドに登った。その伊達正男の剛腕がうなった。一回戦、伊達の好投空しく水原との投手戦は二対一と惜敗。二回戦で早慶戦史上にのこる三原脩の勝ち越しを決めた劇的なホームスチールなどで雪辱をはらした、七回、慶應の水原の虚を突く三原の好判断は勝機を掴み早稲田に勝利をもたらしたのだ。この日、エースで四番の伊達は三打数二安打の投打の活躍だった。六月一五日、いよいよ決勝戦である。神宮球場は超満員の観衆で埋まっている。伊達正男の右腕は唸り気魄の三連投によって慶應を五対四で降し、早稲田は三シーズンぶりに慶應から勝ち点を奪った。

初夏の陽が燦々と輝く神宮球場。澄み切った蒼い空。早稲田側のスタンドから湧き起こる歓喜あふれる《都の西北》とともに《紺碧の空》の大合唱が響き渡った。神宮球場は興奮の坩堝《るつぼ》となった。学生は絶叫し勝利に酔いしれた。肩を組んで学生が歌う《紺碧の空》は早稲田の校友にとって青春を謳歌《おうか》する魂の躍動であり、忘れ得ぬ青春の譜となったのである。

古関と早稲田を結び付けた伊藤久男は戦後《紺碧の空》をコロムビアで吹込んだ。ビクターからはテノール歌手の柴田睦陸のレコードがあるが、躍動・力感と歌唱力の豊かさでは伊藤久男の方が好評だった。一方、ライバル慶應の《若き血》は藤山一郎の歌唱。伊藤久男のそのダイナミックさと繊細さが共存しリリカルな音色による歌唱芸術はこの古関メロディーに相応しかったのである。

紺碧の空　仰ぐ日輪
光輝あまねき　伝統のもと
すぐりし精鋭　闘志は燃えて
理想の王座を　占むる者われ等
早稲田　早稲田　覇者　覇者　早稲田

栄冠は君に輝く

《紺碧の空》の作曲者古関裕而は誰もいない甲子園球場のマウンドに立っていた。《栄冠は君に輝く》の作曲のためにその楽想のイメージを湧かせるためである。昭和のエールを彩った名選手が演じた歴史の原点は戦前の中等野球、戦後の高校野球である。この甲子園の大会歌は大正から戦前・戦後の昭和の時代にかけて、信時潔、山田耕筰、古関裕而らによって作曲されている。大会歌が三代あることはその熱闘の歴史を物語っている。

高校野球の聖地・甲子園は戦前は全国中等学校野球選手権といって、大正四年八月一八日から六日間、大阪の豊中グラウンドで開催されたのが第一回大会である。始球式は朝日新聞の村山龍平が羽織袴の和装スタイルでマウンドに登った。試合数は一〇試合。優勝は秋田中学にサヨナラ勝ちした京都二中。それ以後、中等学校野球大会は盛んになり国民的行事へと発展するのである。

この間に日本の野球はますます盛んになった。大正三年、早慶明の三大リーグ戦がスタート。大正六年、大学野球は法政が加わり四大リーグ戦となり、大正一一年、三田倶楽部がハーバート・H・ハンターが率いるアメリカメジャー選抜軍と対戦し小野三千麿（神奈川師範―慶大―三田倶楽部―大毎野球団）の力投によって九対三で勝利。これは日本人が初めて大リーグに勝利した快挙でもあった。また、同年には日本運動協会、通称・芝浦協会という日本初の職業野球団が生まれている。だが、このチームは阪急電鉄にひきとられ宝塚協会となり、ほどなくして解散という運命となった。

大正四年に豊中球場で第一回大会が開催されてから、白熱する中等野球界（全国中等学校優勝野球大会）では、和歌山中学が圧倒的な強さを誇った。大正一〇年、一一年の連覇の中心が投打にわたる活躍をした井口新次郎（和歌山中―早大―大毎野球団）である。殊に大正一一年の第八回大会ではエース兼四番で活躍し、全試合を投げ完投勝利を達成した。大正一二年、井口は早稲田に進学し三塁手として打棒を揮うことになる。

大正一三年には選抜中等学校野球大会が始まった。同年八月一日、甲子園球場が完成した。甲子《きのえね》の年にあたることから、「甲子園」という名称が球場につけられたのだ。この球場の設計は前年にニューヨークに完成したヤンキースタジアムをモデルにし、建設費用には二五〇万円の巨額の費用を投じ、巨大スタジアムが聳えたのである。全国中等学校野球優勝大会は甲子園球場に移り、早速、八月一三日から第一〇回大会が行われた。優勝は松本商業を破った広島商業。実業学校としては初の快挙だった。そして、大正一四年には東京六大学リーグ戦が誕生し昭和モダン（アメリカニズムの消費文化）を迎えるのである。

大正一五年、大阪朝日新聞の歌詞公募によって、初代大会歌、《全国中等学校優勝野球大会の歌》（福武周夫・作詞／信時潔・作曲）が制定された。青雲《あおぐも》たなびくきはみ東《ひがし》ゆ西《にし》ゆ〉で始まる詩句はモダンな野球の持つ近代性とは対照的に高邁な青年像が詩想となっている。殊に〈勝て驕《おご》らず大旆《たいはい》のもと集ひし我等〉は二章の詩句にも盛り込まれており、野球青年の理想が道徳的に強調されている。

レコードは、日本蓄音器商会の傍系会社オリエントレコードから《野球大会の唄》として発売された。オリエント盤は《籠の鳥》の作曲で知られる街頭演歌師出身の鳥取春陽によって吹込まれている。大正一五年の夏の大会に向けて製作され発売されている。

大正一五年当時、旧吹込み時代のレコード歌謡は街頭演歌師鳥取春陽の絶頂期で、その人気を利用しようとしたと思われる。だが、街頭演歌で人気を博す鳥取春陽の書生節演歌は、雄大な明るい旋律の大会歌には合わず、流布しなかった。昭和に入り、この大会歌は昭和六年、ポリドールから戸山学校軍楽隊の吹込みレコードが発売された。

戦前の中等学校野球は昭和に入ると昭和モダンの光と共に国民的スポーツになっていた。山下実（第一神港商業）、宮武三郎（高松商業）、水原茂（高松商業）、田部武雄（広陵中）、小川正太郎（和歌山中）、三原脩（高松中）、吉田正男（中京商業）、景浦将（松山商業）、藤村富美男（呉港中）、楠本保（明石中）、沢村栄治（京都商業）、川上哲治（熊本工業）、吉原正喜（熊本工業）、千葉茂（松山商業）、松井栄造（岐阜商業）、野口二郎（中京商業）、鶴岡一人（広島商業）、嶋清一（海草中）などスター選手が、野球ファンを魅了した。彼らはいずれも大学野球、社会人野球や職業野球と言われたプロ野球でも活躍した。

昭和一〇年、中等学校野球の全盛の時代、二代目の《全国中等学校優勝野球大会行進歌》（富田砕花・作詞／山田耕筰・作曲）が制定された。作曲は日本楽壇の巨匠山田耕筰。山田の楽想は行進歌に相応しい吹奏楽的な力強いマーチである。〈百錬競へるこの壮美　羽搏《はばた》け若鷲　雲裂きて〉の歌い出しではじまる詩句は初代の大会歌と同様に健全な野球精神が讃えられている。

レコードは昭和一〇年の夏の大会に合わせてコロムビアから発売され、テノール歌手の内本実がコロムビア合唱団を従えて吹込んだ。B面は「日本コロムビア管弦楽団」の演奏による吹奏楽レコードである。行進歌は歌われることはないが、行進曲として現在も入場行進として使用されている。翌昭和一一年にはプロ野球と言われる職業野球が開幕し、日本野球は中等学校野球界の秀英が集う東京六大学と都市対抗野球の隆盛と共に大きく発展するのである。

戦後、甲子園に平和な時代が戻って来た。大学野球、プロ野球の復活とともに若人の祭典甲子園野球も復活した。躍動感溢れる溌溂とした選手のプレーに声援を送る観衆の熱狂がまた蘇ったのだ。白熱の力は戦後を生きる人々の活力となった。無念にも先の大戦で散っていた者の分まで生きるあらたな国民の生の力が生まれたのである。

炎天下の甲子園球場では力と技がぶつかり熱戦が繰り広げられている。開会式では例年通り、古関裕而作曲の《栄冠は君に輝く》が選手の入場に力強さを与え甲子園球場に響き渡る。

この大会歌の歴史は昭和二三年に遡る。昭和二三年四月、学制改革により新制高等学校と新制大学が発足した。それまでの全国中等学校優勝野球大会も、全国高等学校野球選手権大会と改められた。そこで、主催者の朝日新聞社は新しい大会歌の制定(「全国高等学校優勝野球大会の歌」)を企画していたのである。

歌詞は全国から募集し、作曲は古関に依頼された。五二五二編の詩が集まり、加賀大介の作品が最優秀に選ばれた。

雲はわき　光あふれて
天たかく　純白の球今日ぞ飛ぶ
若人よ　いざ
眦《まなじり》は　歓呼にこたえ
いさぎよし　ほほえむ希望
ああ　栄冠は君に輝く

古関が朝日新聞学芸部の野呂信次郎から依頼を受けたのは七月である。だが、〈雲はわき　光あふれて〉にふさわしい、若人の夢と希望、青春の情熱に応えるようなメロディーが浮かんでこなかった。各地では予選の熱戦が展開していた。大会まで時間が無い。古関は作曲に苦しんだ。

古関は、大阪の朝日新聞社に打ち合わせに赴いた時、甲子園球場に足を伸ばした。誰もいない無人のマウンドに一人立った。周囲を見回し、天を仰ぎながらここで日昼大歓声の下で繰り広げられる球児たちのプレーによる白熱した試合を想像した。紺碧《こんぺき》の空に天高く舞い上がる白球の音と、プレーごとに発せられる歓呼の声が聞こえてきた。そして、溌剌《はつらつ》とプレーする球児の夢と希望、野球にかける情熱をかきたてるメロディーが湧き上がったのである。

その年の夏の甲子園開会式（昭和二三年第三〇回大会）で《栄冠は君に輝く》（全国高等学校優勝野球大会の歌）が合唱された。さわやかなスポーツ歌・行進曲が流れたのだ。躍動感がありながらも、力強く大地を踏みしめるような落ち着きのあるリズムだった。歌詞の中に「若人」は野球を通じて戦後の日本復興を担う青年の人格形成を歌っているのである。以来、夏になると毎回開会式で歌われ、幾千幾万の高校球児がこの歌を聴いて熱戦を展開した。

大会は前年の優勝校の小倉高校（旧制小倉中）が二連覇を達成した。軟投派の福嶋一雄と桐蔭高校（旧制和歌山中）の西村修（旧姓「伊沢」＊昭和二一年海草中学時代甲子園に出場）が投げ合ったが、またしても、福嶋の好投が光った大会だった。

西村の力投は大正一〇年、一一年、の全国中等野球優勝大会の二連覇を達成した名門の意地を見せた投球内容だった。彼は押し出し死球の一点のみで最後まで投げ切った。それも空しく桐蔭高校は夏の甲子園の栄冠を手にできなかったのである。この大会歌は、日本コロムビアからレコードが発売され、古関の同郷の伊藤久男（本宮出身）が堂々と劇的に澄みわたった蒼空に響くかのように歌い上げた。伊藤久男の歌唱表現の豊かさはこの古関メロディーに相応しかった。

日本プロ野球歌謡史はモダンな都市文化・スポーツ音楽文化であり、戦争という忌まわしい時代を乗り越え、戦後の日本と復興から高度経済成長へと離陸し繁栄をもたらす応援歌でもあった。そのメロディーは敗戦から奮い立った国民に生きる勇気と希望、活力をあたえたといえよう。

あとがき——広島カープ雑感

広島カープの球団歌、応援歌は、戦前・戦中期からの野球史とレコード歌謡史の系譜・時代相による構成上の関係で本文で触れることができなかった。昭和五〇年優勝した広島カープの球団歌《それ行けカープ》（有馬三恵子・作詞／宮崎尚志・作曲）、赤ヘル軍団の応援歌《燃える赤ヘル僕らのカープ》（石本美由起・作詞／横山菁児・作曲）も熱烈な広島ファンにとってはバイブル的な野球ソングスとなっている。

昭和五〇年、三年連続セリーグ最下位と低迷の続く広島にジョー・ルーツ（前年まで打撃コーチ）が監督に就任した。緻密な野球と機動力をもたらしたルーツは開幕一五試合で日本を去るが、その遺産は大きかった。ルーツの後を率いたのが古葉竹識である。古葉の指揮により広島は快進撃を続けた。鯉のぼりが翻る時期を過ぎれば勢いが終息していた例年の姿を覆したのである。昭和五〇年一〇月一五日、広島は阪神、中日との三つ巴の首位争いを制し、巨人戦（長嶋巨人は最下位）で優勝を決めた。セリーグ初制覇の広島は投手力が安定していた。外木場義郎（二〇勝一三敗）、佐伯和司（一五勝一〇敗）、池谷公二郎（一八勝一一敗）の三本柱の活躍が優勝に大きく貢献した。打線では、大下剛史と三村敏之の一、二番コンビ、首位打者の山本浩二が四番に座り、衣笠祥雄が五番を打ち、ポプキンス、シェーンの両外人の打棒がそれとうまくバランスをとり、凄まじい破壊力となり赤ヘル旋風を巻き起こした。投打の結集によって、広島はセリーグの覇者となり、詩句にもある〈栄光の旗を立てよう〉を実現したのである。それは「カープを優勝させる会」の悲願の達成でもあった。

昭和五〇年代のセリーグは昭和五一、五二年、巨人、五三年、ヤクルトが優勝し、五四年から広島の二連覇へと続く。昭和五三年に発売された〈いつでも若く　たくましく　燃える赤ヘル　僕らのカープ〉と歌われた《燃える赤ヘル僕らのカープ》が優勝に拍車をかけたのだ。

昭和五四年のセリーグのペナントレースは混迷を極めていた。八月半ばに入り、広島、中日、阪神がゲーム差無しの首位に並んだ。そのセリーグを制した広島は日本シリーズで近鉄と対決した。その近鉄との三勝三敗で迎えた最終戦、江夏豊の二一球は球史を彩る壮絶なドラマであり、感動のシーンだった。九回無死満塁の最大のピンチを江夏と水沼のバッテリーは見事なプレーで切り抜けた。江夏は石渡二球目のスクイズを予想し、水沼が立ちあがるのを見てカーブの握りのままウエストしスクイズをはずした。そして、水沼の送球によって三塁の藤瀬をアウトにし、さらに江夏は石渡をフォークで三振に仕留めるなどそのプレーは神技に近かった。広島は近鉄を紙一重で破り球団創立以来三〇年目にして日本一の栄冠に輝いたのである。

翌年も広島は日本一を達成する。広島の日本一の連覇は球団創世期の頃の長谷川良平（通算一九七勝、昭和三〇年・三〇勝一七敗）、安仁屋宗八、外木場義郎、森永勝也（＊昭和三七年打率・三〇七で首位打者）、古葉竹識（＊昭和三八年打率三三八で長嶋と首位打者を争う）山本一義（広島商業―法大―広島の広島野球人のエリートコース）、山内一弘（通算安打・二二七一安打・通算ホームラン三九六本）らが現役だった時代（昭和三〇〜四〇年代）には考えられないことだった。

昭和五〇年代の広島、赤ヘル旋風の時代、山本浩二が中距離ヒッターから、プロ入り九年目の昭和五二年に四四本をマークしホームランバッターに転身した。それ以来、五年連続ホームラン四〇本台を常に量産した。山本浩二は首位打者一回（昭和五〇年打率・三一九）、ホームラン王四回（昭和五三年・四四本、五五年・四四本、五六年・四三本、五八年・三六本）、打点王三回（昭和五四年・一一三打点、五五年・一一二打点、五六年・一〇三打点）のタイトルを獲得した。二二一五試合連続出場の世界記録を持つ鉄人衣笠祥雄とＹＫ砲のコンビを組み広島の日本一の原動力となったのである。

また、八〇年代、広島の北別府学がエースとなり、巨人の江川と最多勝をめぐって鎬を削った。絶妙のコントロールとスライダー、シュートを武器に勝ち星を挙げた。左腕の川口和久、山根和夫らとともに広島の投手王国を築いたのである。そして、優勝請負人として南海から移籍した江夏豊の投球術も昭和五四、五五年の広島の日本一の連覇に大きく貢献している。

古葉竹識が率いる赤ヘル軍団といえば機動力だが、その申し子のような活躍したのが俊足好打のスイッチヒッター・高橋慶彦である。三度の盗塁王（昭和五四年・五五個、昭和五五年・三八個、昭和六〇年・七三個）と通算四七七個の盗塁数がそれを証明している。昭和五八年からは長打力も増しホームランも二〇本塁打以上を四シーズンにわたって放った。これによって核弾頭の威力を高め他球団の脅威となった。

高橋慶彦は三割を五回、三三試合連続安打を記録するなど日本野球においてスイッチヒッターの有効性を示した最初の打者だった。山本浩二、衣笠祥雄と並んで緻密・機動力を誇る赤ヘル軍団を象徴する選手である。また、昭和五三年、打率・三四八を打ち首位打者になった水谷実雄、広島の機動力野球における最初の一、二番コンビを組んだ大下剛史と三村敏之も赤ヘル軍団の歴史を彩った選手である。

広島の初優勝の前年は長嶋茂雄の引退と川上巨人の終焉、そして中日ドラゴンズの二〇年ぶりの優勝が大きなニュースだった。昭和四九年の中日の優勝において筆者が最も印象的だったのは与那嶺要の打倒巨人への執念である。与那嶺の巨人における活躍は本文でものべたとおりである。だが、巨人はその功労者与那嶺要を昭和三五年のシーズンを持って自由契約にした。川上新監督は与那嶺の力の衰えを理由に戦力外通告をし巨人から出すことに決めたのである。昭和三五年のシーズン、与那嶺は打率・二二八と急激に落ち込み、しかも守備の衰えもあり、川上構想の戦力外は明らかだった。現に与那嶺の守備の衰えは昭和三三年のセンターからレフトへのコンバート、翌三四年にはファースト(七八試合)で王(八四試合)との併用でも明かだった。

与那嶺は昭和三五年一二月七日、中日に移籍した。昭和三六年のシーズン開幕戦、川上巨人との因縁の試合で与那嶺は九回に決勝のホームランを放った。まさに巨人川上への意地と執念の一打だった。その後、中日のコーチを経て昭和四七年から中日の指揮を執った。昭和四九年、巨人の一〇連覇を阻止して昭和二九年以来の優勝を遂げたのである。《燃えよドラゴンズ》(山本正之・作詞/作曲)がCBCラジオの企画から生まれ、パーソナリティーの元中日投手の板東英二が歌って優勝に向かって弾みをつけた。そして、翌昭和五〇年、すでにのべたように広島カープの優勝ということになるのである。

筆者は以前から、西條八十、サトウ・ハチロー、佐藤惣之助、佐伯孝夫ら野球ソングスの詩人、古関裕而・「スポーツ音楽」、佐々木俊一・「野球ソングスのメロディーメーカー」、藤山一郎・「ジャイアンツ・ソング」、ミスターベースボールシンガー灰田勝彦・「燦めく星座」、伊藤久男・「栄冠は君に輝く」、笠置シヅ子・「ホームラン・ブギ」ら大衆音楽を彩る人々、水原茂・「若き血」、三原脩・「紺碧の空」、沢村栄治・「野球の王者」、景浦将・「大阪タイガースの歌」、藤村富美男・「東京ブギウギ」、大下弘・「リンゴの唄」、青田昇・「野球小僧」、長嶋茂雄・「鈴懸の径」、王貞治・「白いボール」などの野球界の偉人らが音楽と野球で世界こそ違うが同時代を生き、野球の音楽文化を創り上げたことに関心をもっていた。大衆歌・民衆歌謡と野球が人々に感動をあたえ社会世相を反映し文化現象を創るとするならば、歌で綴る野球史が書けるはずだ。今回、その企画が実現できたことは幸甚であった。この機会を提供してくれた彩流社代表取締役の河野和憲氏には多大なるお力添えを頂き大変お世話になった。心から感謝する次第である。彩流社から上梓した拙書『天才野球人　田部武雄』、『新版評伝古関裕而』以来、野球、音楽に造詣の深い河野氏には筆者のコンセプトに関心を寄せて頂いており、新たな試みとしての野球概観史の執筆の場を提供してくれた。あらためて御礼を申し上げ、感謝の意をのべることにしたい。ありがとうございます。

主要参考文献

馬立龍雄『プロ野球二十五年史』報知新聞社、一九六一年
大和球士『真説日本野球史　昭和篇その四』ベースボール・マガジン社、一九七九年
大和球士『弾丸ライナー川上哲治』恒文社、一九八二年
ロバート・K・フィッツ／山田美明訳『大戦前夜のベーブルース』原書房、二〇一三年
藤本定義『プロ野球風雪三十年の夢』ベースボール・マガジン社、一九六三年
三原脩『風雲の軌跡　わが野球人生の実記』一九八三年、ベースボール・マガジン社
鶴岡一人『鶴岡一人の栄光と血涙のプロ野球史』恒文社、一九七七年
大道文『プロ野球選手・謎とロマン』恒文社　一九七八年
田村大五『昭和の魔術師　宿敵三原脩・水原茂の知謀と謀略』ベースボール・マガジン社新書、二〇〇九年
近藤唯之『プロ野球監督列伝』新潮社、一九八四年
近藤唯之『プロ野球トレード光と陰』新潮社、一九九一年
近藤唯之『戦後プロ野球50年』新潮文庫、一九九四年
宇佐美徹也『プロ野球記録大鑑』講談社、一九七九年
中西満貴典『プロ野球の誕生Ⅱ　リーグ元年の万華鏡』彩流社、二〇二〇年
青田昇『サムライ達のプロ野球』文春文庫、一九九六年
東京読売巨人軍50年史編集員会編『東京読売巨人軍五十年史』東京読売巨人軍、一九八五年
鈴木惣太郎『日本プロ野球外史—巨人軍誕生の軌跡』ベースボール・マガジン社、一九七六年
越智正典『新版ジャイアンツの歴史』恒文社、一九七四年
鈴木惣太郎『不滅の大投手沢村栄治』恒文社、一九八二年
松木謙治郎『タイガースの生いたち』恒文社、一九七三年
松木謙治郎『大阪タイガース球団史』恒文社、一九八五年
上田賢一『猛虎伝説—阪神タイガースの栄光と苦悩』集英社新書、二〇〇一年

南万満『真虎伝―藤村富美男』新評論、一九九六年
中日ドラゴンズ『中日ドラゴンズ70年史』中日新聞社　出版開発局、二〇〇六年
森茂雄『大洋ホエールズ15年史』大洋球団、一九六四年
読売新聞阪神支局『阪急ブレーブス勇者たちの記憶』中央公論新社、二〇一九年
杉浦忠『僕の愛した野球』海鳥社、一九九五年
豊田泰光『風雲録　西鉄ライオンズの栄光と終末』葦書房、一九八五年
沼沢康一郎『激闘の日本シリーズ30年史』恒文社、一九七九年
松尾俊治他『六大学野球部物語』恒文社、一九七五年
慶應義塾体育会野球部編纂委員会編『慶應義塾大学野球部史』慶應義塾体育会野球部、一九六〇年
早稲田大学野球部稲門倶楽部編『早稲田大学野球部百年史』早稲田大学野球部、二〇〇二年
伊達正男『私の昭和野球史』ベースボール・マガジン社、一九八八年
森岡浩編『プロ野球人名事典』日外アソシエーツ、二〇〇一年
永田陽一『東京ジャイアンツ北米大陸遠征記』東方出版、二〇〇七年
辺見じゅん『大下弘　虹の生涯』文春文庫、一九九九年
益田啓一郎『西鉄ライオンズとその時代』海鳥社、二〇〇九年
益田啓一郎『伝説の西鉄ライオンズ』海鳥社、二〇一四年
澤宮優『巨人軍最強の捕手』晶文社、二〇〇三年
上山敬三『日本の流行歌』早川書房、一九六五年
堀内和夫『「音楽の泉」の人　堀内敬三―その時代と生涯』芸術現代社、一九九二年
早坂敏彦『灰田有紀彦／灰田勝彦　鈴懸の径』サンクリエイト、一九八三年
菊池清麿『流行歌手たちの戦争』光人社、二〇〇七年
菊池清麿『日本流行歌変遷史　歌謡曲の誕生からJ・ポップの時代へ』論創社、二〇〇八年
菊池清麿『天才野球人　田部武雄』彩流社、二〇一三年
菊池清麿『新版評伝古関裕而』彩流社、二〇二〇年

【著者】
菊池清磨
…きくち・きよまろ…
1960年生まれ。伝記作家、音楽メディア史研究家。明治大学政治経済学部政治学科卒業、同大学大学院政治経済学研究科政治学専攻博士前期課程修了。学部時代は古賀政男の明治大学マンドリン倶楽部で音楽を、橋川文三の日本政治思想史ゼミで思想史を研鑽。当初、橋川文三のゼミ（日本政治思想史）だったが、橋川死去のため後藤総一郎の第二ゼミとなる。大学院で後藤総一郎に柳田國男の思想を学び、柳田の農政学を中心に民俗学への思想研究をおこなった。日本政治思想史専攻。音楽では声楽を学び一時期、演奏家としても活動。主な著書に『藤山一郎　歌唱の精神』（春秋社）『国境の町　東海林太郎とその時代』（北方新社）『中山晋平伝 近代日本流行歌の父』（郷土出版社）『日本流行歌変遷史　歌謡曲の誕生からＪ・ポップの時代へ』（論創社）『私の青空　二村定一　ジャズ・ソングと軽喜劇黄金時代』（論創社）『評伝古関裕而　国民音楽樹立への途』（彩流社）『評伝服部良一　日本ジャズ&ポップス史』（彩流社）『天才野球人　田部武雄』（彩流社）『評伝古賀政男　日本マンドリン&ギター史』（彩流社）『昭和演歌の歴史　その群像と時代』（アルファベータブックス）『昭和軍歌　軍国歌謡の歴史　歌と戦争の記憶』（アルファベータブックス）『宮澤賢治　浅草オペラ・ジャズ・レヴューの時代』（論創社）『明治国家と柳田国男「地方」をめぐる「農」と「民俗」への探求』（弦書房）等がある。

Sairyusha

日本《にっぽん》プロ野球歌謡史《やきゅうかようし》
二〇二一年十二月二十日　初版第一刷
著者——菊池清磨
発行者——河野和憲
発行所——株式会社 彩流社
〒101-0051
東京都千代田区神田神保町3-10
電話：03-3234-5931
ファックス：03-3234-5932
E-mail：sairyusha@sairyusha.co.jp
印刷——明和印刷（株）
製本——（株）村上製本所
装丁——中山銀士+金子暁仁

ISBN978-4-7791-2789-2 C0075
http://www.sairyusha.co.jp